"十三五"江苏省高等学校重点教材(编号:2018-2-022)

大学生创新创业理论与实务教程

屈家安　郭照冰　主编

气象出版社
China Meteorological Press

内容简介

《大学生创新创业理论与实务教程》一书立足于当代大学生创业过程中的理论与实践问题，在对创新创业概念解析的基础上，梳理国内外创业教育的历史与现状，探析创业者个体特质、创业团队的类型、特征及其管理；围绕创业行为中机会识别、市场分析与风险防范，重点介绍了影响创业成功的要素、规避的误区以及创业准备，进而向大学生们普及创业法律法规。本教程理论与案例结合，认知与体验碰撞，适合高校开展大学生创新创业教育的教师和学生，也适合有志于创业和正在创业的人士。

图书在版编目(CIP)数据

大学生创新创业理论与实务教程/屈家安，郭照冰主编.---北京：气象出版社，2018.12
ISBN 978-7-5029-6891-5

Ⅰ.①大… Ⅱ.①屈… ②郭… Ⅲ.①大学生-创业-高等学校-教材 Ⅳ.①G647.38

中国版本图书馆 CIP 数据核字(2018)第 287596 号

Daxuesheng Chuangxin Chuangye Lilun Yu Shiwu Jiaocheng
大学生创新创业理论与实务教程

出版发行：气象出版社	
地　　址：北京市海淀区中关村南大街46号　邮政编码：100081	
电　　话：010-68407112(总编室)　010-68408042(发行部)	
网　　址：http://www.qxcbs.com　　E-mail：qxcbs@cma.gov.cn	
责任编辑：郑乐乡　黄红丽	终　　审：吴晓鹏
责任校对：王丽梅	责任技编：赵相宁
封面设计：楠竹文化	
印　　刷：北京中石油彩色印刷有限责任公司	
开　　本：720 mm×960 mm　1/16	印　　张：15
字　　数：302 千字	
版　　次：2018 年 12 月第 1 版	印　　次：2018 年 12 月第 1 次印刷
定　　价：40.00 元	

本书如存在文字不清、漏印以及缺页、倒页、脱页等，请与本社发行部联系调换。

《大学生创新创业理论与实务教程》编委会

主 编：屈家安 郭照冰

副主编：王娟 刘菲

成 员：屈家安 郭照冰 王娟 刘菲
　　　　朱文镇 朱亚宾 任团伟 赵欣
　　　　熊蒙 李长波 张现红

前　言

我们处在一个"大众创业、万众创新"的美好时代。随着经济发展进入新常态，经济发展在动力上从依靠要素驱动转向创新驱动。当前，大学生创新创业教育工作得到了党和国家的高度重视。习近平总书记指出，"创新是从根本上打开增长之锁的钥匙"。党的十九大报告提出"加快建设创新型国家"，明确"创新是引领发展的第一动力，是建设现代化经济体系的战略支撑"。《国家中长期教育改革和发展规划纲要（2010—2020年）》提出的"加强就业创业教育和就业指导服务"将大学生的创新创业教育上升到国家层面。《教育部关于推动高校形成就业与招生计划人才培养联动机制的指导意见》中指出，"创新创业教育是新时期大学生素质教育的新突破，是高校人才培养模式的新探索，是当代青年学生绽放自己、展现风采、服务国家的新平台"。大学生是社会的中坚力量、创新创业的生力军，有责任肩负起创新创业发展的时代重任。这自然也就要求我们必须通过教育提升大学生创新创业能力。当下关于大学生创业教育的教材十分丰富，大部分教材侧重于理论讲解，重在创新创业理论知识的传授，缺少学生亟需的实战操作案例，缺少实用性和可操作性。

《大学生创新创业理论与实务教程》教材编写者长期从事大学生创新创业教育和创业咨询工作，具有丰富的大学生创业指导及教学工作经验和教学、科研成果，对当前大学生创新创业教育的教材现状、存在的问题有着较为全面深刻的认知，能准确把握学生最需要、最关注、最感兴趣的就业创业指导知识内容及呈现方式，对教材知识体系、框架结构、主要内容等有着精准的认知和把握，能够较好地组织开展教材编写工作。

新编著的《大学生创新创业理论与实务教程》立足于解决新时代大学生对创新创业领域最急需的知识点、信息点和关注点，改变重理论，轻案例的做法，更加突出创新创业的有效性、实用性、可操作性，克服了部分教材的理论知识过多、知识点论述较为晦涩、结构不够合理、呈现形式过于单一等方面的问题，框架结构更加合理、知识体系更加完整、内容设计更加优化、呈现形式更加多元，能更好地满足学生对创新创业知识的需求。本书主要具有以下几个方面的特色。

（一）一本基于大学生创业能力提升需求的书

本教材大量使用大学生创业案例，把出发点和落脚点都放在可操作性上，具有极强的指导意义，能够充分激发大学生创新创业的内生动力。

（二）一本着力于解决创新创业课程教师教学需求的书

本书继承学生入学初期开展的创新创业教育，将创新创业的内涵和学生本身的创新创业实践有机结合起来，因此本书可以作为创新创业课程教师参考用书。

（三）一本源于多年创新创业教学理性思考与实操总结的书

本书的编者都长期从事一线创新创业教育工作，实际具体指导学生开展创新创业工作，具有丰富的实践指导经验。本书是编者们多年创新创业指导工作理论与实践的结晶。

（四）一本突出学生知、情、意、行统一，教、学、做合一的书

本书注重教、学、做三者合一，将创新创业的理论讲授穿插在开展创新创业实践工作中，强调在做中学，学中做，强调学以致用，注重理论联系实践，实践放在首位。

《大学生创新创业理论与实务教程》全书共八章，没有空洞的说教，而是着眼于与创业运作过程密切相关的诸多问题，而这些都是创业实践过程中要直接面对的问题。本书内容丰富全面、论证充分详实、通俗易懂、实用性强，特别是典型案例较多。总之，《大学生创新创业理论与实务教程》一书具有很高的实际应用价值，是大学生创业所需要的一本理论与实务性的指导教程，值得推介。

由于时间仓促和水平有限，书中难免有不当之处，恳请广大读者指正、见谅。在此向对本书的出版作出贡献的我们的同事王丽娟老师、夏丽老师以及南京信息工程大学的研究生于敏泽同学、成艺同学，尤其是气象出版社的黄红丽副编审、郑乐乡编辑和我们的领导、家人们表示衷心的感谢。本教材获"十三五"江苏省高等学校重点教材立项和南京信息工程大学2018年度教材建设基金支持，在此一并表示感谢！

目 录

前言

第一章　创新创业概述 ·· 1
　第一节　创新创业与创业精神 ·································· 2
　第二节　创业教育 ·· 9

第二章　创业主体 ·· 20
　第一节　创业者 ··· 21
　第二节　创业团队 ··· 28

第三章　创业行为 ·· 36
　第一节　创业机会 ··· 36
　第二节　创业风险 ··· 39
　第三节　创业市场分析 ······································· 44
　第四节　创业营销分析 ······································· 55
　第五节　创业财务管理 ······································· 61
　第六节　创业计划书 ··· 64

第四章　创业成功的要素 ······································ 70
　第一节　创业政策 ··· 71
　第二节　创业者素质 ··· 81
　第三节　影响创业成功的因素 ································· 92

第五章　规避误区 ·· 97
　第一节　主观误区 ··· 99
　第二节　主体误区 ·· 108
　第三节　行为误区 ·· 121
　第四节　资源整合误区 ······································ 131

第六章　走向创业成功 …… 140
第一节　创业准备 …… 141
第二节　创办企业 …… 153
第三节　企业风险管理 …… 166

第七章　双创赛事解读 …… 177
第一节　中国"互联网＋"大学生创新创业大赛 …… 177
第二节　"挑战杯"全国大学生课外学术科技作品竞赛 …… 184
第三节　"创青春"全国大学生创业大赛 …… 190
第四节　全国大学生电子商务"创新、创意及创业"挑战赛 …… 197

第八章　双创典型案例 …… 202
第一节　双创成功案例 …… 202
第二节　双创失败案例 …… 219

参考文献 …… 231

第一章　创新创业概述

【本章要点】

当前,党和政府对大学生创新创业的关注度日益提高,善于接受新思想新事物的当代大学生对创新创业充满好奇,对创新创业的认知从感性逐步走向理性。本章将对创新创业这一社会现象进行初步探析,便于当代大学生更为全面、理性地感知创业、践行创业。

【案例导入】

一大型投资总裁:凡有需求就有创业机会[①]

2003年,公司总裁A回国创立公司,希望做成中国式并购基金的开拓者。到2015年,该公司已投企业80家,资产总额1.8万亿元。解决就业45万人的A说:"在这个大好的时代,除了科技的创新创业外,中国还有很多创新创业的领域。凡是有需求的地方就有巨大的机会。"

他对当前创新创业总结如下:

一是技术创新。如苹果手机等用新的技术提升需求空间。

二是模式的创新。如,滴滴打车冲击和改变着人们出行的基本理念;淘宝作为一个平台,把信息和物流重新分配。

三是存量改革的创新。以A在8年前投资的一家石家庄制药公司(以下简称石家庄制药)为例,该公司以生产原料药为主,产量高,价值低。通过改制与市场对接,石家庄制药从生产原料药转变为生产创新药,公司价值从20多亿元变成400多亿元,利润增长上百倍。

四是政府职能的转变。"这不但是创新,而且是这个时代杠杆率最高的创新。"

评析:凡是有需求的地方就有创业的机会,创新创业形式是多元的。一般大众认知层面容易局限于创新创业的概念范畴,认为创新创业仅仅是技术创新或模式创新,

---

① 资料来源:郭占元.创业学理论与应用[M].北京:清华大学出版社,2016.

往往会忽视存量创新和政府职能的转变等其他形式。只有对创新创业概念范畴有更加科学的认知,才能更好地促进创新创业的健康发展。

第一节　创新创业与创业精神

【本节要点】

创新创业在不同的经济发展时期有不同的特色和内涵。创业成功不是各个要素的简单相加,而是诸多因素的有机统一。只有创业主观状态、主体、行为等共同要素和选择性要素相互联系、作用、协调一致形成一个整体时,创业成功方水到渠成。本节主要从在校大学生的角度,分析创业的科学内涵、创业精神内涵,厘清创业成功的构成要素,提高创业成功的概率。

【案例导入】

北京某公司总经理 B:创业如爬山,成功靠实干[①]

创业者必须要有爬山登顶的毅力。如果没有放弃达到山顶的意愿,你终究是可以到达山顶的。从事餐饮业的 B,是北京某公司的总经理。他认为创业如爬山,风景在山巅。

创业首先要生存下来。为此,B 的公司承接了一些 IT 外包项目,并生产了发光衣服、跑的闹钟、遥控显示笔、定制文化衫等文创用品,销量很不错。但是经过一年多的发展,他觉得"这座山不够高不够好玩"。在餐馆点菜吃饭时,B 发现了一些问题,比如点完菜后服务员说没有这个菜,手写、修改菜品价格等。于是,B 推出了电子菜单,但是现实中消费者不太习惯,投资者的钱很快被消耗掉了。B 的创业之路在眩晕中跌落。

是继续融资,用烧钱的方法创出一条路?还是关掉公司,轻装上阵重新开始?又或者,进行产品转型沉淀经验继续前行?B 选择了转型。

在调研过程中,B 发现,餐饮行业正在从单独门店的分散式运营向连锁式运营发展,而在这个过程中,这些企业对数据的管理远远不够。于是 B 团队很快就推出了"智慧餐饮 IT 整体解决方案"。该方案包括互联网营销的所有链条,能够为企业提供有力的数据决策支撑。转型以来,B 的公司的估值已近 10 亿元。

---

① 资料来源:熊丽.奥琦玮科技北京有限公司总经理孔令博:创业如爬山,成功靠实干[N].经济日报,2015-06-16.

评析：创新创业者要有主动作为的精神，主动用好创新创业的支持政策，用好创新创业的孵化平台，用好培训教育的学习机会，不做创新创业路上的旁观者。同时，还要有务实精神，不仅要抬头看天，更要低头走路。

【理论讲解】

一、创业的科学内涵

创业与经济发展、社会进步密不可分。因此，创业的科学内涵需要结合特定的社会环境、人类的实践活动等具体情况进行解读。

(一)创业的字面含义

创业是开创新的视野或基业的系统性活动过程。从字面看，"创"字由仓和立刀旁组成，"仓"仓库、仓房，古时候是存储生活生产资源工具等的场所，有储藏的含义；立刀则是用刀砍、划的意思。

《现代汉语词典》解释"创"，有开始、初次的含义，如创新、创办、创意、创设、创作等，《现代汉语词典》中创业解释为创办事业等。

古籍中出现的"创业"一词，多为开拓疆土、创建功业的意思，形容的主体多为帝王。《孟子·梁惠王》中有："君子创业垂统，为可继也。"汉代张衡《西京赋》里有："高祖创业，继体承基。"到了近代，创业的行为主体从帝王延伸到了普通百姓。

按照字面解释，创业就是开拓新的事业或积累财富的过程。其广义释义为人们进行先前未曾有过的、具有革命性或革新性，涵盖政治、军事、经济、文化、艺术等事业的社会运动。其狭义含义为个人或群体在社会中开展的以创造财富为主的创新性活动。

(二)创业的科学内涵

创业作为一种经济活动最早出现在西方国家，"创业"在两百多年前已经被用于西方国家的商业领域。尽管如此，国内外专家、学者对"创业"仍然没有达成统一认识，对"创业"概念的界定主要有：

(1) 18世纪理查德·康蒂隆(Richard Cantillon)最早提出了创业的概念，他指出："创业隐含了承担以确定价格买进而以不确定价格卖出的风险。"

(2) 约瑟夫·熊彼特(Joseph Schumpeter)第一次将"创业"的概念与"创新"联系起来，认为创业究其本源就是创新，创业是创业者通过创新解决市场内部矛盾，满足需求，助力经济增长。

(3) 霍华德·斯蒂文森(Howard H. Stevenson)提出："创业是一个人，不管是独立的还是在一个组织内部,追踪或捕获机会的过程,这一过程与当时控制的资源无关。"之后又进一步指出:"创业可由六个方面的企业经营活动来理解:发现机会、战略导向、致力于机会、资源配置过程、资源控制的概念、管理的概念和回报政策。"

(4)杰弗里·A·蒂蒙斯(Jeffry A. Timmosns)提出:"创业是一种思考、推理和行为方式,这种行为方式是机会驱动、注重方法和与领导相平衡。创业导致价值的产生、增加、实现和更新,不只是为所有者,也为所有的参与者和利益相关者。"此外,1999年美国巴布森商学院和英国伦敦商学院联合发起,多国研究者参与的"全球创业检测"项目中,将"创业"定义为:"依靠个人、团队或一个现有企业,来建立一个新企业的过程,如自我创业、一个新的业务组织或一个现有企业的扩张。"

(5)埃里克·莱斯从增长财富的过程定义创业,"创业是一个创造增长财富的动态过程,财富是由这样一些人创造的,他们承担资产价值、时间承诺或提供产品或服务风险,他们的产品或服务未必是新的或者唯一的,但其价值是由企业家通过获得必要的技能与资源并进行配置来注入的。"

(6)马克·J·多林格(Marc J. Dollinger)从风险的角度指出:"创业就是在风险和不确定性条件下,为获利或成长而创建创新型组织的过程"。

(7)郁义鸿、李志能在《创业学》中提出:"创业是一个发现和捕捉机会,并由此创造出新颖的产品、服务,实现其潜在价值的过程。"

(8)宋克勤提出:"创业是创业者通过发现和识别商业机会,组织各种资源提供产品和服务,以创造价值的过程。"

(9)罗天虎认为,创业是个人或群体为了改变现状、造福后人,依靠自己的力量创造财富的艰苦奋斗的过程,是开创事业和积累财富的过程,创业活动具有开拓性、自主性和功利性的基本特征。

(10)季庆辉认为,创业是基于创新基础上的创业活动,强调的是开拓性与原创性,大学生创业强调的是通过实际行动获取利益的行为。创新创业概念中,创新是创业的基础和前提,创业是创新的体现和延伸。

结合上述观点,我们认为,创业是指主体运用知识或经验,以创新精神捕捉商业机会,承担风险,进行资源整合,实现社会价值和自我价值的管理活动。理解创业应注意以下几个方面。

(1)创业首先要有良好的创业主观状态,即创业意识、创业精神和创业知识。创业意识和创业精神的本质是创新,开创新的点子或局面,比如开创新的技术、新的模式等;创业知识就是创业的方法和经验,为创业提供强大的支撑,创业精神和创业知识是创业成功的必要条件。

(2)创业的主体必须要有捕捉商机的能力,包括识别、寻找和抓住商机的能力。

商机可以根据政府政策、市场需求等各层面展开,把握商机是打开财富大门的开始。

(3)创业和风险相伴,而且风险和回报"正相关"(或者"呈正相关关系")。市场环境、资源整合、政策环境等都会给创业者带来相应的风险,高风险往往伴随着高回报,但是创业者要适当规避创业风险和误区。

(4)创业者要整合资源。创业主观状态、主体、行为等共同要件和选择性要件相互联系、相互作用、协调一致形成一个整体时,创业成功才可能水到渠成。所以创业过程中要整合资源,通过寻找、合理配置、有效整合利用资源,增加创业成功的概率。

(5)创业是实现自我价值和社会价值的重要途径。按照马斯洛需求层次理论,创业能满足生存的需求、安全的需求、爱和尊重的需求以及自我实现的需求。这些需求满足的层次也是逐级上升的,同时个人需求得到满足的层次越高,社会价值也相应增大。

二、创新与创业

"大众创业、万众创新"被视作中国新常态下经济发展"双引擎"之一。李克强指出,"创新不单是技术创新,更包括体制机制创新、管理创新、模式创新,中国40年来改革开放本身就是规模宏大的创新行动,今后创新发展的巨大潜能仍然蕴藏在制度变革之中。"

(一)创新的内涵与价值

1. 创新的内涵

"创新"是以新思维、新发明和新描述为特征的一种概念化过程。创新的概念随着时间推移,得到了扩展和延伸。创新的主体为个人或团体,内容包括技术创新、理论创新、模式创新、文化创新等。美国学者约瑟夫·熊彼特(Joseph Schumpeter)在《经济发展理论》一书中首次将"创新"引入经济学的概念,并认为创新是新技术、新发明在生产中的首次应用,他特别强调生产技术和生产方式的变革对经济发展的作用。

2. 创新的分类

目前,根据创新活动中创新作用的对象的不同,大致把创新分为知识创新、技术创新和模式创新。

知识创新是指人类通过科学研究获得新的基础科学知识和技术科学知识的动态过程。它为人类认识世界、改造世界提供新理论和新方法,为人类文明的进步和社会的发展提供不竭动力。

技术创新是指企业应用创新的知识和技术,采用新的生产方式和经营管理模式,提高产品质量,开发新的产品,提供新的服务,占据市场并实现市场价值。

模式创新是指改变企业价值创造的基本逻辑,以提升顾客价值和企业核心竞争力的活动。既可能包括不同商业模式构成要素的变化,也可能包括不同要素间关系或者动力机制的变化。

3. 创新的价值

福特公司创始人亨利·福特(Henry Ford)曾说过:"不创新,就灭亡。"创新的价值可见一斑。

对于一个国家来说,能否创新是其发展与发达的关键。

对于一个公司或企业来说,创新是企业生存的根本,是发展的动力,是成功的保障。如今,不创新的企业将无法在市场上立足。创新能力是国家的核心竞争力,也是企业生存和发展的关键,是企业走向成功的基础。

对于个体而言,创新是一个人在工作乃至事业上永葆生机和活力的源泉。创新将决定一个人的勇气谋略、发展前途、事业高低等。

(二)创新与创业的关系

约瑟夫·熊彼特(Joseph Schumpeter)在《经济发展理论》中提出的"创新是在生产体系中引进一种生产要素和生产条件的新组合",包括五种情况:引进新产品、引用新的生产方法、开辟新的市场、控制原材料的新来源、建立企业的新组织。这些新的组合能够使原来的成本曲线不断更新,由此会产生超额利润或潜在的超额利润。创新活动的这些本质,体现着它与创业活动在性质上的一致性和关联性。

1. 创新是创业的基础,创业不断推动着创新

一方面,科学技术、思想观念的创新,能够促进人们进行物质生产、生活方式的变革,从而引领新的生产、生活方式,进而为整个社会不断地提供新的消费需求,这是创业活动之所以源源不断的根本动因;另一方面,创业是人们的一种创新性实践活动。无论是何种性质、类型的创业活动,它们都有一个共同的特征,那就是一种能动的、开创性的实践活动,是一种高度的创新行为。在创业实践过程中,主体的主观能动性将会得到充分的发挥和张扬,正是这种主观能动性充分体现了创业的创新性特征。

2. 创新是创业的本质与源泉

创新是人类特有的认知能力和实践行为,是推动人类社会不断进步的不竭动力。熊彼特曾说过"创业包括创新和未曾尝试过的技术"。创业者只有在创业的过程中具有持续的创新思维和创新意识,才可能产生新的富有创意的想法和方案,才可能不断寻求新的经营与管理的模式与思路,最终获得创业成功。

3. 创业是创新的重要价值体现

从一定程度上讲,创新的价值就在于将潜在的知识、技术和市场机会转变为现实生产力,实现社会财富的增长,造福于人类社会。实现这种转化的最直接、有效的途径就是创业。创业者可能不是发明家,但必须具有能发现潜在的商机和敢于冒险的精神;创新者也并不一定是创业者或是企业家,但是创新的成果则是经由创业者推向市场,使潜在的价值市场化,创新成果也才能转化为现实生产力。由此可见,创新与创业二者之间是紧密联系的。一个成功的创业者必须具备在技术上和管理上的创新能力,创业者首先是创新者,创新贯穿于创业的全过程中,创新是创业的基础和核心,创业活动是创新精神的重要表现形式。

三、创业精神

创业精神是创业主体主观状态之一,也是创业的引导性因素,但是创业精神具体包括哪些内涵呢?

马克思主义唯物论认为,意识是社会的产物,物质决定意识,意识依赖于物质的同时又对物质有积极能动的反作用。创业精神属于意识范畴,创业精神的产生也与客观实在性的物质有关,同时对创业活动具有能动作用。

富兰克·奈特《企业家精神:处理不确定性》指出,现实的经济过程是由预见未来的行动构成的,而未来总是存在不确定因素的,企业家就是通过识别不确定性中蕴含的机会,并通过对资源整合来把握和利用这些机会获得利润。沿着这一思路,奈特分析了企业的性质和在现代化生产条件下企业存在的理由,从风险、不确定性和利润层面,引申出创业的冒险精神。

彼得·德鲁克《创新与企业家精神》将实践创新与企业家精神视为所有企业和机构有组织、有目的、系统化的创新性工作,并与我们共同探讨这些问题的答案,揭示出创业精神具有团队合作的特性。

默顿·米勒《三种类型的企业家精神》,从企业家层面提及创业精神,从渴望成功方面提及创业精神。

熊彼特的《经济发展理论》从创业的意义推动经济发展,取代政府干预市场调节,阐释创业精神的社会责任意识。

彭静雯、刘玉等将创业精神定位在追求卓越、互助合作意识和管理领导能力三方面。该定位的出发点在于,创业活动的本质内在地决定了创业精神的结构。

综上所述,创业精神包括创新精神、市场敏锐性、冒险精神、勇于实践、团队合作精神、成就渴望等精神维度。创新精神是指不墨守成规,保持开放的心态,用创新的视角审视周边事物,用创新的方法处理各项事务。市场敏锐性,是指努力发掘和开发身边的机遇,时刻为机遇的出现做好准备。冒险精神,培养风险承担精神,勇于开拓未知世界,接受挑战并能承受环境中的各种不确定性。勇于实践,是指敢想敢做,善于把好的想法付诸实践,在干中学,提升自我并达成目标。团队合作精神是成功的保障,只有合作才能实现个人无法达到的目标,欣赏他人并善于合作。成就渴望,是指设立个人成长的长期目标,并能为目标的实现激励自我并不懈努力。

四、大学生创业精神

我们从大学生的角度分析创业精神:

(1)创新精神方面。在经济全球化、信息多元化的时代背景下,大学生获取信息的渠道广泛而多样,对新事物、新思想获取速度极快,具有不墨守成规、保持开放心态的特点。同时,受过高等教育的大学生群体,拥有自己的思维方式和辨别途径,但是由于受到传统"解题思维"的影响,他们缺乏给自己"出题"的意识。同时在运用创新的视角审视周边事物,用创新的方法处理各项事务方面,存在明显的不足。

(2)市场机遇敏锐性方面。虽然大学生在校园生活中存在商品或服务的交易,但是相比企业家或其他创业群体,大学生群体因学习、生活的环境和时间所限,接触市场、捕捉商业机遇的机会相对较小,市场机遇敏锐性较为缺乏。

(3)冒险精神方面。大学生在不确定的未来和现实的学习生活需求平衡中,表现出开拓未知世界、接受挑战的特点,加上大学期间生活压力小,从时间和精力上,他们可以把想法付诸实践。但是现实生活中,他们的想法会受到来自家庭、学校、社会的影响,能把冒险精神运用到创业实践活动中去的相对较少。

(4)团队合作精神方面。大学生的学习、生活和社团活动很多时候都是以集体形式进行的,期间会有组织、沟通、协调等各方面的能力培养。一般来说,大学生群体乐于欣赏他人并善于合作。

(5)成就渴望方面。根据完美主义心理研究,完美主义是在资质优异和成绩出众的学生中普遍存在的心理现象(Hart et al.,1998)。当代大学生是国家的希望,民族的未来,是一个特殊的、社会期望值较高的青年群体。当代大学生具有自己独特的性格特征和心理特征——自我评价及抱负水平比较高,普遍存在设立个人成长的长期目标,能为目标的实现不断激励自我并为之不懈努力。

【习题】

1. 简要阐述创业的科学内涵。
2. 创业精神的影响因素有哪些?
3. 简要阐述大学生创业的意义。
4. 详细论述大学生创业对我国经济结构调整的作用。

【阅读延伸】

饭桌上的毕业选择

妈妈：儿子，大学毕业了，想好干什么工作了吗？

儿子：想好了。我想当企业家，准备和小伙伴毕业后一块儿去创业。

奶奶：乖孙子，创业可累着呢。搁我那年代，"下海"的人吃了不少苦呢！

爸爸：做第一个吃螃蟹的人确实需要勇气，后来好多人可都大富大贵了啊！

妈妈：奶奶说得有道理。你还是去当公务员或进国企比较好，稳定有保障。

儿子：有梦想就得去追，再不拼搏就老了，年轻就要醒着拼！

奶奶：梦想不就是画饼吗？你要爱吃饼，哪天奶奶给你烙啊！

妈妈：儿子你自己先冷静一下，别冲动。办企业前期的一系列手续可麻烦着呢！

儿子：您说的我都清楚。但年轻人得有独立思考的能力，我只想按自己的方式生活。而且我有小伙伴一起攻坚克难呢。

评析：上述场景是家庭对于大学生毕业选择的常见对话，可以体现不同年代人的创业认知，同时也是当代大学生创业精神的折射。当代大学生的创业认知中成就渴望和团队意识所占比例较重，许多同学认为创业所带来的成就感、财富自由是吸引大学生创业的重要原因。缺乏商业经验的大学生由于对外部商业环境的变化缺乏足够的洞察力，因此对市场机遇也缺乏敏感。同时，创新能力弱也是大学生开展创业活动的一个短板。此外，缺乏实践经验、技术、资金和自我效能感不高是大学生创业的主要障碍。

第二节　创业教育

【本节要点】

创业教育的开展是为了培育创新创业精神，提高创新创业活动的成功率，提升大学生就业创业能力，助力大学生实现个人价值、社会价值和知识价值的辩证统一。

【案例导入】

弗雷德里克·特曼[1]

1924年，受聘于麻省理工学院教授的特曼因为身体原因留任斯坦福，成了斯坦

---

[1] 资料来源：高雨春.弗雷德里克·特曼——硅谷之父[J].北京电子，2002(4)：26.

福大学的一位"无线电工程学"教授。特曼开始着手创办电子通信实验室,在他作为通讯实验室主任期间(1924—1945),许多聪明过人具有科学头脑的年轻人,都把进这个实验室视为职业的第一选择。直到二战结束,特曼被提升为系主任之前,他的通讯实验室一直是美国西海岸技术革命的中心,也为日后高科技的领导人们提供了必需的实习地。

1931年,两名斯坦福大学学生——戴维·帕卡德和威廉·休利特,他们选修了特曼开设的电气工程课程。特曼知道他们毕业后准备开办自己的电子企业,他鼓励这种创业精神。1934年两人毕业,四年后,特曼为他们安排了奖学金,使他们重返斯坦福继续深造,他们选修了特曼开设的许多电子课程。休利特的硕士论文是《可变频率振荡器的研究》,特曼鼓励两人把它变成产品。特曼借给他们538美元,以便开始生产,并帮助他们从帕洛阿托银行得到1000美元的贷款。1938年,两人在帕洛阿托镇爱迪生大街367号的一间车库里,开始研制电子产品。这间车库在1989年被加利福尼亚当局定为历史文物和"硅谷诞生地"。

1951年,在他的推动下,斯坦福大学把靠近帕洛阿托的部分校园地皮约579英亩,划出来成立了一个斯坦福工业园区,兴建研究所、实验室、办公写字楼等。世界上第一个高校工业区诞生了。到了后来,工业区改名为研究区,成为把技术从大学的实验室转让给区内各公司的一种手段。功夫不负有心人,到1955年,已有7家公司在研究区设厂,1960年增加到32家,1970年达到70家,到1980年,整个研究区的655英亩土地全部租完,有90家公司的25万名员工入主其中。这些公司一般都是电子工业中的高技术公司,因为那是特曼私人关系最多的领域,也是他认为最具潜力的领域。特曼认为这个领域并未很好地组织起来,而他的任务就是穿针引线。斯坦福研究区成了美国和全世界纷起效尤的高技术产业区楷模。

斯坦福工业园区奠定了"硅谷"电子产业的基础。而研究区带来的租金,也为斯坦福大学的发展提供了财力。

评析: 弗雷德里克·特曼硅谷之父的经历,亦是创业教育历程,它不是立竿见影的教授致富之道,它是多元的、广泛的,离不开专业知识,有赖于社会各方资源的有效联动。

【理论讲解】

一、创业教育历史与现状

(一)美国创业教育的发展历程

由于创业活动具有引导经济社会变迁的积极意义,创业教育得到了很多国家、发达国家尤其是美国的青睐和拓展。一直以来，美国不断探究创业教育新理念、新境界、新内容、新方法。1947年，在哈佛学院迈赖斯·迈斯给学生开设的《新创业管理课程》是美国开设的第一门创业教育课程。1949年哈佛大学出版《创业历史期刊》，随后也有很多学校陆续开设了创业类课程，但是受到创业型经济发展的限制，创业教育的发展缓慢。

20世纪70年代开始，美国创新创业型经济迅速发展，期间创业代表人物有微软公司的比尔·盖茨，戴尔计算机公司的迈克·戴尔，苹果计算机公司的斯蒂夫·乔布斯。

20世纪70年代到21世纪之前是美国创业教育的发展阶段。由于这段时期美国创新创业经济的迅速发展，创业课程迅速发展并且形成体系。142所大学开始尝试设置创业学专业，并在49所高校设置创业学位，并且有的高校设置创业类硕士、博士学位。

21世纪起是美国创业教育的成熟阶段。21世纪的新经济发展成为美国经济的重要支柱，创业引起各方关注，包括创业研究的学者，创业教育体系初步形成。美国当前的创业教育呈现以下特点：首先，教育体系完善，创业教育融入全民教育体系中，创业教育贯穿了幼儿园、小学、初中、高中、大学、研究生、博士生；第二，创业教育与社会资源结合，学校和社会联动使得创业教育理论和实践联系更加紧密；第三，重视创业教育主体的双向互动，一方面鼓励教师积极参与创业活动，另一方面邀请成功的创业人士参与课堂教学，提升创业教育的针对性和实效性；第四，积极设立创业理论研究学术组织，组织教师进行创业教育与学术研究的同时通过学生社团孵化器和支持组织为学生提供社会实践的机会，此外创业研究学术组织还积极吸收社会资金的支持。

（二）国内创业教育的发展历程

我国的创业教育起步相对较晚。1998年，清华大学经济管理学院开设《创业管理》《创业投资管理》等相关课程，2002年，教育部首次在北京航空航天大学举办创业教育试点工作座谈会，确定了8所高校为创业教育试点单位。2003年开始，南开大学、清华大学、吉林大学等陆续举办创业教育研讨会，浙江大学、南开大学开设创业专业博士学位。在2012年教育部制定了《普通本科学校创业教育教学基本要求（试行）》（教高〔2012〕4），主要要求从高校创业教育的科学化、制度化、规范化建设增强创业教育的针对性和实效性，从教学目标、教学原则、教学方法、教学内容、教学组织五个方面开展组织创业教育，此外还制定了创业基础教学大纲。

当前，我国有三个主要的国际创业项目：一是由共青团中央、中华全国青年联合会通过国际劳动组织开发的KAB(KNOW ABOUT BUSINESS)创业教育；二是由中国劳动和社会保障部与国际劳动组织共同实施,由英国国际发展部提供资金支持的 SIYB(START & IMPROVE YOUR BUSINESS);三是由共青团中央等机构倡导发起的公益化组织,中国青年创业国际计划 YBC(YOUTH BUSINESS CHINA)。

除此之外,各省市有不同层次和类型的创业培训机构。2013年5月至2018年,中央层面已经出台二十几份相关文件促进创业创新。目前这些文件正在转化为具体的政策措施,对创业创新起到了助推作用。主要包括:①简化创业企业工商注册手续,为创业者提供便捷的服务和优惠财政补贴以及要加快发展创业孵化服务,大力发展创新工场等新型孵化器,做大做强众创空间,完善创业孵化服务。②坚持扩大就业发展战略。把稳定和扩大就业作为经济运行合理区间的下限,营造宽松便捷的准入环境,深化商事制度改革,统筹推进高校毕业生等重点群体就业,加强就业创业服务。③不断完善制度保障。完善人才培养质量标准,创新人才培养机制,健全创新创业教育课程体系,改革教学方法和考核方式,强化创新创业实践,改革教学和学籍管理制度,加强教师创新创业教育教学能力建设,改进学生创业指导服务,完善创新创业资金支持和政策保障体系。

二、创业教育的时代价值

创业教育不同于其他领域的教育或培训,它有范围广、内容全、实践强、易操作等特征,此外创业教育还有时间短、成效大的特点;它对高等教育的教学模式、管理机制提出了新的更高的要求,对培养具有创新精神和创业能力的高素质复合型人才以及经济社会发展具有极其重要的作用。

(一)培养创业精神

创业精神是创业行为的主观特征,是个体对创业实践活动的心理倾向和原动力,包括创新精神、市场机遇敏锐性、冒险精神勇于实践、团队合作精神、成就渴望等精神维度等方面的内容。大学生以学习活动为主要目的,以校园生活为主要场所,因此他们接触社会机会有限,创新精神、市场机遇的敏锐性、冒险精神不足。创业教育的一个重要目的就是让大学生感知创业的同时培育大学生的创业意识和创业精神、提升大学生的创新创业能力,并为创业活动提供科学指导。

在创业教育过程中,朋辈教育对增强大学生的创业精神具有重要作用。大学生会接触到很多同龄人成功创业的励志故事,他们的成功经历和科学的创业方法可以极大地激发大学生的创业意识和创业精神,促使大学生从被动学习到主动探索创业路径。

(二)提高创业成功率

1. 创业教育有助于创业主体素质的提高

创业成功是创业主观方面、创业主体等各方面要素的有机结合,因此除了创业精神这一主观要素外,创业主体即创业人员的素质高低不容忽视。创业者的素质是参与创业过程的创业者体力和智力素质的总和以及非智力的心理品质的综合反映,包括创业者的身体素质、文化水平、相关经验、学习能力、动手能力、观察、分析、解决问题能力、亲和力、影响力、组织管理能力,以及意志品质、兴趣、爱好、性格、习惯行为规范等。创业者的素质决定企业产出的水平、质量和效益。创业教育可以通过教育活动提高知识和能力,提高创业者的综合素质。

2. 创业教育有助于创业团队的组建

创业教育的基本内容就是讲述企业从无到有、产生和发展、壮大的整个过程,包括创业项目市场调查与分析、选定创业项目、拟定创业计划、组建创业队伍、筹集创业资金、选择创业场所、确立组织结构和管理制度、办理创业相关法律手续、确立企业基本经营策略及企业成长与发展、管理策略等一系列的内容,每一项内容又包含了很多的事项。创业者通过接受创业教育,可以更准确高效地组建创业团队,避免不必要的失误和挫折。

3. 创业教育有助于提高创业者的风险防范能力

创业是一项高风险的活动。创业教育很重要的一项内容就是防范和规避风险,通过创业知识和政策法规的系统学习,使得创业者获得创业风险防范的知识和技能,增加创业成功的概率。

(三) 提高大学生就业创业能力

1. 创业教育有利于提高大学生的就业技能

通过创业教育,创业者可以系统地获得知识、信息、文化等资源。这个过程会让创业者更加清晰认识到社会需求及行业需求,同时随着语言表达、信息搜集、社交礼仪等能力的提升,大学生在求职和创业两方面的技能都能得到提高。

2. 创业教育能提高大学生的综合素质和核心竞争力

随着市场竞争日益加剧,人才综合素质的高低将直接影响企业的生存与发展,企业对人才的需求越来越迫切。创业教育打破传统教育的常规,从知识的角度出发提高大学生的综合素质。同时,大学生群体一旦通过创业教育将理论和实践相结合,不论是创新创业类竞赛还是自主创业探索,都将会提高专业水平,提升自我核心竞争力。

3. 创业教育引导大学生转变就业观念

作为一种新的教育理念和人才培养模式,创业教育能够使更多的大学生了解创新创业的深刻意义,认识到创业是更高层次的就业,认识到培养具有开拓性、创新型人才在当前形势下的重要作用,认识到自主创业是社会进步的需要,也是绽放人生、实现价值的需要。开展创业教育有利于改变大学生传统的被动就业、岗位就业和岗位维持等陈旧的就业观念,能够培养大学生从被动就业走向积极创业的新时代就业意识，由岗位的需求者走向岗位的创造者，带动社会整体就业观的改变和优化。

(四)有利于实现个人价值和社会价值有机统一

人生价值是自我价值和社会价值的统一。创业教育在本质上是激发人的创造天性的教育活动。因此，个人价值是基础，教育的目的是"育人"。但是个体与社会相辅相成，创业教育的急迫性来源于严峻的就业形势，创业教育注入知识价值，让个人价值与社会价值更为顺畅地实现，并且在这种形势下，创业教育本身也得以不断拓展和进步，两者之间相辅相成。

三、创业教育内涵

(一)内涵的界定

联合国教科文组织提出，高校人才培养必须将创业精神和创业技能作为高等教育的目标之一，把创业人才培养、学术人才培养、职业人才培养，放在同等重要的地位。《世界高等教育会议宣言》提出"毕业生将愈来愈不再仅仅是求职者，而首先将成为工作岗位的创造者"的目标要求，培养社会急需的各行各业的创新创业人才。创业研究学者从不同的角度和侧重点对创业教育的内涵予以界定，当前关于创业教育的界定存在以下学说。

(1)广义说和狭义说。广义上，有学者把创业教育的内涵定义为"培养具有开创性精神的人，这在实质上也是一种素质教育"(高晓杰等，2007)。狭义上，有学者认为创业教育是"为那些贫困和不利人口提供急需的技能、技巧和资源教育，使他们能够自食其力"(彭钢，1999)。还有学者从学生创业教育视角着手，认为创业教育"是一种培养学生从事商业活动的综合能力的教育，使学生从单纯的谋职者变成职业岗位的创造者"。其中，在创业教育中突出对创业精神核心要素的创新教育，针对创新教育也存在广义和狭义内涵之分。广义创新教育的内涵："应从教育创新入手，大力提倡和实施创新精神，突出当代学生创新精神的培养，真正培养出与时代潮流相适应的具有创新意识和创新能力的高素质人才，进而提高整个民族的创新水平"；狭义上的创新教育"是以创新意识、创新精神、创新思维、创造能力或创新性人格等创新素质以及创新人才为目的的教育活动。"

(2)质变量变说。持这种观点的学者大多受国外理论的影响，认为"创新是建立一种生产函数"；创新创业则是技术或理论等方面的创新，而且这些创新使某一领域发生了质的变化，并在一定程度上推动了国家和社会发展。

(3)个体本位说。持这种观点的学者认为创新创业教育应以受教育者为中心，它的基本内涵就是受教育者"事业心与开拓技能的培养，是一个人的'开创性'形成的教育"。个体本位说强调以学生为中心,倡导"利用遗传与环境的积极影响,发挥教育的主导作用,充分调动学生认识与实践的主观能动性"。

(4)社会本位说。持这种观点的学者从社会需求出发,认为创新创业教育是适应创新型国家发展的需要而产生的新的教育理念。周远清指出,"中国的小康社会建设需要多样化的多层次的创新创业型人才",创新创业教育"是经济与社会教育活动双重作用的结果,是经济社会发展的必然"。

由上可知,学界对创新创业教育内涵的解读有多种释义,甚至有学者干脆提出"创新创业教育是一个高度模糊的概念",内涵界定的泛化、异化造成了实践层面的种种误区。

我们认为,创业教育的核心要义就是培养大学生的创新精神、创业意识和创业能力,引导高等学校不断更新教育观念,改革人才培养模式、教育内容和教学方式,将人才培养、科学研究、社会服务紧密结合,实现从注重知识传授向更加重视能力和素质培养的转变,不断提高人才培养质量。从创业与创新的关系来看,创业是开创新局面新切口的行动,是行动层面的创造,创新是不墨守成规,保持开放的心态,用创新的视角审视周边事物,用创新的方法处理各项事务,是思维层面的创造。创业是创新行动化的体验形式,创业教育要做到教与学、学与做、做与创紧密结合起来,实现知行统一的教育。

从传统意义的教育理念来看,创业教育是传统知识领域内涵的升华,突破了高校以传授显性知识为主的教育,把传授人类积累的经验、教训及开启学生创新精神和创业意识等隐性知识作为教育的重要内容,培养学生的事业心、责任心与开拓创新的能力。

从创业教育的内涵来看,创业教育是培养学生的创新精神和勇于面对挫折的能力,同时培养具有批判性思维和冒险精神,这些精神和能力的培育是一个循序渐进的过程。在创业教育的初级阶段,倾向于培养创业技能和方式,在就业形势日益严峻的当下,把创新创业教育与就业教育有机结合起来才是符合客观实际的正确选择。此外,创业教育的受众面是广泛的,而且不是要求学生简单的复制模仿,更重要的是突出创新创业能力的培养。与此同时,创业教育效果的导向因素不是看大学生创业实体的数量,也不是创业项目成功与否的质量,而是大学生接受创业教育所获得的以创新能力为核心的综合素质提升和职业精神培育。更为重要的是,创业教育不是独立于其他学科专业的教育,而是根植于专业教育、知识教育之中的,是一项系统性工程。

创业教育的任务是通过揭示创业活动的一般规律、创业活动的特点和本质,介绍创业的基本知识和技能,帮助学生认识创业的意义,树立创新意识,培养创新精神,更新就业观念,指导学生以准企业家的身份,敢于行动、敢于创造、敢于创新、敢于经历成功与失败,投身于创业。

创业教育的目标是让学生了解创新创业活动在经济发展中的地位与作用,了解创业过程的一般规律,使学生对自己的创业项目及技能进行评估,了解新企业进入市场的一般策略,了解创业计划的基本要素(包括市场营销计划、组织计划、财务计划等),了解如何控制与管理新创企业的成长与扩张等规律,使受教育者有意愿、有能力成为一个创业者,并成为推动经济发展和社会就业的企业家而不懈努力。

(二)走出创业教育内涵误区

(1)创业教育不是就业指导。"创业教育是缓解就业压力的权宜之计",虽然结合我国当前大学毕业生就业压力大的现实背景,创业教育内涵可以设计就业指导的内容,但是创业教育的主要内容绝不应该是就业指导。创业教育可以提高就业技能,转变就业思路,但是创业教育有别于就业指导,不能把岗位职业培训作为创新创业教育的主要内容,把就业率的多少作为衡量创新创业教育成败的标杆。创业教育内涵要凸显人才素质培养。

(2)创业教育不全是引导学生发明或创造新的生产函数。创业教育不是引导学生像科学家、发明家一样的创新创造。创业教育也不全是技术模式等的创新教育,学生在创业教育后,个体成长中思想或行为具有质变的首创行为也是创业,学生创业意识、创业精神的改变属于创业教育内涵。

(3)创业教育不能游离于专业教育、知识教育之外。创新创业教育是包含于多学科之中,具有层次性和差异性的教育体系,脱离了专业教育、知识教育,没有相应的文化氛围支撑,创业教育就像无水之鱼,会慢慢枯竭至死。这是因为人的创造性是不能像具体技能和技巧那样教授和传授的,它必须通过科学知识和人文知识所包含的文化精神的熏陶和教化才能潜移默化地生成。

(4)创业教育不是立竿见影的。创业不是一蹴而就的事情,想创业到真正实施创业再到成果创业之间还是有较大的距离的。十年树木,百年树人,创业教育成效的显现还需要一个长期的过程。"创新创业教育作为一种新的教育理念,并不是创新教育与创业教育的简单叠加,而是在理念上和内容上实现了对创新或创业教育的超越"。

四、我国大学生创业教育的突破口

党的十八大以来,我国国民经济发展速度有所调整,各行各业的改革和调整中,以素质教育为核心的高等教育改革意义重大。此前我国的创业教育在引导大学生培养创新创业意识、开展创新创业活动方面作用显著,但是仍然需要不断调整和突破。

1. 更新传统创业教育的理念

在我国,大众对创业教育认知上存在偏差,很多人认为创业教育的课程是没用的

"水课",这种理解偏离了创业教育的初衷,更会误导创业教育实践。创业教育不是立竿见影地实现致富,而是培养学生的创业意识和创业精神,引导大学生形成正确的就业创业观,增强自主创新意识和创新能力。

2. 构建科学合理的创业教育管理评价体系

我国的创业教育在教学管理评价体系上存在明显不足。首先,在创业教师队伍、教师技能培训、教学方法方面以及师资力量整合、机构优化设置、课程评价体系等方面都亟待改进。其次,创业教育离不开专业教育,离不开学生会、社团等第二课堂,专业教育的教师和第二课堂的管理者的创业实践能力也应纳入人事考核范围。第三,在管理体系上,应该形成以创业教育中心为主体、以融资机构和顾问机构为辅助创业管理机构来推进创业教育的实施。

3. 积极营造宽松的创新创业氛围

创业是一项具有不确定性的高风险的活动。积极宽松的氛围是做好创业教育的前提,只有培养敢想敢闯敢冒险的精神和营造容忍失败的宽松氛围,才能让创业者敢于创业、乐于创业。国家、社会、学校和家庭都应该注重创业宽松氛围的构建,培养学生不甘失败、不惧失败、勇于创业的精神。

4. 各方协同共促创业教育

创业教育是多元的系统工程,需要各方力量的配合。我国推广创业教育的有利因素是国家强有力的政府支持、高校创业教育的广泛开展。但是由于我国当前经济发展水平、社会文化、创业激励机制的限制,创业教育需要整合多方资源各方协同推进。首先各级党委政府高度重视,建立纵向领导协同机制;其次,学校联动相关部门,诸如校友企业、劳动与社会保障局、基金管理机构等实现资源互通,为创业教育提供更多的支持。

5. 不断推进创业教育理论研究

当前,我国创业教育的研究不系统、不深入。对创业教育的概念、性质、特点和培育方式、培育目标等方面缺乏系统体系性。因此在创业教育理论研究方面,我们还需不断加强。

【习题】

1. 简述创业教育的作用。
2. 简述创业教育的内涵。
3. 简述创业教育的目标。
4. 简述如何通过创业教育培养创业精神?
5. 从优劣势两个层面谈谈你对当前创业教育的感想。

【阅读延伸】

"创业红娘"——华中科技大学 Dian 团队的创始人刘玉[①]

华中科技大学 Dian 团队的创始人刘玉,开创和组织的孵化团队,培育出 50 多家创业公司,如今,她启动"创业红娘"计划,为优秀创业项目与投资机构牵线搭桥,让创业者和投资人"相亲"。

声名在外的 Dian 团队就坐落于华中科技大学启明学院 7 楼,2014 年毕业的 29 名队员中,13 人进入腾讯、华为、阿里巴巴、百度等,平均年薪 17.8 万元。Dian 团队成立 14 年,累计带出 50 多家创业公司,2 人荣登福布斯"中国 30 位 30 岁以下创业者"榜单。

2002 年春,刘玉教授通过网络从全校招了 3 名不同专业的本科生做项目。一台电脑三班倒,他们编写了 2 万多行代码。创立 Dian 团队,全名为"基于导师制的本科人才孵化站"。2003 年,刘玉联系了身为武汉嘉铭激光有限公司董事长的大学同学,为学生争取到了第一个具有挑战性的企业课题,获得 2 万元项目经费。一年后,刘玉早年带过的学生、杭州华三通信公司副总裁曹向英同意与 Dian 团队合作"试水"。14 年来,刘玉为团队揽来 200 多个项目,每个项目都有研发经费,少的 5000 元,多的 100 多万元。

月销售额达 5 亿元的米折网公司 CEO 张良伦、COO 柯尊尧都是 Dian 团队成员。柯尊尧说,除了他这个首任队长,目前 Dian 团队第二、三、五任队长都在公司承担重要工作。"是刘玉老师把我们这群爱折腾的人黏在了一起。"

Dian 团队队员从电信系学生为主发展为全校各院系学生,常年保持 100 名在校队员规模,校内外导师也已有 5 人。刘玉像一台超级电脑,对 500 多名队员的情况如数家珍。那些参与创业的学生更牵动她的心,她对学生创业的态度,从反对、担心、质疑、观望,再到信任支持。这支创建于 2002 年的团队逐步走出了一条"目标英才式、指导开放式、培养递进式、管理竞争式"的创新人才培养道路,努力搭建高等教育与社会需求之间的坚实桥梁,为高校培养创新型人才提供了良好范式。

评析: 创业是一项实践活动,创业教育本质上是一种实践教育。创业教育由体制外向体制内的转向,是应社会现实需求而生,它彰显了对教育功能的重新定位与认识。其出发点和归宿都在于能力和精神的提升,而非知识的获得。而能力和精神绝不是教育者可以"教"出来的,而应该是"养"出来的。

[①] 资料来源:余洁,朱玉玲. 一个创业团队——Dian 团队的成长历程[J]. 管理观察,2010(20):80-81.

【本章小结】

"大众创业、万众创新"观念的深入人心需要加强创业氛围的营造,更需要成功创业典型的引领。而创业成功需要创业主观状态、主体、行为等共同要素和选择性要素相互联系、作用、协调一致形成一个整体。本章主要从在校大学生的视角,结合创业的科学内涵、创业精神,科学界定创业教育的内涵,明确创业教育的范畴、目标、作用,规避创业教育的误区,寻求创业教育的突破口,最大限度彰显创业教育的时代价值,增强创业意识,弘扬创业精神,变革创业思路,提高创业成功率。

第二章 创业主体

【本章要点】

本章主要从创业主体的分类,创业者的基本特征,创业团队的组建、维护等方面详细介绍了创业主体的内容。

【案例导入】

金银花开"金奖"来①

提到金银花,许多人并不陌生,它具有清热解毒、疏散风热等功效,被称为"植物抗生素",大约20%的中医处方中都含有金银花。日前,山东中医药大学的"草芝源"金银花创业团队不仅创出一条金银花种植扶贫新路,又在第四届中国"互联网+"大学生创新创业大赛全国总决赛中摘下了桂冠。近年来,项目团队已在临沂、延安老区推广种植近1.4万亩(1亩=1/15公顷),惠及农户近3500户,平均每户每年增收1.6万元,带动10万老区人民增收致富。

该项目的带头人张永清潜心研究金银花新品种培育与种植技术,被誉为"金银花界的袁隆平"。自上个世纪末,他通过推广金银花新品种和种植技术,在沂蒙山区开展扶贫工作。19年来,他带领团队制定金银花生产技术体系,通过培训、讲座和现场指导等方式,免费为农户提供金银花种植技术服务。据统计,项目实施19年来,经项目技术指导进行规范化种植的金银花在地总面积达到46.32万亩,涉及农户50.2万人,平均每户年增收1.6万元。规范化种植金银花共增益28.99亿元,原有金银花种植面积每亩增加收益约1200元。

项目团队负责人,2018年刚博士毕业留校成为讲师的王玲娜,已跟随张永清教授参与研究10年,她介绍,"以前的种植过程中有很多不规范现象,我们与多家药材企业合作,制定了操作规范和标准,免费为农户进行技术培训和田间指导,产量和质

---

① 资料来源:一枝金银花为啥能研究19年?这个团队栽下金银花收获金奖[EB/OL].(2018-11-04)[2018-12-20]. http://www.sdnews.com.cn/sd/jinan/201811/t20181104_2467831.htm.

量都实现了大幅提升。"团队独创出一整套包含十二大类的金银花生产技术服务体系,实现了五大技术创新,选育出六个金银花新品种。他们免费把技术送到农户身边,指导农户科学种植出高品质金银花。

如何攻克"金银花花蕾期短、采摘难"这一难题?2013—2014 年,张永清团队赴全国数十个省市的金银花种植基地考察,采集金银花样本 100 多个,持续不断地进行金银花种植研究。2015 年,团队成功选育出金银花新品种"华金 6 号",该品种具有花期延迟、花蕾期持续时间长等特性,药效指标成分"绿原酸"和"木犀草苷"远高于国家药典规定,且具有活性成分含量稳定、产量高、易采摘等显著优势,成为目前唯一一个通过花蕾期集中解决金银花采摘难问题的品种。

如今,"华金 6 号"在全国许多地区也逐渐得到推广种植。对他们来说,大赛金奖并不是终点,而是要继续进行技术升级,选育更多优良金银花新品种,研制金银花深加工产品,实现效益最大化,进一步帮助农民脱贫致富,促进乡村振兴。

【案例评析】真实的案例,感人的细节。通过这一扶贫故事,我们读懂了青年大学生的创新创业应该围绕社会需求,应该结合自身专业特色,找准创新创业着眼点,更容易开创出自己的一片天地。

第一节 创业者

【本节要点】

本节主要从创业者的类型、特征、基本素质等要素出发,挖掘创业者应该具备的素质能力。

【案例导入】

俞敏洪:创业必须具备八大能力[①]

大学生创业应该具备哪些能力呢?俞敏洪先生在加拿大多伦多大学创业论坛上的讲话,提到了创业必须具备的八大能力。他认为只有注重培养这八大能力,才有可能取得成功。

1. 目标能力

你要问自己一个问题:你有什么样的目标?想把它做成什么样的状态?并且前

---

① 资料来源:俞敏洪. 创业前先练就"八大能力"[J]. 成才与就业,2010(22).

提是你在进行自我评估后发现这有可能实现,这时候你才能够开始创业。

2. 专业能力

如果你对专业不懂就去创业,失败的可能性也很大。俞敏洪开始做新东方的时候,周围很多培训机构都是被优秀的老师炒鱿鱼给炒倒了。因为优秀老师课上得好,学生很满意,老师就开始向老板要价,老板自己不懂教学又咽不下这口气,最后优秀老师都跑到别的培训机构去了,老板就只能把学校关掉。

新东方当初能做下来很重要的一个原因就是开设的很多课程,俞敏洪自己都能教,因此,他的老师在拿到他们觉得比较满意的工资时,就不会跟他提出非分的要求。

3. 营销能力

如果产品造出来没人买的话,那公司白开了,有无数的公司都是开起来最后却关门了。其关乎营销,营销分两部分:实的营销和虚的营销。

所谓实的营销,比如新东方,营销的是新东方的课程,但是无数培训机构一直以来也在营销课程,而新东方能做大,这是因为俞敏洪营销了品牌。到最后人们仅仅只是听到新东方三个字就来上课,这个时候品牌营销就算是成功了,这就是虚的营销。

4. 转化能力

第一种转化是把科学技术转化成生产力。像比尔·盖茨把自己的研究成果转化成微软产品,并推销到全世界,他就成了全世界的首富。所以把科学技术转化成生产力、转化成产品的能力是非常重要的。第二种是转化你个人的能力,就是能把在大学里学的专业知识转化为社会能力、管理能力。

5. 用人的能力

仅仅一个人做事情不能叫创业,那叫个体户,所以想创业你就得找一帮人,而且把人招进来就得让人服你,因此就得展示你的个人魅力,还得展示你的判断能力、设计能力,让大家觉得跟着你走是有前途的,哪怕在最艰难的时候大家也愿意跟着你。

阿里巴巴的马云之所以能成功,很大程度归因于他的个人魅力,他有能力把一帮人聚在一起,给他们承诺未来,这个未来到最后不知道能不能实现,但大家会有一个期盼。所以用人能力是有巨大力量的,它是领导能力的一个典型体现。

6. 社交能力

进入社会,首先你要理解社会,要理解别人为什么要这么做。在俞敏洪刚开始的时候,社会上那些风气他完全不懂,新东方的发展也处处受制于人,一会儿居委会的老太太来骂人,一会儿城管的人来处罚。

做企业也是这样,一个企业家,如果不能和社会同存却又不超越社会,就会很麻烦,所以我觉得社交能力对一个企业家或创业者来说,十分重要。

7.把控能力

首先是对企业的把控,企业的发展速度是什么?什么时候该增加投入?什么时候应该对产品进行研发?等等。

其次是对人的把控,当一个人走进你的公司,他会根据自己的能力和贡献衡量自己应该得到什么,人与人之间永远会寻找一种平衡关系。

而这种平衡需要你随时把握每个人的动向,满足他们的需求,同时还能压制住他们不合理的要求和欲望,能够让他们跟你一条心、不断往前走。

其实对人的把控能力、对环境的把控能力、对企业发展步骤的把控能力,构成了你创业是否成功的重要条件。

8.革新能力

所谓革新能力就是需要你把新的东西引进来,进行体制上的革新、制度上的革新、技术上的革新以及思想上的革新。一个人或者一个企业家成长的过程,就是不断否定自己的过去,承认自己的现在,追求自己的未来的过程。

对创业的改革也非常重要,比如说在技术方面,你不更新的话,最后就会失去市场,也会失去机会,在这一点上我非常佩服乔布斯——苹果公司的老总。他刚开始在苹果,后来被苹果公司弄出去之后他又做动画片,电影也做得很好,后来又开始研究iPod,iPod还在热销的时候他却又开始研究iPhone,现在iPhone也在全世界热销了。

所以每走一步,他的思想都是超前的,他不失为一位勇于创新、善于革新的英雄和时代的弄潮儿,我们要做企业就得向这样的人学习。

【理论讲解】

一、创业者类型

(一)创业者概述

创业者是创业活动的领导者和执行者,是能识别并抓住商机,能够承担风险,为创业投入时间精力、满足市场需求,创造价值取得回报的人。创业者的个性特征是推进创业活动的催化剂,在一定的环境下对人的行为产生影响,对创业活动有重要导向作用。大部分的创业者都是普通大众,创业成功是因为他们有干劲、有闯劲、有知识、有技能,充分发挥自己的长处,施展自我的才华。

(二)创业者分类

(1)从创业动机划分。①生存型创业者,主要是为生活而创业。主要从事贸易、少量实业,也有的是加工业,成为大企业的很少。②事业型创业者,事业型创业者把人生梦想作为终生目标,有很强的创业成就感、事业感。比如俏江南的创业者张兰,在取得加拿大移民资格后在事业心的驱使下回国干一番事业。③主动型创业者,又分为盲目型创业者和冷静型创业者。盲目型创业者基于某种冲动突发创业想法盲目开始创业,盲目型创业失败的概率比较高,但是一旦成功,创业者成长的速度会很快。冷静型创业,属于谋定而后动,成功率相对高。④价值型创业者,从创业价值出发,体现个人价值和社会价值的融合与统一,盈利不是唯一的追求。

(2)从原从事职业划分。①专业技术人员创业,比如比尔·盖茨,柳传志等。②经理人创业,如牛根生、董明珠等。③行政人员创业,如王石等。④农民工人创业,如卢志明等。

(3)从创业形式划分。原发型创业是指从无到有的创业;裂变型创业,是指从母体组织脱离出新个体,新个体既与母体有关联,又具有独特属性。裂变型创业是一种特殊的企业进入方式,母体组织与新创企业之间的嵌入关系是这类创业活动的基本特征。

二、创业者特征

2018年3月6日,福布斯官方发布了2018年全球亿万富豪榜,中国共有476人上榜。其中25人财富超过100亿美元,15人挤进全球亿万富豪榜前100位。榜单显示,马化腾身家453亿美元,位列17位,成为中国和亚洲首富。马云身家390亿美元,位列第20位。中国企业家在创造大量财富的同时为中国社会经济发展做出了巨大贡献。他们当中很多人都是从创业者成长为著名的企业家的。以企业家这一特殊群体作为研究对象,可以帮助我们进一步认识创业者的基本特征。目前基于"百度"搜索福布斯排行榜,随机抽取当前各行各业排名靠前的27位企业家,整理他们的出生、成长经历等资料进行归纳分析,在分析中我们可以发现创业者具有的某些共性特征。

(一)创业者的品格特征

创业之路是充满艰险与曲折的,创业要求创业者去面对变化莫测的激烈竞争以及随时出现的需要迅速正确解决的问题和矛盾,这需要创业者具有非常强的心理调控能力,能够持续保持一种积极、沉稳的心态,即有良好的创业品质。它是对创业者的创业实践过程中的心理和行为起调节作用的个性特征,它与人固有的气质、性格有密切的关系,主要体现在人的独立性、敢为性、坚韧性、克制性、适应性、合作性等方面,它反映了创业者的意志和情感。创业的成功在很大程度上取决于创业者的创业品格。

1. 诚信友善是创业者的典型品格特质

诚信是中华民族的传统美德,是立身、修德、处事之根本。友善就是乐于与人交往,积极地接纳他人,认可别人存在的重要性,相互沟通和交流,人际关系和谐。对别人不依赖,不欺凌,为他人所接受,受他人信任,给人带来安全感。

为了企业的顺利发展,创业者需要处理好各种社会关系。在创业初期,和风险投资者、团队成员、政府部门等关系的建立和维护,都需要创业者具备诚信友善的性格特点。这种个性特点有利于良好关系的建立和后期企业运营管理。坦诚性格特质是作为一名管理者所必须具备的。对于一名创业者来说,诚信是由企业活动的契约性决定的,企业的经济效益来自商务活动,商务关系实质是人与人之间的契约关系,契约关系必须建立在相互信赖的基础上,因此企业家的诚信品格是其成功的必要条件之一。

对于这种诚信友善的特质,在很多企业家身上都发挥得淋漓尽致。安踏集团总裁丁志忠因为一位消费者投诉一双安踏的鞋仅仅穿了三天就有问题而将发往全国八大区的一万多双鞋全部召回,并且全部放进粉碎机作销毁处理。这种诚信的品质,让丁志忠带领安踏走向了辉煌。正是基于这份坦诚之心,如今的安踏,已经作为中国体育用品的驰名品牌享誉大江南北。马云曾说:"诚信不是一种销售,不是一种高深空洞的理念,是实实在在的言出必行,点点滴滴的细节,诚信不能拿来销售,不能拿来做概念。"阿里巴巴的成长及旗下知名网站淘宝网就是基于这份诚信,这份执着的坦诚之心,成就了中国乃至世界的电子商务帝国。

2. 敬业担当是创业者的基本品格特质

人们普遍认为"最积极的创业品质"有"真诚、敬业、细心、热情、善良、友好、担当"等。当今社会更要强调社会的责任感,只有具备良好的"心品"和"人品",才能真正适应社会。王传福做比亚迪第一条生产线时不仅自己认真尽责,他也很看重认真尽责的人。在王传福看来,中国的工程师总是工作第一,享受在后。他说,做汽车,要的就是这份认真劲,这份责任心。蒙牛集团的董事长牛根生在对全体员工的一次讲话中说:"我们面前站着忠诚的消费者,背后站着投资的股民,四周还有广大合法经营的奶农……我们可以对他们说些什么呢?我们能够为他们做些什么呢?在责任面前,我们唯一的选择就是负起完全的责任!"王石在中央电视台曾经做过一次节目,主持人要求每一位企业家写下"你认为作为一个企业家最重要的信条",王石写的是"社会责任",正因为这种认真尽责的特质,万科集团铸就了中国的地产王国。

3. 乐观自信是创业者的优秀品格特质

对于一个企业来说,领导者拥有的乐观自信特质是成功的特质。这种乐观自信,表现为敢于冒险、善于创新、勇于探索,然后收获快乐,取得成功。百度领袖李彦宏曾讲到:"有风险的运动,有刺激的运动,会让人在胜利后获得极大的快乐享受。创业也是一项有风险的举动,我喜欢这种冒险。"俞敏洪在对创业者的讲话中说:"生活中其实没有绝境。绝境在于你自己的心没有打开。你把自己的心封闭起来,使它陷于一片黑暗,你的生活怎么可能有光明!封闭的心,如同没有窗户的房间,你会处在永恒的黑暗中。但实际上四周只是一层纸,一捅就破,外面则是一片光辉灿烂的天空。"这种乐观的特质,铸就了新东方教育集团的辉煌。马云乐观自信的特质,让他精力充沛,能够为生活带来新鲜感,也成为阿里巴巴走向辉煌的基石。

4. 勤奋坚持是创业者必备的品格

要想取得成功就必须勤奋努力。成功和勤奋是对孪生姊妹,成功的背后必然伴随百倍的努力。"宝剑锋从磨砺出,梅花香自苦寒来","业精于勤而荒于嬉"。事实一再证明,任何人做任何事都离不开勤奋,勤奋是成功之舟。毋庸置疑,勤奋是创业者必须具备的条件,特别是在创业初期,如果不勤奋,根本无望成功。脑袋决定口袋,思路决定出路,所以勤奋不仅指手勤,更多是指头脑,只有多动脑筋和善于把握机遇的人才能不断走向成功。

创业贵在勤奋和坚持,欧亚琴行的电子键盘类乐器的销售量是西南地区最大的,古筝销量也排在西南第一位。当问及创业十几年来最大的感受是什么时,负责人毫不迟疑地说:"贵在勤奋和坚持。"乐器行成立之初,钟琳华既是老板,也是财务,更是销售和采购。没有认真和努力,不会成功;没有保持,就丧失了机会。只有勤奋和坚持,才能做大做强。

(二)创业者的教育背景

教育背景可以分为两个方面,一是创业者的专业背景,对于创业者来说,创业时更愿意选择自己熟悉的、热爱的专业领域或专业相关领域。二是创业者的学历层次,不同学历层次的创业者对创业项目的选择差异大,创办高科技类型的企业对学历的要求往往较高。

"百度"搜索福布斯排行榜随机抽取当前各行各业排名靠前的 27 位企业家中,从创业者的专业背景来看,将近一半的创业者的经营项目选择与专业具有极高相关度。从学历层次来看,27 名成功的创业者企业家有 20 名接受过高等教育,很多都是国内名校高才生。年轻的创业成功者一般具有较高的学历,是创业活动中学习能力的体现。年龄相对大些的创业者,一般通过丰富的社会阅历、实干经历,提高自身创业能力。

(三)创业者的年龄特征

在创业活动中,真正有巨大创业潜能的一般是年轻人。微软创始人比尔·盖茨 21 岁编写软件程序,史蒂夫·乔布斯 17 岁组装电脑,中国的马化腾 27 岁创办腾讯,马云 31 岁创办中国"黄页",史玉柱 30 岁创办巨人集团,陈天桥 26 岁创办盛大公司,俞敏洪 29 岁创办新东方学校……新时代创业整体呈年轻化趋势。当然也有少数大器晚成的创业成功企业家,例如,43 岁开始创业的华为任正非,40 岁创业的联想开创者柳传志等。总体来说,创业者年龄呈现年轻化趋势。创业成功的年轻人群中,接受过良好的高等教育的居多。40 岁以后创业成功者更多地具备丰富的工作经验和社会阅历,在创业领域更成熟。工作经验和社会阅历可以有效补充校园教育的不足,提高创业成功概率。

(四)创业者的地域特征

创业者所在地域环境对创业者的影响较大。一般来说,鉴于目前经济发展的地域不平衡与城乡发展的不均衡,经济发达的长三角、珠三角、京津地区的创业者多,城市地区的创业者多。

【习题】

1. 简述创业者的基本特征。
2. 根据 2018 福布斯排行榜企业家信息,梳理总结本书中未涉及的创业者特征。

【阅读延伸】

蒙牛创始人牛根生[①]

牛根生,蒙牛集团创始人,1958 年生于呼和浩特。据他亲自描述"因为吃不起饭,亲生父亲开价 50 块钱把我卖了。"由养母抚养 14 年。1978 年参加工作,成为一名养牛工人。

1983 年进入乳业工厂,从基层干起,直至担任伊利集团生产经营副总裁,成为"中国冰淇淋大王"。

1999 年离开伊利,创立蒙牛,后用短短 8 年时间,使蒙牛成为全球液态奶冠军、中国乳业总冠军。蒙牛集团被全世界视作中国企业顽强崛起的标杆,"蒙牛现象"成为经济界最热门的专有名词之一。蒙牛产业链上联系着百万奶农、千万股民、数亿消费者,被誉为西部大开发以来"中国最大的造饭碗企业",并被评为首届中国企业社会责任调查"最具社会责任感的企业"。

2011 年 6 月 11 日,蒙牛乳业在港交所发布公告称,其创始人牛根生辞任董事会

---

① 资料来源:常留贤.牛根生与蒙牛文化[J].企业改革与管理,2018(5):51.

主席一职。牛根生的职业生涯与许多传统中国老板相似,大起大落。其超常规的快速发展让人惊讶和赞叹,牛根生的座右铭:"小胜凭智,大胜靠德",信奉"财聚人散,财散人聚"的经营哲学。在 1999 年至 2005 年担任蒙牛总裁期间,他把自己 80% 的年薪散给了员工、产业链上的伙伴以及困难人群。

评析:创业者牛根生没有强大的经济后盾,没有高层次学历平台,凭借敬业担当把简单的事情做好,把大家公认的、非常容易的事非常认真地做好,并持久坚持。

第二节 创业团队

【本节要点】

创业活动取得成功,是创业团队成员协同互助的结果。本节主要围绕创业团队构成要素、创业团队组成、创业团队管理等方面介绍大学生创业团队的相关内容。

【案例导入】

小米 8 年往事:雷军们都经历了什么?[①]

在成立之初,小米拥有 14 名员工,唯一一名女性名叫管颖智,工号 14,在雷军推出员工持股方案的时候,她把父母准备的嫁妆钱拿来投资了小米。

高通在 2011 年投资小米,之前曾觉得 2.5 亿美元估值太贵,谁知道在 2011 年底,2.5 亿美元的估值已经上涨到 10 亿美元。在 2015 年,高通大中华区前总裁王翔加盟了小米。

雷军在创立小米之前,曾和现在的小米总裁林斌、晨兴资本董事长刘芹聊了很久,最终林斌成了小米的二当家;而晨兴资本参与小米早期投资,成为小米第二大股东。

2013 年底,雷军把刘德推向前台。刘德带领十几名工程师,从技术和产品的角度出发抢占市场先机。他最喜欢的就是给早期生态链企业画一张"销售额一亿元"的大饼。

当时,雷军力邀好友王川加盟小米,谁知道被王川拒绝。最终,雷军整体收购了"多看"的团队,王川最终加盟了小米。

随着一声浑厚悠远的铜锣声敲响,2018 年 7 月 9 日上午,小米公司在香港交易

---

① 资料来源:刘正伟,花子健. 小米八年往事[EB/OL]. (2018-07-09)[2018-11-01]. https://baijiahao.baidu.com/s?id=1605520619405040536&wfr=spider&for=pc.

所正式挂牌上市。港交所为此准备了一个 3 米宽、200 公斤重的超大型铜锣。

8 年前,雷军刚踏入不惑之年,把金山做到上市之后曾经过了一段"退休"时光。但为了心中的梦想,重新开始创业,陆陆续续找来了林斌、黎万强、洪锋、刘德、王川等人,带领创始团队聚在一间 300 平方米的办公室里,每人端了一碗由黎万强父亲亲手熬制的小米粥,说干就干。

用了 8 年时间,成就超过 470 亿美元市值,在中国商业史上,小米留下了浓墨重彩的一笔。谁也没想到,这家不起眼的小公司,8 年风雨走来,谱写了一部辉煌的创业史诗。

评析:小米的企业发展史也是小米团队不断整合强大的过程,只有具备了良好的创业主体,企业成长才会更加顺畅,但是良好的创业主体不是一蹴而就的,是一个动态的发展和平衡的过程。因此,创业团队管理的重要性不言而喻。

【理论讲解】

一、大学生创业团队

(一)创业团队的概念

团队是由少数具有能力互补的人组成的共同体,成员间有着相同的目标与追求,有分工有合作,用每一个成员的知识和能力协同解决问题,实现共同目标。

创业团队,是团队的一种,目的是实现成功创业。从狭义上理解,创业团队是指具有共同目的、共担创业风险且共同享创业收益的经营新成立的营利性组织的一群人,主要目的是为消费者提供新的产品或服务。从广义上理解,创业团队除了包括狭义上的创业团队外,还包括创业过程中相关的利益关联者,如风险投资商、商品供应商等。

(二)创业团队的构成要素

创业团队需要具备 4 个组成要素:战略规划、人员、定位、制度。

(1)创业团队的战略规划。它是团队形成和发展的动力,战略规划也是团队凝聚力和战斗力的有效保证,因此,制定创业成员战略规划的时候就应该与创业成员发展结合起来,组成一个命运共同体。战略规划的科学性系统性可以有效地指导团队创业活动。

(2)人员。创业团队构成以人为核心,人是创业团队中最活跃最重要的资源,也是推动新创企业发展的根本动力。创业团队的人员在团队中可能有人制定计划、有人实施、有人协调不同人一起工作,有人负责监督进展情况,不同的人通过分工完成创业团队的目标。创业团队在人员选择方面要考虑人员的能力、经验和互补性,人员间的工作内容主要分为完成任务和团队维护两个部分。

(3)定位。主要是指创业团队和创业者个人的定位,创业团队在企业中处于什么位置,顶层设计和晋升路径是怎样的,创业者个人作为团队成员在团队中扮演的角色是怎样的。

(4)制度。制度是团队运行的规则,制度决定团队的有序健康发展。制度应该规制决策、工作运行、权力结构等方方面面,创业团队的制度主要有公司章程、董事会制度、高管制度、员工管理等各项工作制度。

(三)创业团队的成员类型和角色构成

有效的创业团队一般需要三种类型的人:

第一种是具有技术专长的成员;

第二种是具有问题意识、权衡能力、有效决断的管理型成员;

第三种是善于倾听、反馈,具有亲和力和组织能力的沟通协调型成员。

上述三种类型的团队成员对于团队的健康成长意义重大。但是这并不意味着创业之初一定要全部具备这三类人才,可以适时动态调整,也可以由已有成员通过不断学习变成综合性功能的成员。

二、创业团队建设

(一)创业团队的组建原则

1. 目标一致原则

目标一致原则是指全体创业团队成员的个人目标和团队整体目标具有一致性,这是团队凝聚力和内生动力的有效保证。

2. 互补性原则

互补性原则是针对团队成员间的知识、技能、经验方面而言的。团队成员之间实现有效互补、发挥协同效应,在全员参与和互补中实现共同的目标。

3. 精简原则

从团体运作成本和决策效率的角度看,创业团队应该坚持精简原则,最大限度降低成本,提高效率,实现效益最大化。

4. 动态开放原则

创业是一个高风险不确定性极高的活动,期间很多因素导致人员进出。因此,在建设团队的时候要保持动态性和开放性,吸引能力匹配优秀人才有机会有渠道加盟团队。

（二）创业团队的组建步骤

创业者组建创业团队没有统一的模式，创业团队能否成功组建取决于目标、性格、价值观、商机等因素。创业团队的组建是一个复杂的过程，不同类型的创业项目需要的团队结构不同，具体组建步骤也不同。一般来说组建创业团队需要以下四个步骤。

1. 捕捉创业机会，明确创业目标

创业机会的识别与捕捉是创立创业团队的起点，创业方向关系到哪些人适合成为创业团队成员，有了创业机会后创业者选择优秀的人员进行合理分工，明确完成创业阶段的技术、市场、规划、组织、管理等各项工作，企业经历从无到有，从产生到成熟创造经济和社会价值。在捕捉创业机会，明确创业总体目标前提下进一步细化阶段性目标。

2. 制定创业计划，招募合适成员

在整体目标和阶段性目标明确后，为了保证上述目标的有效实现，制定详细周密的创业计划书，撰写创业计划书有以下目的：(1)从团队的高度厘清发展目标，明确不同的创业阶段需要完成的任务。(2)创业计划书可以起到招募合适成员的目的，吸引合作伙伴的加入。招募合适成员是组建创业团队关键性步骤，主要考虑创业团队成员间知识、能力、资源等互补性和创业团队的适度规模。

3. 进行职权划分，加强调整融合

创业团队职权划分是为了保证执行创业计划，更有效率地开展各方面工作，职权划分就是明确团队成员的权利和义务，在划分的过程中要注意不要有交叉或疏漏。同时，随着创业团队的发展，人员匹配、制度设计、职权划分等方面出现问题需要及时调整，团队的调整融合是一个寻求动态平衡的过程，最为重要的是保证团队的高效沟通，提高团队凝聚力和执行力。

4. 构建制度体系，降低创业风险

创业团队的制度体系主要是团队的约束和激励制度，包括纪律条例、组织条例、财务条例、保密条例等，旨在约束团队成员的同时保证团队正常运行，此外通过奖惩方案、利益分配、激励措施等将创业团队的整体利益和个人利益结合起来，最大限度调动团队成员的积极性。在构建团队制度体系的时候应注意考虑团队成员的违法违纪风险，降低企业风险。

三、创业团队管理

（一）创业团队管理重点

创业团队的管理应着重强调企业文化、领导者的角色、善于运用管理制度激励成员积极性,构建高效的组织结构,重视基层管理制度。

(1)企业文化。企业文化是在一定的条件下,企业生产经营和管理活动中所创造的具有该企业特色的精神财富和物质形态。它是体现创业团队目标、管理思想、企业精神的载体,良好的企业文化可以凝心聚力,对提高团队成员的工作热情和信心具有重要作用。

(2)领导者。企业管理中领导者占很重要的角色,领导者应该具有确定企业战略发展规划,组织引领大家共同前行奋斗的能力,要做到敢于担当、协调鼓劲、张弛有度的角色定位。

(3)科学健全的制度。创业团队管理方面,科学有效制度的制定和落实是重要方面,其中包括约束机制和激励保障性制度。这两个方面发挥落实好将予以创业团队公平公正的进取氛围,利于团队营造风清气正的氛围,向着良性方向发展。

(4)组织结构。有效的组织结构是创业团队管理的重要方面,创业团队的组织结构应科学合理,既要保证企业内部信息畅通又要保证避免结构冗余。

(5)基层管理方面。技术保密奖励、生产管理、安全管理等基层管理都应该有相应的健全完备的制度,并应该严格落实执行。

(二)创业团队常见问题

1.利益分配制度不完善

团队在创立初期往往没有对成员的利益分配明确化、制度化。很多创业团队成员在企业发展初期,或者是没有考虑,或者是碍于面子,没有明确提出未来具体的利润分配方案,等企业产生效益,规模不断扩大后,利润分配成为团队成员之间争执的焦点。一旦处理不好,就会造成团队的分裂。

2.团队冲突

团队冲突一般出现在团队运营过程中,在经营管理等方面想法不同出现的问题。这与团队成员的性格特点和团队成员结构有关。当团队中出现冲突时,团队成员中善于听取意见,并能综合大家意见寻求解决方案的成员责任重大,否则问题长期得不到解决容易造成人心的涣散,最终导致团队的涣散。

3.信任危机

信任危机一般有两种情况,一是由于利益分配等问题导致创业团队内部利益冲突,另一种是团队内部与团队外部主体间的信任情况遭到各种因素的影响而产生怀疑的情况。解决信任危机的方式是财务公开、决策公开和利益公平。

4.发展瓶颈的出现

发展瓶颈一般出现在创业团队运营一个阶段后,面对团队取得的成绩或者失败的风险,团队成员共同一致的目标受到动摇以后,团队成员对于创业团队的发展情况意见不一,使得创业团队的发展遇到限制的情况。

创业团队在企业发展过程中总会遇到各种意想不到的问题,创业团队成员应该针对不同情况及时制定相应的解决策略,为了企业的发展,每个人都能够大度包容、同舟共济,企业才有可能得到长远的发展。

(三)创业团队管理准则

(1)明确团队目标;

(2)确定指导原则;

(3)建立公认的规则;

(4)建立有效的会议制度和相互交流的习惯;

(5)保证职权分明,责任清楚;

(6)设计决策机制;

(7)设计解决问题的机制;

(8)重视提高工作效率的反馈信息;

(9)通过团队学习实现持续发展;

(10)保持准则的不断应用和发展。

(四)创业团队管理方法

1. 良好的团队文化

团队文化是固化剂,团队凝聚力的培养离不开团队文化的建设。团队文化激励对团队建设的积极作用主要表现在:团队文化通过营造一种积极向上、相互尊重、相互信任的文化氛围来协调企业内外的人际关系。团队文化把领导者、团队成员与团队整体紧紧联系在一起。通过调动成员的积极性、主动性和创造性来增强团队的凝聚力和竞争力,使团队成员与整个团队同呼吸、共命运。创业者应该有意识地培育和打造团队文化。

2. 科学有效的团队分工

团队成员间应该进行科学而有效的分工,并且建立团队成员间平等协商的长效机制。有效分工可以充分发挥团队成员的优势和能动性,有效做到人尽其才,在共同攻坚克难的同时逐步提高团队凝聚力和向心力。

3. 通畅的交流

团队发展很重要的是通畅的交流,面对团队成员间的问题冲突,只有通过有效沟通实现思维的碰撞、需求的满足,才能实现交流融合的作用。团队成员间的通畅交流可以激励团队做出认可度更高的决策,利于形成合力完成团队成员间相互依赖的任务,提高创业团队的业绩的同时增强创业团队的合力。

为了实现团队内部的有效交流,领导者应创造宽松信任的氛围,鼓励和欢迎团队成员对组织和个人提出建议和意见,不能对意见提出者进行批评甚至报复。

4. 健全的制度

创业团队要留住人、要激励人,离不开一个切合团队实际的合理的制度。包括两个层面——日常规范制度和激励制度。

日常规范制度为大众化平等的普适性日常管理规定。激励制度包括经济激励和权利激励两个方面。首先,应采用灵活机制把期权机制作为经济激励的一项重要内容,将传统的以现金为代表的短期经济激励与以期权为代表的长期经济激励结合起来。其次,要建立鼓励团队合作的奖励机制。在进行年度薪酬调整时,考虑个人在团队合作方面的表现。第三,构建将创业成员的工作成效与职业生涯发展、职务提升有效地结合起来的激励制度。建立并维护好团队的运作,使团队成员之间相互尊重和信任,能够倾听彼此的意见。基于不同的工作情景和分工,团队成员可以调整角色,在各自的领域中发挥领导作用。

【思考题】

1. 简述创业团队的主要构成。
2. 简述创业团队在管理中容易遇到的问题。
3. 简述如何进行创业团队管理。
4. 列举创业团队管理成功的一个案例,并阐述可以借鉴的方面。

【阅读延伸】

成败间的 UT 斯达康[①]

UT 斯达康 2007 年第一季度财报出现了 5400 万美元的亏损,之后股价大跌 10.83%。从 2004 年第四季度到 2007 年为止的三年时间,UT 斯达康一直没能走出亏损的"困局",曾经的"风光无限"对 UT 斯达康来说似乎已经成为历史。

从 2003 年在美国纳斯达克成功上市,到 2004 年 3 月,入选《财富》1000 强企业,UT 斯达康此阶段的成长履历可谓完美,连续 17 个季度实现并超过华尔街对它的财务预期,不过这一切都在 2004 年第二季度戛然而止。

1999 年,中国移动从中国电信中分离出去,中国电信迫切需要一种技术和产品能弥补自己在移动业务方面的不足。于是,小灵通横空出世。小灵通成功地将 UT

---

① 资料来源:高文.美国 UT 斯达康(中国)公司气势如虹[J].当代通信,1996 (11).

斯达康推上了快速发展的道路，并迅速进入主流设备商行列。

正可谓"成也萧何，败也萧何"，当中国电信和中国网通逐步停止对小灵通的投资，UT斯达康也迅速成为"春江水暖鸭先知"的那只"鸭子"，只不过它感受到的是阵阵"寒意"。

在小灵通发展最好的时期，UT斯达康也迅速开始产品线的扩充，3G、IPTV等都成为它"四处出击"的目标和对象，只不过，小灵通的寒流来得太快，UT斯达康的这几项业务还没有步入正式轨道，资金以及业绩方面的压力开始凸显。于是有了2005年初，一场轰轰烈烈的裁员和业务收缩：小灵通以及IPTV成为仅存的两项重点业务。

虽然有很多人把UT斯达康的失利归结为太过于依赖小灵通以及中国市场，但我们也需要看到的是，UT斯达康确实在这场商业大潮中敏锐地抓住了市场机会，没有小灵通就没有UT斯达康的成功，但遗憾在于它没能同样迅速而且敏锐地"全身而退"。

UT斯达康的发展路线也如乘滑梯般迅速下滑。2004年第三季度，UT斯达康利润锐减到500万美元，第四季度开始出现亏损。2005年全年亏损更是高达4.30亿美元。2006年第一、二季度运营亏损分别为1200万美元和2140万美元。之后的几个季度，UT斯达康的财报因为各种问题开始延迟，重要的是其始终未能走出亏损的阴影。

曾经，UT斯达康也尝试过"绝地反击"，但这种尝试最终因为管理的缺陷，以及管理层之间的意见分歧而失败。

评析：UT斯达康早期的成功和后期的失败都在创业团队的管理和决策上，面对不同发展时期企业经营管理分歧，团队成员不能达成统一有效的意见。

【本章小结】

本章主要分析了创业主体的特征和创业主体应该具备的综合素质，详细介绍了创业团队，从创业团队的概念延伸到创业团队的组建和管理，同时进一步指出，在创业团队组建过程中应该注意的原则和容易出现的问题，指出了创业团队维护的方法。

第三章　创业行为

【本章要点】

本章主要阐述创业的具体实施行为,包括对创业机会的选择、创业风险和财务的分析,从而做出正确的创业计划,有利于最大程度上提升创业的成功率。

【案例导入】

从不经意的想法到全国金奖

南京信息工程大学获得首届"互联网+"大学生创新创业大赛全国金奖的"微果驿站"项目,开始只是宁梓傲同学参与学院老师扶持当地农业有机肥的一个项目,在扶持过程中,发现当地果农水果品质很好,但是销路一般。为此,他产生了为农民推销产品的念头,并利用所学,结合互联网,把水果放到了网上,由此获得一个创业机会。在老师的指导下,他认真分析风险和财务市场预测,并认真做好创业计划书,按照计划一步步走上实践,并积极参加各类创业大赛,在赛事中不断完善创业机会,最终获得成功。

第一节　创业机会

【本节要点】

寻找创业机会是实施创业的第一个行为,好的创业机会是成功的一半。对于创业机会的高效把握,是成功创业的前提。

【案例导入】

1991年,李彦宏来到美国布法罗纽约州立大学读研究生,第一次接触到了高尔夫。在美国这个每年增加400家新球场的国度,有人把男人的极致快乐总结为两项——雪茄和高尔夫。自从李彦宏爱上了高尔夫,他开始坚持每周下一次练习场。一次打球的间隙,导师说了一句看似漫不经心的话,"搜索引擎技术是互联网一项最基本的功能,应当有未来。"这时的美国,互联网还没开始普及,但李彦宏已经开始行动——从专攻计算机转回来,开始钻研信息检索技术,并从此认准了搜索。李彦宏的创业故事告诉我们,创业者在创业初期需要学会寻求并把握住创业机遇,从而帮助自己开启创业之路。①

【理论讲解】

一、创业机会及特征

1. 创业机会

创业机会主要是指具有较强吸引力的、较为持久的有利于创业的商业机会,创业者据此可以为客户提供有价值的产品或服务,并同时使创业者自身获益。环境的变化,会给各行各业带来良机,人们透过这些变化,就会发现新的前景。变化主要包括:①产业结构的变化;②科技进步;③通信革新;④政府放松管制;⑤经济信息化、服务化;⑥价值观与生活形态;⑦人口结构变化。以人口因素变化为例,可以举出以下一些机会。

人口老龄化程度逐步加深:可以寻找为老年人提供健康保障用品;

独生子女比例持续上升:可以寻找为独生子女服务的业务项目;

女性地位逐渐得到重视:可以寻找为年轻女性和上班女性提供服务的用品和项目;

家庭结构日益简单化:可以寻找为新兴家庭提供新媒体文化娱乐的用品。

2. 创业机会的特征

隐蔽性:大多数人往往意识不到它的存在;

偶遇性:客观事物内在的必然表现;

易逝性:机不可失,时不再来;

时代性:机会的时效性。

有的创业者认为自己掌握了创业机会的特征,利用特征把握了当前的创业机会,对创业充满了信心,但实际上并不是每个机会都可以转化为创业项目,走向成功的。

那么,如何判断一个好的创业机会呢？美国创业教育之父杰弗里·A·蒂蒙斯(Jeffry A. Timmons)在其著作中多次提出,好的创业机会应该有以下四个特征:第一,它特别能吸引顾客;第二,它能在你的创业环境中运行流畅;第三,它必须在机会之窗存

---

① 资料来源:李彦宏. 从容于心,淡定于行 [EB/OL]. (2017-12-16) [2018-11-10]. https://cloud.tencent.com/info/8c272e975698daa849ddf1b2421e3c88.html.

在期间被实施;第四,你必须拥有一定的资源和技能(包括人、财、物、信息和时间等)。

二、评价与识别创业机会

机会不能从全部顾客身上去找,因为共同需要容易识别,基本上已很难再找到突破口。但如果我们时常关注某些人的日常生活和工作,就会从中发现某些机会。因此,在寻找机会时,把顾客或者行业分类,认真研究不同客户群的需求特点,机会自现。例如,时下开发高科技领域是热门的课题,美国近年来设立的风险性公司中电脑占25%、医疗和遗传基因占16%、半导体和电子零件占13%、通信占9%。但是,公司机会并不只属于"高科技领域",在运输、金融、保健、饮食、流通这些所谓的"低科技领域"也有机会,关键在于开发。

1. 识别

从创业过程角度来说,创业机会识别是创业的起点。识别正确的创业机会是创业者应当具备的重要技能。

创业机会以不同形式出现。许多好的商业机会并不是突然出现的,而是对于"一个有准备的头脑"的一种"回报"。在机会识别阶段,创业者需要弄清楚机会在哪里和怎样去寻找。现有的创业机会存在于:不完全竞争下的市场空隙、规模经济下的市场空间、企业集群下的市场空缺等。

潜在的创业机会来自于新科技应用和人们需求的多样化等。新科技应用可能改变人们的工作和生活方式,出现新的市场机会;通信技术的发展,使人们在家里办公成为可能;互联网的出现,改变了人们工作、生活、交友的方式;网络游戏的出现,使成千上万的人痴迷其中;网上购物、网络教育的快速发展,使信息的获取和共享日益重要。一方面,根据消费潮流的变化,捕捉可能出现的市场机会;另一方面,根据消费者的心理,通过产品和服务的创新,引导需求并满足需求,从而创造全新的市场。

2. 衍生的市场机会

衍生的市场机会来自于经济活动的多样化和产业结构的调整等方面。

首先,经济活动的多元化为创业活动拓展了新途径。一方面,现代社会人们对信息情报、咨询、文化教育、金融、服务、修理、运输、娱乐等行业提出了更多更高的需求,从而使社会经济活动中的第三产业日益发展,为中小企业的创立和发展提供了广阔的空间。另一方面,社会需求的易变性、高级化、多样化和个性化,使产品向优质化、多品种、小批量、更新快等方面发展,也有力地刺激了中小企业的发展。

其次,产业结构的调整与国有企业改革为创业活动提供了新契机。随着国企改革的推进,民营中小企业除了涉足制造业、商贸餐饮服务业、房地产等传统业务领域外,将逐步介入中介服务、生物医药、大型制造等有更多创业机会的领域。

3. 影响创业机会识别的因素

成功的创业机会并非所有潜在创业者都能把握,它是创业愿望、创业能力和创业环境等多因素综合作用的结果。首先,创业愿望是机会识别的前提。创业愿望是创业的源动力,它推动创业者不断地去发现和识别市场机会。没有创业意愿,再好的创业机会也会视而不见。其次,创业能力是机会识别的基础。识别创业机会在很大程度上取决于创业者个人的综合能力。国内外研究和调查显示,与创业机会识别相关的能力主要有:远见与洞察能力、信息获取和处理能力、技术发展趋势预测能力、模仿与创新能力、建立各种关系的能力等。最后,创业环境的支持是机会识别的关键,包括政府政策、社会经济条件、创业和管理技能、创业资金和非资金支持等方面。一般来说,如果社会对创业失败比较宽容,有浓厚的创业氛围,国家对个人财富创造比较推崇,有各种渠道的金融支持和完善的创业服务体系,产业有公平、公正的竞争环境,那就会鼓励更多的人创业。

【思考题】

后"互联网+"时代下,如何识别和抓住创业机会?

【阅读延伸】

《我不是药神》热播的背后

一部投资并不大、也没有大明星等加盟的影片感染了全体中国人,李克强总理亲自批示,这就是《我不是药神》。随着国内癌症患者的增多,许多家庭因病返贫,在疾病面前,如何活的有尊严,是每一个患者不得不考虑的问题,有痛点就需要解决,要解决痛点问题就是机会,但同时也隐藏着一定的风险。如何识别、鉴定这些风险,选择好风口,利用好这个机会,相信这是放在每一位创业者面前的陷阱中的蛋糕!

第二节 创业风险

【本节要点】

创业风险是每一个创业者都必须面对的问题,创业的过程就是克服风险的过程,每一个创业者都必须了解创业风险的主要类型以及对风险的管理。

【案例导入】

风险无处不在

去年大学毕业的甲同学和几个同学决定一起创业,经过初步调查,他们认为南京的家政服务行业市场潜力大,利润高,联系了上海一家环保公司生产销售的"油精",可以广泛用于家具、石材、皮革和汽车的保养,他们决定在南京做二级代理,提供保养服务。但是当公司开起来后,上海公司没有兑现当初的承诺,广告、人力、培训等都没有到位,甲同学还发现,他们用现金10万元买进的产品,足够整个南京市场地板保养使用两年,随后他还发现自己拥有的二级代理商资格只有6个月的时间,他和同学们想尽办法,也无济于事,业务也没有做起来,同伴们都看不到前途,纷纷离去,内忧外患中,甲同学的创业梦破灭了。

【理论讲解】

一、创业风险及特征

1. 创业风险

创业风险是指在创业过程中存在的风险,由于创业环境的不确定性、创业机会与创业企业的复杂性,创业者、创业团队与创业投资者的能力与实力的有限性而导致创业活动偏离预期目标的可能性。

2. 风险特征

(1)风险的不确定性。①风险是否发生的不确定性;②风险发生时间的不确定性;③风险产生的结果的不确定,即损失程度的不确定性。

(2)风险的客观性。风险是一种不以人的意志为转移,独立于人的意识之外的客观存在。人们只能在一定的时间和空间内改变风险存在和发生的条件,降低风险发生的频率和损失程度,但是,从总体上说,风险是不可能彻底消除的。

(3)风险的普遍性。人类历史就是与各种风险相伴的历史。自从人类出现后,就面临着各种各样的风险,如自然灾害、疾病、伤残、死亡、战争等。随着科学技术的发展、生产力的提高、社会的进步、人类的进化,又产生了新的风险,且风险事故造成的损失也越来越大。在当今社会,个人面临着生、老、病、残、死、意外伤害等风险;企业面临着自然风险、市场风险、技术风险、政治风险等;甚至国家和政府机关也面临着各种风险。风险无处不在,无时不有。

(4)风险的可测定性。个别风险的发生是偶然的,不可预知的,但通过对大量风险的观察会发现,风险往往呈现出明显的规律性。根据以往大量资料,利用概率论和数理统计的方法可测算风险事故发生的概率及其损失程度,并且可构造出损失分布的模型,成为风险估测的基础。例如,在人寿保险中,根据精算原理,利用对各年龄段人群的长期观察得到的大量死亡记录,就可以测算各个年龄段的人的死亡率,进而用死亡率计算人寿保险的保险费率。

(5)风险的发展性。人类社会自身进步和发展的同时,也创造和发展了风险。尤其是当代高新科学技术的发展和应用,使风险的发展性更为突出。风险会因时间、空间因素的变化而不断发展变化。

二、创业风险的类型

创业风险的类型比较多,按照来源、内容、影响程度、过程等可分为以下类型。

(1)按风险来源的主客观性划分,可分为主观创业风险和客观创业风险。主观创业风险,是指在创业阶段,由于创业者的身体与心理素质等主观方面的因素导致创业失败的可能性。客观创业风险,是指在创业阶段,由于客观因素导致创业失败的可能性,如市场的变动、政策的变化、竞争对手的出现、创业资金缺乏等。

(2)按创业风险的内容划分,可分为技术风险、市场风险、政治风险、管理风险、生产风险和经济风险。技术风险,是指由于技术方面的因素及其变化的不确定性而导致创业失败的可能性。市场风险,是指由于市场情况的不确定性导致创业者或创业企业损失的可能性。政治风险,是指由于战争、国际关系变化或有关国家政权更迭、政策改变而导致创业者或企业蒙受损失的可能性。管理风险,是指因创业企业管理不善产生的风险。生产风险,是指创业企业提供的产品或服务从小批试制到大批生产的风险。经济风险,是指由于宏观经济环境发生大幅度波动或调整而使创业者或创业投资者蒙受损失的风险。

(3)按风险对所投入资金即创业投资的影响程度划分,可分为安全性风险、收益性风险和流动性风险。创业投资的投资方包括专业投资者与投入自身财产的创业者。安全性风险,是指从创业投资的安全性角度来看,不仅预期实际收益有损失的可能,而且专业投资者与创业者自身投入的其他财产也可能蒙受损失,即投资方财产的安全存在危险。收益性风险,是指创业投资的投资方的资本和其他财产不会蒙受损失,但预期实际收益有损失的可能性。流动性风险,是指投资方的资本、其他财产以及预期实际收益不会蒙受损失,但资金有可能不能按期转移或支付,造成资金运营的停滞,使投资方蒙受损失的可能性。

(4)按创业过程划分,可分为机会的识别与评估风险、准备与撰写创业计划风险、确定并获取创业资源风险和新创企业管理风险。创业活动须经历一定的过程,一般而言,可将创业过程分为四个阶段:识别与评估机会;准备与撰写创业计划;确定并获取创业资源;新创企业管理。机会的识别与评估风险,指在机会的识别与评估过程中,由于各种主客观因素,如信息获取量不足,把握不准确或推理偏误等使创业一开始就面临方向错误的风险。准备与撰写创业计划风险,指创业计划的准备与撰写过程带来的风险。创业计划往往是创业投资者决定是否投资的依据,因此,创业计划是否合适将对创业活动产生深远的影响。创业计划制定过程中各种不确定性因素与制定者自身能力的限制,也会给创业活动带来风险。确定并获取资源风险,指由于存在资源缺口,无法获得所需的关键资源,或即使可获得,但获得的成本较高,从而给创业活动带来一定风险。新创企业管理风险,主要包括企业管理方式的制定,企业文化的选取与创建,企业发展战略的制定与实施等各方面的管理中存在的风险。

三、风险的防范

市场经济条件下,创业总是有风险的,不敢承担风险,就难以求得发展。如何对风险实施有效的管理,在获得高收益的同时把风险降到最低限度,这对创业企业来说至关重要。因此,正确地认识创业风险,合理地进行风险管控是每一位创业者的必修课。

1. 外部环境风险的防范

企业外部环境风险的客观性迫使创业者必须在企业内部建立一套应对环境风险的预警管理系统,来监测与评估外部环境对企业的影响,明确企业面临或可能面临的不利环境因素,这样就可以建立防范企业外部环境风险的有效机制,使企业处于一个安全的环境之中。企业外部环境预警管理系统由预警分析与预控对策两大任务体系构成。

(1)预警分析的活动内容。预警分析是对企业外部环境风险的识别、分析与评估,并由此做出提示的管理活动。它包括三个阶段:①监测;②识别;③诊断。

(2)预控对策的活动内容。预控对策是根据预警分析的活动结果,及时矫正与控制企业内部的管理活动,采取有效的管理措施来应对外部环境的变化。预控对策的活动目标是实现对各种不利外部环境变化的早期预防与控制,它包括组织准备、日常监控、危机管理三个活动阶段。

2. 筹资风险的防范

筹资风险也是创业企业面临的主要风险之一。在金融市场变动加剧的环境下,筹资风险及其管理越来越被人们所重视。目前,测算筹资风险一般有财务杠杆系数法和负债经营效应系数法等方法。

(1)财务杠杆系数法。企业财务杠杆也称融资杠杆,是指企业筹资中债务资本的杠杆作用。其杠杆作用形成的原因是:在长期资金总额不变的条件下,企业从营业利润中支付的债务成本是固定的。在企业资本结构一定、债务利息不变的条件下,随着息税前利润的增长,企业税后利润将以更快的速度增加,从而给企业所有者带来更大的财务杠杆利益。同理,由于负债融资的作用,当息税前利润下降时,税后利润下降得更快,从而可能引起企业财务风险。

(2)负债经营效应系数法。负债经营效应系数是指创业者创办企业的股权资本利润率与其经营效率之比。若生产经营状况良好,获利能力强,现金流入的前景看好,则筹资风险较小;反之,则筹资风险较大。

以上两种方法的优点是简单易行,但是只能判断筹资风险的存在,还不能具体衡量出筹资风险的大小。如果衡量筹资风险的大小,则需要查阅更便于定量分析、评价的有效方法。

3. 经营管理风险的防范

在创业过程中,创业者自身的经营管理水平有限,可能在经营管理方面出现较多的问题。为了更好地防范风险,应努力从以下几方面改进:

(1)市场风险的防范。对于创业者创办的企业来说,由于市场本身的不确定性,因而开拓产品市场是一项挑战性的事业。因此,对于市场风险的防范显得十分重要。具体应从以下三个方面入手:①加强营销队伍建设,缩短市场接受时间;②强化市场战略,培养企业竞争力;③以市场为导向,完成"产、销"预算。

(2)技术风险的防范。技术风险防范就是指决策者对技术风险进行识别、预测,并采取有效措施进行回避、转移、削减的行为。对技术研究开发的风险进行防范,是提高创业成功率,减少风险损失的重要方法。主要从三个方面进行:①风险回避,即企业避开高风险的开发项目或避开高技术开发中的某些高风险因素。这里的"回避"可分为主动回避和被动回避。②风险转移,即企业把高技术开发的风险进行分解和分散,让更多的主体来承担分散,从而使本企业所承担的风险相对减少。③风险削减,即企业在技术开发过程中,对所遇到的既不可回避、又不可控制的风险因素,应尽量设法减少风险带来的损失。

(3)财务风险的防范。创业者应该建立一套比较有效的财务预警机制,借以分析导致企业失败的管理失误和波动,运用财务安全指标来预测企业财务危机,并不断调整自身达到摆脱财务困境的目的。其中常用的财务分析方法主要有:①"资金周转表"分析法。在全面预算下,通常以三个月一次,也可以周、旬、季、半年及一年为期,建立滚动式现金流量预算。②杜邦财务分析法。这种方法从评价企业绩效最具综合性和代表性的指标——权益净利率出发,层层分解至企业最基本生产要素的使用,成本与费用的构成和企业风险,从而满足经营者通过财务分析进行绩效评价需要,在经营目标发生异动时能及时查明原因并加以修正。③"本-量-利"分析法,是将成本划分为固定成本和变动成本,并假定产销量一致的情况下,根据成本、销量、利润三者之间的关系进行预测和决策的一种技术方法。由于其原理在决策、计划和控制中被普遍采用,对加强企业内部管理具有独特的作用。

(4)管理风险的防范。现阶段,创业企业自身还存着较多的问题,为了更好地降低企业成长过程中的内部管理风险,提高成功率,更有必要形成健全的管理制度。管理风险的防范可以归结为以下三个方面:①建立创新激励机制;②建立人才储备机制;③构建法人治理结构。

【思考题】

如何识别创业风险并有效规避风险?

第三节 创业市场分析

【本节要点】

创业的核心就是要赢得市场,得市场者得天下,对创业市场的有效分析和占领是创业成功的关键。

【案例导入】

滴滴的扩张之路①

现在我们外出打车,不是站在路边翘首以待、左顾右盼地看是否有出租车,因为我们手机上都有了"滴滴",在准备打车前,首先把 APP 打开,身边的出租车、专车等一目了然。

2012年6月6日,北京小桔科技有限公司成立,经过3个月的准备和与司机端的推广,9月9日在北京正式上线。

2013年10月,艾瑞集团发布打车软件唯一一份行业报告:滴滴打车市场份额59.4%。

2014年滴滴开始了疯狂烧钱占领市场模式。重金砸向市场,成果立竿见影,2014年3月,滴滴用户数超过1亿,司机数超过100万,日均单达到521.83万单,成为移动互联网最大日均订单交易平台。但是滴滴占领市场的步伐没有停歇。

2015年2月14日上午,滴滴、快的两公司联合宣布将以100%换股的方式正式

---

① 资料来源:百度百科.滴滴出行[EB/OL].[2018-09-26].https://baike.baidu.com/item/滴滴出行#4.

合并,"滴滴打车"正式更名为"滴滴出行",进一步占有市场。

截至2015年9月,第三方调研数据显示,滴滴已占据国内出租车叫车软件市场99%的份额。2016年1月11日,滴滴公布了2015年订单数,声称:8月1日,滴滴出行宣布与优步全球达成战略协议,滴滴出行将收购优步中国的品牌、业务、数据等全部资产在中国大陆运营。

2017年1月5日,滴滴出行与巴西最大的本地移动出行服务商"99"(原名99Taxis)签订战略合作协议。4月27日,ofo正式接入滴滴出行。9月30日,人人车正式接入滴滴出行平台,用户可直接通过这一入口使用由人人车提供的二手车交易服务。

2018年1月9日,滴滴出行正式发布公告,宣布在滴滴APP内推出共享单车平台,将汇集ofo小黄车、小蓝单车和即将上线的自有品牌,未来还会接入更多单车品牌。

2018年2月9日,滴滴出行和软银公司宣布计划成立合资企业,进入日本出租车市场。

2018年4月23日,滴滴出行官方发布消息宣布正式进军墨西哥市场,在墨西哥州首府托卢卡(Toluca)推出滴滴快车服务。

2018年7月19日,滴滴出行宣布与软银公司成立合资公司,即将在日本为本地居民和游客提供出租车打车服务和智能交通解决方案。2018年9月滴滴已经在大阪开始运营,并陆续在京都、福冈、东京等主要城市向乘客、司机和出租车公司提供服务。

【理论讲解】

"没有调查就没有发言权",要做好市场分析就必须先做好市场调查。开展有效市场调查在创业中处于先发地位,只有先做好了市场调查才能进行下一步创业行动。

一、市场调查

市场调查是指用科学的方法,有目的、系统地搜集、记录、整理和分析市场情况,了解市场的现状及其发展趋势,为企业的决策者制定政策、进行市场预测、做出经营决策、制定计划提供客观、正确的依据。

(一)市场调查的分类

(1)消费者调查:针对特定的消费者做观察与研究,重点分析他们的购买行为、消费心理演变等等。

(2)市场观察:针对特定的产业区域做对照性的分析,从经济、科技等有组织的角度来做研究。

(3)产品调查:针对某一性质的相同产品研究其发展历史、设计、生产等相关因素。

(4)广告研究:针对特定的广告做其促销效果的分析与整理。

(二)市场调查的作用

(1)有助于更好地吸收国内外先进经验和最新技术,改进企业的生产技术,提高管理水平。

通过市场调查,可以得到有助于我们及时地了解市场经济动态和科技信息的资料信息,为企业提供最新的市场情报和技术生产情报,以便更好地学习和吸取同行业的先进经验和最新技术,改进企业的生产技术,提高人员的技术水平,提高企业的管理水平,从而提高产品的质量,加速产品的更新换代,增强产品和企业的竞争力,保障企业的生存和发展。

(2)为企业管理部门和有关负责人提供决策依据。

在企业管理部门和有关人员要针对某些问题进行决策时,如进行产品策略、价格策略、分销策略、广告和促销策略的制定,通常要了解的情况和考虑的问题是多方面的,主要有:本企业产品在什么市场上销售较好,有发展潜力;在哪个具体的市场上预期可销售数量是多少;如何才能扩大企业产品的销售量;如何掌握产品的销售价格;如何制定产品价格,才能保证在销售和利润两方面都能上去;怎样组织产品推销,销售费用又将是多少,等等。这些问题都只有通过具体的市场调查,才可以得到具体的答复,而且只有通过市场调查得来的具体答案才能作为企业决策的依据。

(3)增强企业的竞争力和生存能力。

市场情况在不断地发生变化,而促使市场发生变化的原因,不外乎产品、价格、分销、广告、推销等市场因素和有关政治、经济、文化、地理条件等市场环境因素。这两种因素往往又是相互联系和相互影响的,而且不断地发生变化。因此,企业为适应这种变化,就只有通过广泛的市场调查,及时地了解各种市场因素和市场环境因素的变化,从而有针对性地采取措施,通过对市场因素,如价格、产品结构、广告等的调整,去应付市场竞争。

(三)市场调查的方法

市场调查的方法主要有观察法、实验法、访问法和问卷法。

(1)观察法。这是社会调查和市场调查研究的最基本的方法。它是由调查人员根据调查研究的对象,利用眼睛、耳朵等感官以直接观察的方式对其进行考察并搜集资料。例如,市场调查人员到被访问者的销售场所去观察商品的品牌及包装情况。

(2)实验法。由调查人员跟进调查的要求,用实验的方式,对调查的对象控制在特定的环境条件下,对其进行观察以获得相应的信息。控制对象可以是产品的价格、品质、包装等,在可控制的条件下观察市场现象,揭示在自然条件下不易发生的市场规律,这种方法主要用于市场销售实验和消费者使用实验。

(3)访问法。可以分为结构式访问、无结构式访问和集体访问。

① 结构式访问是实现设计好的、有一定结构的访问问卷的访问。调查人员要按照事先设计好的调查表或访问提纲进行访问,要以相同的提问方式和记录方式进行访问。提问的语气和态度也要尽可能地保持一致。

② 无结构式访问的没有统一问卷,由调查人员与被访问者自由交谈的访问。它可以根据调查的内容,进行广泛的交流。如:对商品的价格进行交谈,了解被调查者对价格的看法。

③ 集体访问是通过集体座谈的方式听取被访问者的想法,收集信息资料。可以分为专家集体访问和消费者集体访问。

(4)问卷法。这是通过设计调查问卷,让被调查者填写调查表的方式获得所调查对象的信息。在调查中将调查的资料设计成问卷后,让接受调查对象将自己的意见或答案,填入问卷中。在一般进行的实地调查中,以问卷法采用最广;同时问卷调查法在网络市场调查中运用的较为普遍。

(四)市场调查的内容

市场调查的内容主要有以下几种。

1. 市场环境的调查

市场环境调查主要包括经济环境、政治环境、社会文化环境、科学环境和自然地理环境等。具体的调查内容可以是市场的购买力水平、经济结构、国家的方针、政策和法律法规、风俗习惯、科学发展动态、气候等各种影响市场的因素。

2. 市场需求的调查

市场需求调查主要包括消费者需求量调查、消费者收入调查、消费结构调查、消费者行为调查,包括消费者为什么购买、购买什么、购买数量、购买频率、购买时间、购买方式、购买习惯、购买偏好和购买后的评价等。

3. 市场供给的调查

市场供给调查主要包括产品生产能力调查、产品实体调查等。具体为某一产品市场可以提供的产品数量、质量、功能、型号、品牌等,生产供应企业的情况等。

4. 市场营销因素的调查

市场营销因素调查主要包括产品、价格、渠道和促销的调查。产品的调查主要有了解市场上新产品开发的情况、设计的情况、消费者使用的情况、消费者的评价、产品生命周期阶段、产品的组合情况等。产品的价格调查主要有了解消费者对价格的接受情况,对价格策略的反应等。渠道调查主要包括了解渠道的结构、中间商的情况、消费者对中间商的满意情况等。促销活动调查主要包括各种促销活动的效果,如广告实施的效果、人员推销的效果、营业推广的效果和对外宣传的市场反应等。

5. 市场竞争情况的调查

市场竞争情况调查主要包括对竞争企业的调查和分析,了解同类企业的产品、价格等方面的情况,他们采取了什么竞争手段和策略,做到知己知彼,通过调查帮助企业确定企业的竞争策略。

(五)市场调查的过程

企业开展市场调查可以采用两种方式,一是委托专业市场调查公司来做,二是企业自己来做,企业可以设立市场研究部门,负责此项工作。市场调查工作的基本过程包括:明确调查目标、设计调查方案、制定调查工作计划、组织实地调查、调查资料的整理和分析、撰写调查报告。

首先要明确市场调查的目标,按照企业的不同需要,市场调查的目标有所不同,企业实施经营战略时,必须调查宏观市场环境的发展变化趋势,尤其要调查所处行业未来的发展状况;企业制定市场营销策略时,要调查市场需求状况、市场竞争状况、消费者购买行为和营销要素情况;当企业在经营中遇到了问题,这时应针对存在的问题和产生的原因进行市场调查。

其次,设计调查方案的时候必须要立足于本企业的实际情况,对企业产品的市场前景有前瞻性眼光,设计调查方案时必须要遵循实用性原则、时效性原则、经济性原则和一定的弹性原则。

第三,制定调查工作计划,必须又全面具体,好的计划是成功的开始,制定计划时,要进行认真、系统、全面的调查研究,所做出的计划必须具有可行性、符合科学性、要有统筹性、任务明确性、经济效益型、留有余地性。

第四,组织实地调查应每天进行审核,随时随地掌握调查进度,促使调查按照计划实施,同时应对每天的调查工作进行检讨,不断提高调查质量和效益,一般以小组讨论的形式进行,调查成员通过充分的讨论和交流获得调查的最佳效果。

第五,调查资料的整理和分析工作尤其重要,是整个调查过程的核心,针对每天获取的大量调查资料必须及时地进行整理和分析,要对这些资料去伪存真、去粗取精,确保资料的真实性、准确性、完整性和有效性。要充分熟练掌握各类统计软件和工具的运用,对调查数据要进行有效性分析,遵循科学性、逻辑性、条理性原则,得出客观、准确、科学的结论。

第六,撰写调查报告是调查过程中的最后一个环节,是对整个调查过程进行全面、客观的综合描述。调查报告一般由标题、前言、主体、结语四个部分组成,报告内容上要保持客观性、科学性、准确性;语言组织上富有逻辑性、条理性、简明性。

(六)市场调查方案

完善的市场调查方案一般包括以下几方面内容。

1. 调查目的要求

根据市场调查目标,在调查方案中列出本次市场调查的具体目的要求。例如:本次市场调查的目的是了解某产品的消费者购买行为和消费偏好情况等。

2. 调查对象

市场调查的对象一般为消费者、零售商、批发商,零售商和批发商为经销调查产品的商家,消费者一般为使用该产品的消费群体。在以消费者为调查对象时,要注意到有时某一产品的购买者和使用者不一致,如对婴儿食品的调查,其调查对象应为孩子的母亲。此外还应注意到一些产品的消费对象主要针对某一特定消费群体或侧重于某一消费群体,这时调查对象应注意选择产品的主要消费群体,如对于化妆品,调查对象主要选择女性;对于酒类产品,其调查对象主要为男性。

3. 调查内容

调查内容是收集资料的依据,是为实现调查目标服务的,可根据市场调查的目的确定具体的调查内容。如调查消费者行为时,可按消费者购买、使用、使用后评价三个方面列出调查的具体内容项目。调查内容的确定要全面、具体,条理清晰、简练,避免面面俱到,避免把与调查目的无关的内容列入其中。

4. 调查表

调查表是市场调查的基本工具,调查表的设计质量直接影响到市场调查的质量。设计调查表要注意以下几点。

(1)调查表的设计要与调查主题密切相关,重点突出,避免可有可无的问题;

(2)调查表中的问题要容易让被调查者接受,避免出现被调查者不愿回答和令被调查者难堪的问题;

(3)调查表中的问题次序要条理清楚,顺理成章,一般可遵循容易回答的问题放在前面,较难回答的问题放在中间,敏感性问题放在最后;封闭式问题在前,开放式问题在后;

(4)调查表的内容要简明,尽量使用简单、直接、无偏见的词汇,保证被调查者能在较短的时间内完成调查表。

5. 调查地区范围

调查地区范围应与企业产品销售范围相一致,当在某一城市做市场调查时,调查范围应为整个城市;但由于调查样本数量有限,调查范围不可能遍及城市的每一个地方,一般可根据城市的人口分布情况,主要考虑人口特征中收入、文化程度等因素,在城市中划定若干个小范围调查区域,划分原则是使各区域内的综合情况与城市的总体情况分布一致,将总样本按比例分配到各个区域,在各个区域内实施访问调查。这样可相对缩小调查范围,减少实地访问工作量,减少费用,提高调查工作效率。

6. 样本的抽取

调查样本要在调查对象中抽取,由于调查对象分布范围较广,应制定一个抽样方案,以保证抽取的样本能反映总体情况。样本的抽取数量可根据市场调查的准确程度的要求确定,市场调查结果准确度要求愈高,抽取样本数量应愈多,但调查费用也愈高,一般可根据市场调查结果的用途情况确定适宜的样本数量。实际市场调查中,在一个中等以上规模城市进行市场调查的样本数量,按调查项目的要求不同,可选择200~1000个样本,样本的抽取可采用统计学中的抽样方法。具体抽样时,要注意对抽取样本的人口特征因素的控制,以保证抽取样本的人口特征分布与调查对象总体的人口特征分布相一致。

7. 资料的收集和整理方法

市场调查中,常用的资料收集方法有调查法、观察法和实验法,一般来说,前一种方法适宜于描述性研究,后两种方法适宜于探测性研究。企业做市场调查时,采用调查法较为普遍,调查法又可分为面谈法、电话调查法、邮寄法、留置法等。这几种调查方法各有其优缺点,适用于不同的调查场合,企业可根据实际调研项目的要求来选择。资料的整理方法一般可采用统计学中的方法,利用 Excel 工作表格,可以很方便地对调查表进行统计处理,获得大量的统计数据。

二、市场分析

市场调查的目的就是为了加强市场分析,有效的市场分析将会对创业者提供明确的目标和正确的决策,市场分析就是对市场供需变化的各种因素及其动态、趋势的分析。

(一)分析过程

搜集有关资料和数据,采用适当的方法,分析研究、探索市场变化规律,了解消费者对产品品种、规格、质量、性能、价格的意见和要求,了解市场对某种产品的需求量和销售趋势,了解产品的市场占有率和竞争单位的市场占有情况,了解社会商品购买力和社会商品可供量的变化,并从中判明商品供需平衡的不同情况(平衡或供大于需,或需大于供),为企业生产经营决策——合理安排生产、进行市场竞争,和客观管理决策——正确调节市场,平衡产销,发展经济提供重要依据。

通过市场分析,可以更好地认识市场的商品供应和需求的比例关系,采取正确的经营战略,满足市场需要,提高企业经营活动的经济效益。

(二)主要作用

市场分析的作用主要表现在两个方面。

1. 企业正确制定营销战略的基础

企业的营销战略决策只有建立在扎实的市场分析的基础上,只有在对影响需求的外部因素和影响企业购、产、销的内部因素充分了解和掌握以后,才能减少失误,提高决策的科学性和正确性,从而将经营风险降到最低限度。

2. 实施营销战略计划的保证

企业在实施营销战略计划的过程中,可以根据市场分析取得的最新信息资料,检验和判断企业的营销战略计划是否需要修改,如何修改以适应新出现的或企业事先未掌握的情况,从而保证营销战略计划的顺利实施。

只有利用科学的方法去分析和研究市场,才能为企业的正确决策提供可靠的保障,市场分析可以帮助企业解决重大的经营决策问题,比如说通过市场分析,企业可以知道自己在某个市场有无经营机会或是能否在另一个市场将已经获得的市场份额扩大。市场分析也可以帮助企业的销售经理对一些较小的问题做出决定,例如公司是否应该立即对价格进行适当的调整,以适应顾客在节日期间的消费行为;或是公司是否应该增加营业推广所发放的奖品,以加强促销工作的力度。

(三)分析方法

市场分析的方法,一般可按统计分析法进行趋势和相关分析。

1. 系统分析法

市场是一个多要素、多层次组合的系统,既有营销要素的结合,又有营销过程的联系,还有营销环境的影响。运用系统分析的方法进行市场分析,可以使研究者从企业整体上考虑营业经营发展战略,用联系的、全面的和发展的观点来研究市场的各种现象,既看到供的方面,又看到求的方面,并预见到他们的发展趋势,从而做出正确的营销决策。

2. 比较分析法

比较分析法是把两个或两类事物的市场资料相比较,从而确定它们之间相同点和不同点的逻辑方法。对一个事物是不能孤立地去认识的,只有把它与其他事物联系起来加以考察,通过比较分析,才能在众多的属性中找出本质的属性。

3. 结构分析法

在市场分析中,通过市场调查资料,分析某现象的结构及其各组成部分的功能,进而认识这一现象本质的方法,称为结构分析法。

4. 演绎分析法

演绎分析法就是把市场整体分解为各个部分、方面、因素，形成分类资料，并通过对这些分类资料的研究分别把握特征和本质，然后将这些通过分类研究得到的认识联结起来，形成对市场整体认识的逻辑方法。

5. 案例分析法

所谓案例分析，就是以典型企业的营销成果作为例证，从中找出规律性的东西。市场分析的理论是从企业的营销实践中总结出来的一般规律，它来源于实践，又高于实践，用它指导企业的营销活动，能够取得更大的经济效果。

6. 定性与定量分析结合法

任何市场营销活动，都是质与量的统一。进行市场分析，必须进行定性分析，以确定问题的性质；也必须进行定量分析，以确定市场活动中各方面的数量关系，只有使两者有机结合起来，才能做到不仅看准问题的性质，又能使市场经济活动数量化，从而更加具体和精确。

7. 宏观与微观分析结合法

市场情况是国民经济的综合反映，要了解市场活动的全貌及其发展方向，不但要从企业的角度去考察，还需从宏观上了解整个国民经济的发展状况。这就要求必须把宏观分析和微观分析结合起来以保证市场分析的客观性、正确性。

8. 物与人的分析结合法

市场分析的研究对象是以满足消费者需求为中心的企业市场营销活动及其规律。作为企业营销的对象是人。因此，要想把这些物送到所需要的人手中，就需要既分析物的运动规律，又分析人的不同需求，以便实现二者的有机结合，保证产品销售的畅通。

9. 直接资料法

直接资料法是指直接运用已有的本企业销售统计资料与同行业销售统计资料进行比较或者直接运用行业地区市场的销售统计资料同整个社会地区市场销售统计资料进行比较。通过分析市场占有率的变化，寻找目标市场。

10. 必然结果法

必然结果法是指商品消费上的连带主副等因果关系，由一种商品的销售量或保有量而推算出另一种商品的需求量。

三、市场预测

市场预测就是在市场调查获得的各种信息的基础上，通过分析研究，运用科学的技术和方法，对未来市场的供求趋势、影响因素及其变化所做的分析和推断。

准确的市场预测可以减少创业未来的不确定性,降低决策可能遇到的风险,使决策目标得以顺利实现。

1. 惯性原则

任何事物发展具有一定惯性,即在一定时间、一定条件下保持原来趋势和状态,这也是大多数传统预测方法的理论基础。比如"线性回归"、"趋势外推"等。

2. 类推原则

(1) 由小见大——从某个现象推知事物发展的大趋势:例如现在有人开始购买私家汽车,您预见到什么?运用这一思路要防止以点代面、以偏概全。

(2) 由表及里——从表面现象推及实质:例如某一品牌方便面公司在另一品牌方便面公司所在城市设立分厂,意味着市场竞争将会达到饱和阶段、行业竞争日趋激烈。

(3) 由此及彼——引进国外先进的管理和技术也可以由这一思路解释。你记住一句话:发达地区被淘汰的东西,落后地区可能有市场。

(4) 由古至今——毛泽东说过一句话:我不是李自成。可见历史的东西对以后的发展是极有指导性的。您能不能想想10年后您会拥有自己的汽车?能总结一下中国家庭电视机的发展规律吗?这种推理对商家是颇具启发的。也许,从中就能找到商机!

(5) 由远及近——比如国外的产品、技术、管理模式、营销经验、方法,因为可能比较进步,就代表先进的方向,可能就是"明天要走的路"。

(6) 自下而上——从典型的局部推知全局,一个规模适中的乡镇,需要3台收割机,这个县有50个类似的乡镇,可以初步估计这个县的收割机可能的市场容量为150台。

(7) 自上而下——从全局细分,以便认识和推知某个局部。例如,我们想知道一个40万人的城市女士自行车市场容量,40万人——20万女性——(去掉12岁以下50岁以上)还有10万——调查一下千人女性骑自行车比率(假设60%)——可能的市场容量为6万。

3. 概率推断

我们不可能完全把握未来,但根据经验和历史,很多时候能大致预估一个事物发生的大致概率,根据这种可能性,采取对应措施。扑克、象棋游戏和企业博弈型决策都在不自觉地使用这个原则。有时我们可以通过抽样设计和调查等科学方法来确定某种情况发生的可能性。

4. 预测的基本要素

(1) 信息

信息是客观事物特性和变化的表征和反映,存在于各类载体,是预测的主要工作对象、工作基础和成果反映。

(2)方法

方法是指在预测的过程中进行质和量的分析时所采用的各种手段。预测的方法按照不同的标准可以分成不同的类别。按照预测结果属性可以分为定性预测和定量预测,按照预测时间长短的不同,可以分为长期预测、中期预测和短期预测。按照方法本身,更可以分成众多的类别,最基本的是模型预测和非模型预测。

(3)分析

分析是根据有关理论所进行的思维研究活动。根据预测方法得出预测结论之后,还必须进行两个方面的分析:一是在理论上要分析预测结果是否符合经济理论和统计分析的条件;二是在实践上对预测误差进行精确性分析,并对预测结果的可靠性进行评价。

(4)判断

对预测结果采用与否,或对预测结果依据相关经济和市场动态所做的修正需要判断,同时对信息资料、预测方法的选择也需要判断。判断是预测技术中重要的因素。

5. 基本步骤

(1)确定目标

明确预测目标,就是根据经营活动存在的问题,拟定预测的项目,制定预测工作计划,编制预算,调配力量,组织实施,以保证市场预测工作有计划、有节奏地进行。

(2)搜集资料

进行市场预测必须占有充分的资料。有了充分的资料,才能为市场预测提供进行分析、判断的可靠依据。在市场预测计划的指导下,调查和搜集预测有关资料是进行市场预测的重要一环,也是预测的基础性工作。

(3)选择方法

根据预测的目标以及各种预测方法的适用条件和性能,选择出合适的预测方法。有时可以运用多种预测方法来预测同一目标。预测方法的选用是否恰当,将直接影响到预测的精确性和可靠性。运用预测方法的核心是建立描述、概括研究对象特征和变化规律的模型,根据模型进行计算或者处理,即可得到预测结果。

(4)分析修正

分析判断是对调查搜集的资料进行综合分析,使感性认识上升为理性认识,从事物的现象深入到事物的本质,从而预计市场未来的发展变化趋势。在分析评判的基础上,通常还要根据最新信息对原预测结果进行评估和修正。

(5)编写报告

预测报告应该概括预测研究的主要活动过程,包括预测目标、预测对象及有关因素的分析结论、主要资料和数据,预测方法的选择和模型的建立,以及对预测结论的评估、分析和修正等等。

【思考题】

市场调查、市场分析、市场预测三者之间的关系。

【阅读延伸】

李嘉诚对市场的神预测

李嘉诚一生以对市场精准预测闻名于世。在成为香港知名的"塑胶花大王"之后,他并没有止步。他深知市场预测的道理,经常思考这样的问题:塑胶花年代还能持续多久?他分析到目前整个塑胶花行业已经在走下坡路,最后必将走向萎缩,竞争势必日益残酷。

通过市场分析研究,李嘉诚决定把资金投向房地产业,而不是继续用资金来强化塑胶业的竞争力,1965年2月,香港发生了严重的银行信用危机,投资者及市民纷纷抛售房产,香港房地产价格暴跌,地产公司纷纷倒闭。1967年,香港房地产市场陷于死寂。不过,李嘉诚经过市场分析,在人们贱价抛售房产的时候,却大量购入地皮和旧楼。不出3年,风暴平息,香港社会恢复正常,经济复苏,大批当年离港的商家纷纷回流,房产价格随即暴涨。李嘉诚趁机将廉价收购来的房产,高价抛售获利,并转购具有发展潜力的楼宇及地皮。

80年代以后,还经营航运服务、电力供应、货柜码头以及零售等,形成一个坚不可摧,在香港举足轻重的大型综合性财团。

1990年后,李嘉诚预测电信市场将会有较大增长,开始在英国发展电讯业,组建了Orange电讯公司,并在英国上市。到2000年4月,他把持有的Orange四成多股份出售给德国电讯集团,创下香港有史以来获利最高的交易记录。

第四节 创业营销分析

【本节要点】

在对市场调查分析与预测的基础之上,创业者将面临选择何种营销方式,以达到最佳的销售策略,获得最大利润。

【案例导入】

"小米"成功之道——正确营销策略的选择[①]

小米手机现在已经成为家喻户晓的品牌,特别是在青少年中占了很大市场,小米公司之所以能迅速成功的重要原因之一就是其出神入化的营销策略——饥饿营销。小米公司的饥饿营销重点分为两步:第一步,地毯式宣传,强力造势。传统公司造势大多通过新闻媒体、电视、广告等传统媒介进行宣传;而小米公司则主要通过微博、小米论坛等互联网媒介进行推广,并且通过积分奖励的方式,鼓励其忠实粉丝进行口碑宣传,扩大知名度。最后通过高调的产品发布会为品牌强力造势。第二步,营造"供不应求"现象,通过限制出售手机控制市场,利用消费者"买不到才是最好的"心理因素,人为控制产量,以达到预计的供求关系。维持较高的利润率,不断提高预订门槛,让消费者争先购买。从而一步步完成产品控制,实现公司效益最大化。

【理论讲解】

对于一个企业来说,市场营销就是如何打扮自己,如何选择最适合自己相貌的外衣,将最好的一面展现给社会,从而获得广大消费者的接受和认可。正确的营销策略是企业必备的生存之道、成功之路。

一、营销概念及作用

(一)市场营销的概念

市场营销是指企业进行市场调查、分析,发现或挖掘客户的需求,并结合自己产品的特征,采取最合适的营销策略,以达到销量和利润最大化的目的。

在不同的政治、经济、文化的国家和地区,营销策略应该随之改变,即使在同一个国家,在不同行业之间营销方式也是不同的。而在同样的行业里,不同的企业也有着各自不同的营销方式。市场营销就是要找到最适合企业进入的市场细分和适合该细分的市场供给品,从而满足用户的需求甚至为用户创造需求。

(二)市场营销的作用

1. 提升品牌的影响力

一个好的市场营销不仅能够吸引消费者的注意力,还能够传递出品牌的核心价

---

① 资料来源:龚天伟. 小米成功之道——营销篇[EB/OL]. (2014-04-18)[2018-12-09]. http://www.72bit.cn/index.php?a=show&c=index&catid=14&id=531&m=content.

值,进而提升品牌的影响力。如何让品牌的核心价值为消费者所认同呢?关键是要将品牌核心价值融入市场营销的主题里,让消费者接触市场营销时,自然而然地受到品牌核心价值的感染,引起情感共鸣,进而提升品牌的影响力。

2. 提升消费者的忠诚度

市场营销专为消费者互动参与打造的活动,营销活动对消费者的参与和大众的关注,产品和品牌形象深度影响了消费者,更能够提升消费者对品牌的美誉度,进而提升消费者的忠诚度。

3. 吸引媒体的关注度

市场营销是近年来国内外十分流行的一种公关传播与市场推广手段,集新闻效应、广告效应、公共关系、形象传播、客户关系于一体,并为新产品推介、品牌展示创造机会,建立品牌识别和品牌定位,形成一种快速提升品牌知名度与美誉度的手段。

二、营销内容

营销内容较多,主要可分为活动营销和网络营销。

(一) 活动营销

活动营销是围绕活动而展开的营销,活动只是传播诉求及沟通互动的载体。通过活动的举办可以使活动主办方或参与者获得品牌的提升或是销量的增长。

大致可分为以下几类:

1. 企业活动营销

企业通过投资主办活动,并以活动为载体,以产品促销、提升品牌、增加利润为目的而策划实施营销。企业活动营销的形式有产品推介会、发布会、路演、促销活动、赞助各类赛事论坛、系列主题活动等。借助活动营销可以提升企业的媒体关注度和消费者体验与沟通。

2. 城市活动营销

通常是指城市有计划、有目的的策划或申办某项大型节会、赛事、论坛等形式的活动,并围绕活动的策划和组织对城市的文化进行挖掘、对城市的基础设施进行改造、对城市的环境进行优化、对城市形象和品牌进行宣传推广,最终借助活动促进城市经济的发展和品牌价值的提升。

如三亚借助举办"世界小姐"总决赛提升城市的国际影响力,并吸引大量海外游客。广州借助亚运会对城市基础设施进行改造,同时对城市环境进行治理,彻底改变了原有的"脏、乱、差",使得广州的城市面貌焕然一新。博鳌则借助"博鳌亚洲论坛"一夜成名,由小渔村一跃成为国际知名海滨度假城市。

3. 媒体活动营销

媒体活动主要是由媒体发起策划组织的以丰富和完善媒体自身内容为主要目的

的活动。随着媒体资源的过剩,媒体越来越借助活动来吸引受众和商家的注意力。"超级女声"就是一个最成功的媒体活动,并最终演变成了一场由湖南卫视主导,吸引互联网媒体、平面媒体、手机媒体等高度关注的社会文化事件,创造出了非凡的品牌价值和经济效益。同样世界杯期间央视五套利用独家买断对赛事的转播使其在该时段的收视率飙升,广告收入也是平常的数倍。

4. 非营利组织活动营销

非营利性组织在中国大多为官办,并且主要靠企业或民众捐助来运行。而所谓捐助则主要是出于道德驱动的行为,属于善行善举,捐助者基本上不会考虑其经济上的回报,捐助者大多成了无名英雄。其实非营利性组织完全可以借助活动营销来加强道德驱动和利益回报。借助活动整合社会资源、媒体资源、明星资源,通过活动影响力不仅加大了对自身的宣传,也可以利用活动平台回报赞助企业,提升赞助企业的品牌知名度和美誉度,实现多方共赢。

2011年4月,由香港世界宣明会主办的一年一度的"饥馑三十"大型筹款活动在香港仔运动场盛大举行。活动吸引"饥馑之星"何韵诗、方大同、吴雨霏等明星与几千名营友,身体力行共同饥饿三十个小时,亲身感受饥民的痛苦。众多明星的参与,大量的媒体报道使得"饥馑三十"这个活动充满了感召力,也让宣明会这个组织的理念深入人心。

(二)网络营销

产生于20世纪90年代,发展于20世纪末至今,网络营销是指以互联网为传播介质,基于有形加无形的传播网络为基础平台,最后达到交易目的。

网络营销的特点是即时互动和即刻交易,其包括互联网营销(电子商务)。市场营销中最重要也最本质的是组织和个人之间进行信息传播和交换,如果没有信息交换,交易也就是无本之源。网络营销的职能包括网站推广、品牌展示、信息发布、在线调研、顾客关系、顾客服务、销售渠道、销售促进、在线交易共九个方面。营销的最终目的是占有市场份额。互联网具有的超载时间约束和空间限制进行信息交换的特点,使得脱离时空限制达成交易成为可能,企业能有更多的时间和更多的空间进行营销,可每周7天,每天24小时随时随地提供全球的营销服务。

互联网络上的营销可由商品信息发布到收款、售后服务一气呵成,因此也是一种全程的营销渠道。

互联网络是一种功能强大的营销工具,它同时兼渠道、促销、电子交易、互动顾客服务以及市场信息分析与提供等多种功能。它所具备的一对一营销能力,恰好符合定制营销与直复营销的未来趋势。

通过互联网络进行信息交换,代替以前的实物交换,一方面可以减少印刷与邮递的成本,可以无店销售,免交租金,节约水电与人工成本,另一方面可以减少多次交换带来的损耗。

网络营销是建立在以高技术作为支撑的互联网络的基础上,企业实施网络营销必须有一定的技术投入和技术支持,改变传统的组织形态,提升信息管理部分的功能,引进懂营销与电脑技术的复合型人才,在未来能具备市场竞争优势。

随着网络的全面普及,人们在网上的娱乐生活工作时间明显变多,这就加大了互联网媒体的广告价值,不少商家都将网络营销列为商家必争之地。因为网络具有独特的即时性,信息传递快速性等特点,具有巨大的广告潜力,网络营销这一现代营销模式已经成为商家投资最大的一块战场。

可预见的二十年内,网络营销将是商家的主要营销场地和手段。

三、营销计划

营销计划就是在整合营销资源,组织目标、技能、资源和其他各类市场机会之间建立和保持的一种具有可行性的管理过程。

在实际经营过程中,有时碰到无法有效执行的情况,一种情况是营销战略不正确,营销计划只能是"雪上加霜",加速企业的衰败;另一种情况则是营销计划无法贯彻落实,不能将营销战略转化为有效的战术。营销计划充分发挥作用的基础是正确的战略,一个完美的战略可以不必依靠完美的战术,而从另一个角度看,营销计划的正确执行可以创造完美的战术,而完美的战术则可以弥补战略的欠缺,还能在一定程度上转化为战略。营销计划是企业的战术计划,营销战略对企业而言是"做正确的事",而营销计划则是"正确地做事"。

1. 计划时间

(1)长期计划的期限一般 5 年以上,主要是确定未来发展方向和奋斗目标的纲领性计划。

(2)中期计划的期限 1~5 年。

(3)短期计划的期限通常为 1 年,如年度计划。

2. 计划范围

可分为总体营销计划和专项营销计划。

(1)总体营销计划是企业营销活动的全面、综合性计划。

(2)专项营销计划是针对某一产品或特殊问题而制定的计划,如品牌计划、渠道计划、促销计划、定价计划等。

3. 计划程度

可分为战略计划、策略计划和作业计划。

（1）战略性计划是企业对未来市场预测所占有的地位及采取的措施所做的策划。

（2）策略计划是对营销活动某一方面所做的策划。

（3）作业计划是各项营销活动的具体执行性计划，如一项促销活动，需要对活动的目的、时间、地点、活动方式、费用预算等作策划。

【思考题】

如何理解营销战略对企业而言是"做正确的事"，而营销计划则是"正确地做事"？

【阅读延伸】

市场生存之道——差异性市场营销[①]

进入新时代，创业者进入一个传统行业市场往往很难，市场基本上已经被瓜分完毕，要想打开一片属于自己的市场，必须采取非常规策略，很多创业成功者都会先采取差异性市场营销，以达到撬开市场入口，进入此类行业市场。那么，什么是差异性市场营销？差异性市场营销是一种营销战略，它从市场细分着手，确定要进入的特定目标市场，然后制定详细的市场营销组合来适应特点目标市场。根据该市场的特点，分别制定产品策略、价格策略、渠道策略以及促销策略并予以实施。差异性并不是目的，而是手段，其最终目的，是为了分化客户，创造需求，从而扩大市场和利润。

例如，牙膏是一个传统消费品行业，天津牙膏厂为了适应不同地区、不同生活习惯、不同生活水平的消费者需求，分别开发了不同价格的"蓝天高级牙膏"、"果味蓝天牙膏"；功能、规格不同的"脱敏牙膏"、"防锈牙膏"、"喜风牙膏"、"蓝天旅游牙膏"；以及适应不同年龄、民族需要的"蓝天学生牙膏"、"童友透明牙膏"、"雅洁儿童牙膏"等等，从而扩大了自己的市场份额。

而云南白药集团初次涉入牙膏行业，就推出了高端品牌，利用云南白药的药性优势，主打口腔护理营销策略，成为第一支突破牙膏低价迷局，成功卖出20多元高价的高端牙膏品牌；第一支在1年里赢利，3年累计销量额过6亿的本土牙膏品牌，并携傲然成绩，一跃成为跻身牙膏市场第一阵营的唯一民族品牌，创造了令业内外瞩目的"云南白药模式"。

---

① 资料来源：差异性市场营销的定义［EB/OL］．（2017-03-10）［2018-10-20］．https：//weibo.com/p/230418932f78320102x29o? mod＝wenzhangmod．

第五节　创业财务管理

【本节要点】

所有企业都必须围绕利润最大化开展运作，新创业企业必须更加注重财务管理，从而保证创业的成功。

【案例导入】

大学生的"窝窝头大王"失败之路

某高校学生 A 在毕业前夕，萌生了开家杂粮食品公司的想法。当其他同学都忙着到处找工作时，A 在郑州的大街小巷开始了市场调查，有多少人想吃杂粮窝头？在哪里能买到这种产品？市场需求量有多大？经过调查，他决定自己创业，在沙门村租了一间民房，从家人、朋友处筹集了十几万元创业了。在他的办公室墙上，贴着一份 9 个人的员工名单。1 名会计、1 名技术员和 6 名工人，A 自己既是老板又是销售人员。为保证质量，所有原料自己亲自采购，人工打磨，手工制作，可是 10 多万元的创业资金很快就用完了，可市场还没有打开，一袋 6 个窝头的粮食成本是 0.8 元、包装 0.18 元，加上运输人工等算下来一袋的批发价 1.3 元、零售 1.5 元。算了一下，每天卖够 1000 袋才能保本，但现在每天只卖 300 多袋。A 很快陷入财务危机，工人的基本薪水都无法发放，纷纷离职，没有工人，产品量也急剧下降，买的人更少了，最后 A 就放弃了创业。

【理论讲解】

一般创业者初期都会面临资金的问题，所以做好创业的财务管理，加强财务风险控制尤为重要，首先必须做好财务评价和财务分析，以便做出正确的财务管理策略。

一、财务评价

财务评价就是根据现行的财税制度和价格体系，分析计算创业项目的财务效益和费用，编制财务报表，计算财务指标，考察赢利能力等财务状况。

首先，应当收集分析评价所需要的各种资料，这些资料主要包括预算计划资料、日常会计核算资料、定期报表资料以及业务数据资料等。

其次，应当利用各种财务分析的技术方法，主要有对比分析法、因素分析法和趋势分析法。

再次,需要分析影响收入、成本、费用和利润以及各项比率的因素,进而利用因素分析法全面分析各个因素对经济指标的影响;在经营状况和经营成果的发展变化中寻求其变动的原因,力求预测出企业财务未来的发展趋势。

主要内容:

(一)编制财务报表

进行财务评价时,首先需要编制财务报表,财务报表是进行财务评价的主要依据。基本报表有现金流量表、损益表、资产负债表等;辅助报表有固定资产投资估算表、流动资产估算表、投资计划与资金筹措表、单位产品生产成本估算表、无形与递延资产摊销估算表、固定资产折旧费估算表、总费用估算表、产品销售收入和销售税金及附加税估算表、借款还本付息计算表等,这些财务报表都有通用的格式和要求。

(二)财务评价指标

(1)盈利能力:这是计算财务内部收益率、投资回收期的主要评价指标,根据项目特点及实际需要,也可计算财务净现值、投资利润率、投资利税率和资本金利润率等指标。

(2)项目清偿能力指标:主要计算资产负债率、借款偿还期、流动比率、速动比率等。

(三)财务评价目的

(1)从企业或项目角度出发,分析投资效果,评价项目竣工投产后获利能力;

(2)确定进行某项目所需资金来源,制定资金规划;

(3)估算项目的贷款偿还能力。

(四)注意问题

(1)严格遵守效益与费用计算口径对应一致的原则,在分析中应以动态分析为主、静态分析为辅。

(2)在收集报表数据时一定要做大量的、细致认真的核对、校准工作,做到去伪存真,以确保数据真实准确,从而保证财务评价的准确有效。

(3)对财务评价使用的财务价格(以现行价格体系为基础的预测价格)在进行项目盈利能力分析时,只考虑相对价格的变化,不考虑物价总水平的上涨因素;在进行清偿能力分析时,除考虑相对价格变化外,还要考虑物价总水平的上涨因素。

(4)要正确分摊成本和费用。首先,要注意不能过多地将固定费用分摊到一个项目上,从而会掩盖项目的真实情况,给产品整顿策略带来误差;其次,对新项目在开发过程中要给予扶持政策,在费用分摊上可适当降低比例,保证其有较低的价格,取得竞争优势，为其逐渐壮大创造条件。

以上是企业在新产品开发过程中进行财务评价时所要做的全部内容，但在实际工作中，企业开发产品的情况千差万别，在具体操作中应根据不同情况做灵活处理。如对投入大、周期长、技术高、竞争激烈或首次涉足的行业应严格按以上内容进行评价，以确保评价准确、取得成功，取得长期效益；而对那些投入周期短或短平快项目，则可简化处理，如只计算投资回收期、投资利润率和贷款偿还期等，以求快进快出、快速响应市场需求，求得短期效益。

二、财务分析

财务分析是以企业财务数据和资料为依据，采用专门的财务技术和方法，对企业的盈利能力、营运能力、偿债能力和增长能力等状况进行分析与评价的管理活动。

它主要是为企业的投资者、债权人、经营者等了解、评价和预测企业未来，做出正确决策提供准确的信息或依据。

财务分析的方法有很多种，主要包括趋势分析法、比率分析法、因素分析法。

（1）趋势分析法又称水平分析法，是将两期或连续数期财务报告中相同指标进行对比，确定其增减变动的方向、数额和幅度，以说明企业财务状况和经营成果的变动趋势的一种方法。

（2）比率分析法是指利用财务报表中两项相关数值的比率揭示企业财务状况和经营成果的一种分析方法。

（3）因素分析法又称因素替换法、连环替代法，它是用来确定几个相互联系的因素对分析对象——综合财务指标或经济指标的影响程度的一种分析方法。

【思考题】

财务管理的难点在哪里？

【阅读延伸】

财务分析之五忌

一、忌捏造数据，虚假陈述

财务分析最基本的原则就是真实性，所有的数据来源必须是真实无误的，最好是第一手的数据材料，只有建立在真实的财务数据之上，才能做出正确的财务分析，如果只是为了某种需要或者迎合领导和投资者的偏好，而去捏造数据，并进行虚假分析和陈述，不仅对未来的发展无济于事，并且会触犯相关法律法规，让公司和个人面临法律诉讼。

二、忌格式固化，千篇一律

财务分析有基本的格式要求，但绝不是"八股文"，一篇优秀的财务分析必然是在内容上突出重点、有的放矢，在形式上灵活变化，新颖多样；形式呆板、千篇一律的报告不仅让人看了枯燥无味，而且无助于提高财务分析的实用性和有效性，失去了财务分析的本质要求。

三、忌数据罗列，空洞枯燥

财务分析一定要建立在真实的数据之上，但是如果仅仅是数字的对比或者数据指标的增减变化，就数论数，而不进行文字的有效表述，说不出具体情况，谈不清影响差异，这样的财务分析只能是财务数据说明书，而不是真正的分析报告。财务分析报告应当既有数据论证，又有简明扼要的文字表述，做到数据使用得当，文字表述通俗易懂，这样的财务分析才会有血有肉，得到使用者好评。

四、忌主观偏好，选择上报

撰写财务报表还应遵循客观、全面的原则，要全面收集、分析企业的所有经济运行数据，既要肯定成绩，又要敢于揭露问题，既要分析影响当前经济状况的客观因素，又要找出影响变化的主观原因，千万不要被表面数据迷惑，或者根据个人偏好，选择性的使用好看的数据进行分析，要克服"先入为主"的主观想法，要通过占有、分析大量客观数据之后，去粗取精、去伪存真，得出客观的结论。

五、忌拖沓延时，耽误决策

财务分析是企业管理者和投资者掌握企业财务状况，了解企业运行状态；同时也是企业财务人员参与企业管理，提出合理建议的重要途径，当前市场经济竞争激烈，企业财务数据和经济信息瞬息万变，财务分析的时效性显得尤为重要，过时的财务分析不仅延误使用者对企业财务状况的了解，而且会耽误正确决策的决定，甚至会决定企业的发展前程，因此财务分析的上报应与会计报表上报同步进行，一刻也不能耽误。

第六节　创业计划书

【本节要点】

创业计划书是创业前期的必经之路，是创业者书面的推演，也是创业者从点子到计划的重要一步，一个好的创业计划书是创业者吸引创业投资的关键。

【案例导入】

创业计划书——各类创业大赛的通行证

据不完全统计,2017年国家、各省市、各大中小学开展的创业大赛近万项,参赛数量达百万支,几乎所有的参赛要求都是必须提交一份完整的创业计划书。在融资环节,各类风险投资公司首先要看的就是项目的创业计划书。由此可见,创业计划书已经成为一块敲开创业之门的金钥匙!

B同学是某高校的一名大学毕业生,曾主持学校信息安全领域第一个大学生科技创新基金项目,后将点子编写成创业计划书,参加挑战杯创业计划大赛,获得金奖,由此获得第一笔数十万元的风险投资,发起全球创新倡议、创立数家国际化的高新技术企业,并通过此计划书成功感染和吸引了许多人。完美的创业计划书为B打造了一个高端的创新平台,铺就了一条创业成功之路。

【理论讲解】

一、创业计划书的内涵

创业计划书是指创业者为了实现创业目标而制定的创业活动具体内容或实施步骤的书面文件。其主要内容包括拟创办企业相关的内外部环境条件和要素特点,拟采取的市场营销、财务管理、生产方式、人力资源等各种形式。

一份优秀的创业计划书往往会使创业者达到事半功倍的效果。创业计划书的质量,往往会直接影响创业发起人能否找到合作伙伴、获得资金及其他政策支持。

对初创的风险企业来说,创业计划书的作用尤为重要,一个酝酿中的项目,往往很模糊,通过制订创业计划书,把正反理由都书写下来,再逐条推敲,创业者就能对这一项目有更清晰的认识。可以这样说,创业计划书首先是把计划中要创立的企业推销给了创业者自己。其次,创业计划书还能帮助创业者把计划中的风险企业推销给风险投资家,公司创业计划书的主要目的是筹集资金,创办企业。

创业计划书可以为企业的发展定下比较具体的方向和重点,从而使员工了解企业的经营目标,并激励他们为共同的目标而努力。它可以使企业的出资者以及供应商、销售商等了解企业的经营状况和经营目标,说服出资者为企业的进一步发展提供资金。正是基于上述理由,创业计划书将是创业者所写的商业文件中最主要的一个。

二、创业计划书的撰写

创业计划书必须有一个清楚的结构,使读者能够灵活地选择他们想要阅读的内容。计划书应该使用通俗易懂的语言,尽量使用客观的语气,使投资者客观仔细地权衡你的论据是否有说服力,是否值得投资。

(一)创业计划书的内容

摘要、企业介绍、产品(服务)介绍、人员及组织结构、市场预测、营销策略、生产制造计划、财务管理规划、附录。

(二)创业计划书的写作框架

1. 包括封面和扉页、目录、正文

创业计划书内容框架

构成		内容	作用
	封面	创业计划书名称、组织名称、核心人员、撰写时间、计划书适用时间段等	计划书名片
	摘要	创业计划书主要内容概述	计划书精髓
	目录	创业计划书提纲	结构框架
	前言	创业的背景、目的、方法、意义等的说明	背景与过程
正文	商机及产品介绍	顾客需求、市场规模;产品(包括服务)定义、产品功能、技术含量、产品创新、顾客价值、竞争优势	展示商机及把握商机的载体
	环境分析	宏观环境、行业与市场环境、企业内部环境、竞争环境	适应创业环境
	综合分析	关键成功要素和SWOT综合分析	环境分析的结论
	企业战略	企业使命、发展战略、竞争战略、核心竞争力	企业发展整体方略
	营销策划	STP战略、品牌策划、营销重点	营销的整体部署
	营销组合	产品策略、价格策略、渠道策略及促销策略	营销的具体策略
	生产运作	产品研发、原料供应、生产技术和流程、生产条件要求及其现状	生产水平和能力
	经营管理	业务流程、组织结构、人力资源管理、创业团队展示	企业内部运行方式
	财务管理	经营业绩预测、财务报表及其分析、融资(额度、对象、方式、回报、退出)、投资(资金使用、监管)	公司资金资源运作方式
	风险管理	风险预测、风险分析、风险防范	预测和防范风险
项目启动计划		人员安排、资金设备计划、时间计划、地点选择	创业启动安排
附件		数据资料、问卷样本及其他背景材料	提高可信度

2. 创业计划书案例:

封面:

创业计划书

公司名称:＿＿＿＿＿＿＿＿＿＿＿＿＿＿＿＿＿
所属院校:＿＿＿＿＿＿＿＿＿＿＿＿＿＿＿＿＿
指导老师:＿＿＿＿＿＿＿＿＿＿＿＿＿＿＿＿＿
【主联系人】
【职　　务】
【电话号码】
【电子邮件】
【地　　址】
【邮政编码】

日　期:20　年　月　日

目录:

目　录

1.0 执行摘要……………………………………………………………………
　　1.1 公司概况
　　1.2 注册资金
　　1.3 商业模式
　　1.4 投资收益评价
2.0 市场分析……………………………………………………………………
　　2.1 市场定位与目标客户
　　2.2 市场预测(市场占有率)
　　2.3 竞争分析

  2.4 项目 SWOT 分析
3.0 营销策略
  3.1 产品定价
  3.2 销售渠道
  3.3 宣传推广
4.0 人员与组织结构
  4.1 组织结构
  4.2 团队成员
  4.3 部门/岗位职责
5.0 财务分析报告
  5.1 固定资产:生产经营所需设备、工具和办公家具
  5.2 原材料/商品采购成本
  5.3 销售与管理费用预测
  5.4 启动资金需求
  5.5 启动资金来源
6.0 利润预测
7.0 风险分析与对策
8.0 企业的愿景
9.0 附录
  9.1 附表1:销售收入预测
  9.2 附表2:第一年度的利润表
  9.3 附表3:第一年度的现金流量表
  9.4 《创业/商业计划书》评估表

(三)创业计划书检查

  检查的项目包括:是否显示出你具有管理公司的经验、是否显示了你有能力偿还借款、是否显示出你已经进行过完整的市场分析、是否容易被投资者所领会、是否有计划摘要并放在了最前面、是否在文法上全部正确、能否打消投资者对产品(服务)的疑虑。

【思考题】

  如何写好创业计划书?

【阅读延伸】

创业计划书编写技巧

创业计划书的撰写有相对固定的格式,但是在撰写的同时也需要注意一些技巧,在关键时候会取得意想不到的成功。

1. 体现创新性

创业计划书的本质在于创新,你的计划书里一定要有创新之处,一定要将本产品或者服务的创新点单独列出来,详细讲解,这一点也是投资方决定是否投资的重要因素之一。

2. 注重盈利性

创业计划书是写给潜在的投资者看的,而投资者看中的一定是你的盈利模式,有回报的项目才是投资者的菜,你的创业计划盈利点在哪里,一定要阐述清楚,你的盈利模式是什么,如何赚钱,如何把产品和服务转化为利润的,一定要重点分析、阐述,让投资者明明白白。

3. 狠抓管控性

几乎所有投资者认为,任何投资成功的关键都是管理。管理也是投资者第二关心的问题,传统观点认为,如果你的想法好,但管理差,同样可能失去机遇;如果想法差,但管理好,却可能争取机遇。这里的管理好差,就是创业者对企业组织架构的管控能力强弱,你的计划书中对企业管理的组织机构设置合理,管控过程科学得当,同样能给你加分。

4. 明确风险性

每一名风险投资者都知道自己的任何一笔投资都会存在风险,关键是要让投资者能够接受自己所能承受的风险以及退出风险的道路,也就是说,投资者在决定进入之前,一定要事先找出退身之路。因此,在你的计划书中明确了本计划的风险,不仅仅是对投资者的一种友好提醒,而且是你诚信品质的一种体现,从而会更加取得投资者的信任,赢得投资。

第四章　创业成功的要素

【教学目的】

使创业者了解相关创业政策,并认识自我,了解影响创业成功的要素。

【知识点】

1. 国家出台了哪些相关创业政策;
2. 认识商业意识的重要性;
3. 如何挖掘适合的创业项目;
4. 掌握影响创业成功的要素。

【重点】

影响创业成功的要素。

【难点】

如何挖掘适合的创业项目并成功创业。

【本章要点】

现在的大学生就业观念已有很大转变,从以前的生存就业到现在的兴趣就业,很多学生大学毕业后,想做自己喜欢做的工作,很多学生选择自主创业。国家大力提倡大学生创业,相继出台了很多政策支持和扶持大学生创业。在"大众创业、万众创新"时代下,了解创业成功的要素,对创业者来说非常重要,本章主要从了解创业政策、创业者自身素质、影响创业成功的要素等方面进行介绍。

【案例导入】

在摸索中前进,在实践中探索,创业不易,且行且珍惜。

——宁梓傲

宁梓傲，毕业于南京信息工程大学，南京维果网络科技有限公司总经理。他勇于探索和实践，拥有两项国家实用新型专利。他热心公益，于2013年"微金融·微动力"小微企业助力计划战略合作项目中获全国总冠军，入围2013年江苏省"我们身边的好青年"100强——最敢创业。

他刚进大学时，只是想为家里承担一份长大成人的责任，选择外出兼职，累但很有收获。一段时间后觉得人生的理想应该更高远，他开始组建自己的创业团队，向更高的目标迈进。大二时，经过努力，他和朋友在南京新街口长江路九号注册电子商务公司，期间成功为公司带来30万风险投资。大学时光短暂且珍贵，只有坚定高远理想才不负青春年华。

在运作自己的公司时，深感小微企业所面临的困境，推己及人，他决定做些什么，"公益"两个字走进了他的视野，参与了"微金融·微动力"小微企业助力计划战略合作项目，期间走访6个城市，调研100多家小微企业，总结他们在经营管理过程中遇到的财务管理、人员流失等问题，并联合国内经济学教授等相关资源制定出7本帮扶企业管理的小册子，在全国范围内免费发放与推广，最终从96所高校队伍中脱颖而出获得全国总冠军。菌原液项目是运用所学专业知识帮助学校周边农户的另一个公益项目。将一些廉价原材料制成有机肥免费提供给葡萄园农户使用，并教他们制作。一方面能减轻他们购买化学肥料的经济负担，另一方面也能缓解土壤环境压力。通过两年坚持，于2013年斩获Enactus华东区域赛一等奖，全国赛二等奖的好成绩，同时也将该公益项目延伸，进一步帮助农民建立产品销售渠道，"微果驿站"由此诞生。

目前他已注册南京维果网络科技有限公司，入驻国家级创业孵化基地紫金创业园，公司全职人员35人，兼职200余人，在南京建立了6家公司直营店。他说："作为一名当代大学生，只要有一颗爱心，我们的正能量一定会给社会带来更多的阳光。"

问题：请分析一下宁梓傲为什么能创业成功呢？

第一节　创业政策

【本节要点】

党的十九大报告指出，鼓励创业带动就业。国务院政府工作报告指出，促进"大众创业、万众创新"上水平。国家先后出台了一系列实施支持和促进创业就业的政策，如降低创业门槛、提升创新创业能力、营造创业氛围、提供创业机会、贷款税收优惠等，这些都是创业者必须认真学习和了解的政策，更是创业成功的重要条件。

【案例导入】

哈尔滨市小额贷款政策扶持对象逐渐拓宽,以帮助大学生创业,在这一政策的实施下,大学毕业生 L 通过小额贷款建立了一家防水建材公司。

政策　扶持大学生创业

2009 年哈尔滨市小额贷款政策扶持对象从过去的"自愿到县级以下基层创业的正规高等院校应届毕业生"扩大到"所有自主创业从事个体经营或开办小企业的大中专毕业生",创业地点调整为哈市市区,贷款上限也从过去的 20000 元至 30000 元提高到 50000 元,且从事微利项目的可享受全额贴息扶持。

事例　小额贷款帮了大忙

大学毕业生 L 建立了一家防水建材公司。前不久,正在 L 急需资金支持批量生产自主研发的新材料时,他和一起创业的妻子欣喜地获悉,他们共同申请的 10 万元小额创业贷款已获批。目前,L 已经着手准备建立专门用于制造该种防水材料的工厂,并打算在配方走入市场后向国家申请该项产品的专利。他自信地说:"相信随着今后公司的不断发展和成长,我的创业路将会越走越宽广。"

大学生小额创业贷款在 L 资金紧张的时候帮了大忙。然而去年像 L 一样幸运地申请到创业贷款的大学生却并不多。L 很庆幸,自己是偶尔看报得知这项扶持政策,通过申请拿到资金的,要不然,这样的机会就错过了。①

【理论讲解】

一、大学生创业政策

为鼓励高校毕业生自主创业,以创业带动就业,财政部、国家税务总局发出《关于支持和促进就业有关税收政策的通知》,明确规定自主创业的学生从毕业年度起可享受三年税收减免的优惠政策。其中,高校毕业生在校期间创业的,可向所在高校申领《高校毕业生自主创业证》;离校后创业的,可凭毕业证书直接向创业地县以上人社部门申请核发《就业创业登记证》,作为享受政策的凭证。

根据《国务院关于进一步做好新形势下就业创业工作的意见》(国发〔2015〕23 号)《国务院办公厅关于深化高等学校创新创业教育改革的实施意见》(国办发〔2015〕36 号)《教育部关于做好 2016 届全国普通高等学校毕业生就业创业工作的通知》(教

---

① 资料来源:大学生创业网-创业政策.大学生借助小额贷款政策创业成功的案例[EB/OL].(2018-05-05)[2018-10-20]. http://chuangye.yjbys.com/zhengce/536718.html

学〔2015〕12号)《教育部高校毕业生就业创业政策百问(2017年版)》《国务院关于做好当前和今后一段时期就业创业工作的意见》(国发〔2017〕28号)《普通高等学校学生管理规定》(中华人民共和国教育部令第41号)等文件规定,高校毕业生自主创业优惠政策主要包括:

■**税收优惠**:持人社部门核发《就业创业证》(注明"毕业年度内自主创业税收政策")的高校毕业生在毕业年度内创办个体工商户、个人独资企业的,三年内按每户每年8000元为限额依次扣减其当年实际应缴纳的增值税、城市维护建设税、教育费附加和个人所得税。对高校毕业生创办的小型微利企业,按国家规定享受相关税收支持政策。

■**创业担保贷款和贴息支持**:对符合条件的高校毕业生自主创业的,可在创业地按规定申请创业担保贷款,贷款额度为10万元。鼓励金融机构参照贷款基础利率,结合风险分担情况,合理确定贷款利率水平,对个人发放的创业担保贷款,在贷款基础利率基础上上浮3个百分点以内的,由财政给予贴息。

■**免收有关行政事业性收费**:毕业2年以内的普通高校毕业生从事个体经营(除国家限制的行业外)的,自其在工商部门首次注册登记之日起3年内,免收管理类、登记类和证照类等有关行政事业性收费。

■**享受培训补贴**:对高校毕业生在毕业学年内参加创业培训的,根据其获得创业培训合格证书或就业、创业情况,按规定给予培训补贴。

■**免费创业服务**:有创业意愿的高校毕业生,可免费获得公共就业和人才服务机构提供的创业指导服务,包括政策咨询、项目开发、风险评估等"一条龙"创业服务。

■**取消落户限制**:取消高校毕业生落户限制,允许高校毕业生在创业地办理落户手续(直辖市按有关规定执行)。

■**弹性学制**:对有自主创业意愿的大学生,实施弹性学制,放宽学生修业年限,允许调整学业进程、保留学籍休学创新创业。

■**相关经历可折算学分**:学生参加创新创业、社会实践等活动以及发表论文、获得专利授权等与专业学习、学业要求相关的经历、成果,可折算为学分,计入学业成绩。

■**优先转专业**:休学创业或退役后复学的学生,因自身情况需要转专业的,学校应当优先考虑。

■**创业示范基地**:各地各高校建设一批大学生创业示范基地,继续推动大学科技园、创业园、创业孵化基地和实习实践基地建设。

【政策链接】

南京市江北新区青年大学生就业创业引领计划实施细则[①]

第一章 总 则

第一条 为贯彻落实《"创业江北"人才计划十策》精神,推进实施青年大学生就业创业引领计划,制定本细则。

第二条 在江北新区人才工作领导小组领导下,新区青年大学生就业创业引领计划专项办公室(以下简称"新区大创办")负责本计划的组织实施工作,新区大创办设在新区社会事业局。新区各产业平台、街道、各人才工作责任部门根据职责分工,承担和落实相应工作。

第三条 设立大学生就业创业指导服务中心,完善"一站式"就业创业服务体系,在创业注册、税务、法务、融资、安居、招聘、就业实训、社保缴纳、人事代理等方面,提供系列政策指导。

第四条 青年大学生是指普通高校在校生和毕业五年内高校毕业生,以及海外留学的青年大学生,创业企业必须符合南京市青年大学生创业企业标准。

第二章 政策兑现

第五条 "零门槛""零成本"就业创业

1. 鼓励青年大学生在江北新区创业,免收各类行政费用,取消注册资金限制;协调创业企业家和创业导师进校园、进基地、进社区开展就业创业指导。

2. 组织企业免费参加各类校园招聘、社会招聘,免费发布招聘信息等,免费为求职人员提供就业岗位信息推荐就业。

3. 对非市域范围全日制普通高校(含海外留学生)的应届毕业生(含港澳台毕业生)在新区范围内求职面试,经核定给予每人1000元一次性面试补贴。

第六条 优秀项目资助奖励

1. 打造"创业江北"优秀大学生创业大赛品牌。面向全国高校及经教育部认定的港澳台地区大学生,组织开展优秀创业项目遴选,根据不同获奖层次给予5-30万元一次性奖励。

2. 吸引更多符合江北新区"4+2"产业发展方向的优秀项目来新区落地发展。对获得省级(含)以上创业大赛金奖或国内"双一流"大学创业大赛一等奖以上的项目,

---

[①] 资料来源:南京江北新区青年大学生就业创业引领计划专项办公室.南京江北新区青年大学生就业创业引领计划实施细则[EB/OL].(2018-03-30)[2018-10-20]. http://jiuye.nua.edu.cn/news/view/aid/116159/tag/qzjq

具有较好的发展前景、独立发明专利、独立知识产权的,落户江北新区,给予最高不超过10万元的创业启动资金资助;对获评政府举办的市级以上的优秀创业项目,在新区注册经营,按获奖金额分三年期给予1∶1配套。

3. 对已落户江北新区满2年的优秀大创企业,符合以下条件的:经认定的"规模以上企业";经认定的高新技术企业或入选省高新技术企业库的企业;获专业投资机构风险投资500万元、且估值在1亿元以上的企业,可给予创业团队30万~500万元项目扶持。达到江北新区高层次人才标准的,按新区高层次人才政策执行。

第七条　创业场地补贴

对符合初创条件的青年大学生项目,入驻江北新区认定的大学生创业园(基地),可提供30平方米免费场地或给予场租补贴;在创业载体外租用经营场地创业的,实际运营一年以上并正常纳税,可申请每年不超过1万元的租金补贴;利用自有房产创业的,可申请每月300元基本运营综合补贴。以上各项补贴不重复享受,最长不超过3年。

第八条　鼓励创业助推就业

协助青年大学生创业企业申报南京市"开业补贴"和"创业成功奖励";鼓励大学生初创企业吸纳本市失业人员就业,申领"带动就业补贴";新区对吸纳本市户籍5人以上或研究生学历2人以上就业、签订劳动合同并依法缴纳社会保险满一年的企业,三年内给予每人3000元奖励。

第九条　社保补贴

青年大学生初创企业正常经营且吸纳硕士学历3人以上或博士学历2人以上就业,签订劳动合同并依法缴纳社会保险费,对硕士学历以上人员社会保险单位缴纳的部分按我市社会保险最低缴费标准给予不超过3年的社会保险补贴;青年大学生3年内办理初创企业注销后登记失业,依据市政策可申领一次性社保补贴。

第十条　融资配套

积极开通创业贷款"绿色通道",协助大学生申请贷款助推创业;拓宽创业融资渠道,初创项目3年内获得风险投资的,按单个项目申报融资配套支持;建立"江北新区大学生创业天使投资基金",对获得市紫金创投天使基金投资的优秀创业项目,在其正常运营半年后,由创业企业申请,经新区相关机构评估,可按一定比例追加投资。

第十一条　创业载体与创业服务补贴

1. 加大创业载体建设,营造优质创业环境。对经认定的市级以上大学生创业园(基地),按最高60万元分三年期给予建设补贴;支持"大学生创业园"、"示范创业园"开展创业企业孵化服务,对初创企业孵化出园后正常经营6个月以上,按每家1000元标准给予创业园一次性补贴。

2. 鼓励经认定的"大学生创业园"、"示范创业园"指导青年大学生参加优秀创业项目申报和省级以上创业大赛。

——获批市级"特别优秀创业项目"资助的,按每个项目1万元标准给予培育奖。获批"优秀创业项目"资助的,按每个项目2000~5000元标准给予培育奖。

——获得省级以上创业大赛不同名次,给予最高不超过2万元/项的培育奖。

——获"南京双创之星"荣誉的,对园区(载体)和个人分别给予5000元的奖励。

3. 深化"两落地、一融合",鼓励高校、有资质的机构开展多形式的就业创业培训实训。组织举办"创业/精英训练营",按每人500元标准给予培训补贴;积极推动就业见习和创业见习,依据政策享受见习生活补贴和就业创业扶持奖励;正常经营且纳税2年以上的初创企业,参加省级以上科技性、研发性、前瞻性产业会展,对参会经费给予一定补贴。

4. 鼓励相关企业、社会组织、中介机构及个人推荐青年大学生创业项目落户新区。凡推荐项目获批市级及以上"优秀创业项目",或江北新区重点资助创业项目的,新区财政给予推荐单位2000元/项目、个人1000元/项目奖励。

5. 鼓励江北新区各类企业扶持内部员工创新创业,对符合大学生创业条件的科技人员自主创业,可享受大学生初创企业优惠政策;在新区注册运营半年以上的,新区财政给予原企业2000元/项目奖励。

第十二条　落地企业配套政策

1. 给予本市无房产、并获得市级以上优秀创业项目奖励的初创企业法人,企业正常经营纳税,并带动本辖区内户籍2人以上就业,签订劳动合同依法缴纳社会保险满一年的,可优先申请租赁新区人才公寓,租赁期最长不超过三年。

2. 对非本市户籍且无房产的青年大学生,首次在宁创业、正常经营纳税2年上的企业法人或主要股东子女,由新区大创办负责牵头协调,在新区范围内,优先解决就近入园、入学困难问题。

3. 鼓励外籍高校毕业生来新区就业创业,享受市级相关优惠扶持政策。

第三章　其他

第十三条　本细则适用于江北新区直管区范围,由南京市江北新区青年大学生创业引领计划专项办公室负责解释。执行过程中如遇上级政策调整,本细则相关政策报新区管委会后作相应调整。本细则如与其他同类政策重复,区级扶持部分按照就高原则执行。已入选同类人才计划的,自本细则发布后符合相关条款的,参照本细则执行。

第十四条　本细则中有关大学生创办企业后享受优惠扶持政策的期限,自企业工商注册登记之日起计算。

第十五条 获得本细则资助、奖励或配套补贴后的企业,五年内不得外迁,否则全额退还。

第十六条 本细则涉及的资金事项按《"创业江北"人才计划专项资金管理办法》执行。

第十七条 本细则自2018年1月1日起执行。

二、高校扶持大学生创业要求

在普通高等学校开展创业教育,是服务国家加快转变经济发展方式、建设创新型国家和人力资源强国的战略举措,是深化高等教育教学改革、提高人才培养质量、促进大学生全面发展的重要途径,是落实以创业带动就业、促进高校毕业生充分就业的重要措施。根据《教育部关于做好2018届全国普通高等学校毕业生就业创业工作的通知》要求,各高校要积极落实通知要求,支持大学生创业。

(1)促进毕业生到新兴领域就业创业。各地各高校要结合建设科技强国、质量强国、航天强国、网络强国、交通强国、数字中国、智慧社会要求,引导毕业生到高技术产业、战略性新兴产业、先进制造业和现代服务业等领域就业创业。深入挖掘互联网、大数据、人工智能和实体经济深度融合创造的就业机会,在共享经济、现代供应链、人力资本服务等领域拓展就业新空间。

(2)深化高校创新创业教育改革。各地各高校要把创新创业教育改革作为高等教育综合改革的重要突破口,在培养方案、课程体系、教学方法和管理制度等方面将改革持续向纵深推进,促进专业教育与创新创业教育有机融合,将创新创业教育贯穿人才培养全过程。强化创新创业实践,办好各级各类创新创业竞赛,着力培养学生的创新精神和创造能力。

(3)落实创新创业优惠政策。省级教育部门要配合有关部门进一步完善落实工商登记、税费减免、创业贷款等优惠政策,为毕业生创新创业开辟"绿色通道"。高校要细化完善教学和学籍管理制度,进一步落实创新创业学分积累与转换、弹性学制管理、保留学籍休学创业、支持创新创业学生复学后转入相关专业学习等政策。

(4)提升创新创业服务保障能力。各地各高校要加快发展众创空间,依托创业园、创业孵化基地等为毕业生创新创业提供场地支持。多渠道筹措资金,综合运用政府支持、学校自筹以及信贷、创投、社会公益、无偿许可专利等方式扶持大学生自主创业。建立健全国家、省级、高校大学生创业服务平台,聘请行业专家、创业校友等担任导师,通过举办讲座、论坛、沙龙等活动,为大学生创业提供信息咨询、管理运营、项目对接、知识产权保护等方面的指导服务。

(5)深化思想教育和宣传引导。各地各高校要落实全国高校思想政治工作会议精神,把思想政治工作融入高校毕业生就业创业工作全过程,坚持立德树人,引导毕业生树立科学的就业观和成才观。加强正面宣传,广泛宣传基层就业创业毕业生典型事迹,宣传解读国家促进就业创业的政策措施,努力营造有利于就业创业的良好舆论氛围。

【高校政策链接】

南京信息工程大学大力加强创新创业教育

南京信息工程大学将创新精神和实践能力的培养融入人才培养全过程,以机制体制创新为突破,平台、队伍、项目、制度四大建设为主线,推进学校与地方政府、行业企业、科研院所的联动对接,构建具有学校特色的创新创业教育体系。

融入人才培养全过程。学校以培育具有"创造意识、创新能力、创业素质"人才为出发点,形成"顶天立地、服务需求、协同推进、衔接联动"的工作理念。紧贴社会需求,在人才培养方案中全面融入创新创业教育,从知识、能力和体验三个维度,构建创新创业人才培养的"三大课堂"课程体系。设立创新创业学分,实行跨专业选课和弹性学制,确保每一位学生在校期间都有机会聆听创新创业报告、参与创新创业项目、参加学科竞赛。

建立多部门协同机制。学校出台了29个制度性文件,全面推进校企、校院、校校间的"三大协同",组建多元化创新创业导师队伍。依托共建优势,优化国家级和省级实验教学示范中心、国家级和省级工程教育中心等一批优质创新创业平台资源。每年举办近20项校内学科竞赛与校外学科竞赛,平均每年参与学生人数超过8000人次。整合技术创新资源,鼓励有条件的学院联合企业建设大学生创客工场或创客空间。

创新服务指导孵化体系。学校根据学生对创新创业知识的不同需求,坚持推行分类指导和培训,开展青年大学生创业(SYB)培训、"一对一"辅导、创业沙龙或全程跟踪指导;在大学生创业园设立绿色通道,搭建"一站式"创业综合服务平台,目前在园孵化的大学生创业项目45个,其中19个项目已注册成立了公司;引导学生组建大学生科协、创业者联盟等多个创新创业学生组织和社团,提供经费、场所及相关政策支持,营造浓郁的校园创新创业文化氛围。该校学子双创能力显著提升,勇夺2015年首届中国"互联网+"大学生创新创业大赛金奖等奖项。

【思考题】

1. 大学生如何办理创业贷款?

2. 你如何看待大学生休学创业？

【阅读延伸】

南京市创业政策指南①

一、办理《青年大学生创业证》

申领条件

具有大专以上文化在校大学生或毕业五年内（含海外留学人员），有创业项目意向计划书并基本可行的大学生可申领《青年大学生创业证》（以下简称《大创证》）。

1. 申领人注册并登录南京人事人才服务网（www.njrs.gov.cn）"大学生创业频道"-"大创证申领"模块录入个人资料。

2. 携带照片及相关申报材料前往网上申请的市、区"大创办"窗口进行审核，符合条件的现场办证。

3. 海外留学青年大学生在宁自主创业申领《大创证》在市"大创办"服务窗口统一受理。

二、青年大学生创业优秀项目遴选资助

1. 申报、评审

项目通过南京人事人才服务网（www.njrs.gov.cn）"大学生创业频道"-"项目申报"模块，录入项目核心成员身份证、毕业证书学历证明以及项目计划书等相关材料，经项目初审、专家评审，经公示无异议后给予公布。

2. 政策兑现

对入选的优秀创业项目，分别给予20万～50万元的一次性资助，资助资金50%由市紫金科技创投天使基金投资、50%由政府补助。

三、创业场地

对经认定的市级创业载体给予一次性建设补助，对创业孵化成果按孵化成功项目数给予创业载体创业孵化补贴。对符合条件的初始创业实体，入驻政府认定创业载体的，可根据实际条件提供30平方米以内的免费创业场地或给予场租补贴；在创业载体外租用经营场地创业的，给予每月不超过800元的创业场地租金补贴；利用自有房产创业的，给予每月300元的水电、网络、场地等基本运营综合补贴。

---

① 资料来源：六合区人社局.南京市创业政策指南[EB/OL].[2017-05-31].http://www.sohu.com/a/144870270_350017.

四、创业担保贷款

1. 贷款额度、期限及利率

创业担保贷款额度个人贷款最高 30 万元、合伙创业最高 50 万元,贷款期限每次不超过 2 年,利率执行中国人民银行公布的同期贷款基准利率。贷款还本付息后可申请贴息。

2. 申请方式

本市户籍申请人在户籍地街道(镇)人力资源和社会保障服务所,非本市户籍申请人在注册地所在街道(镇)人力资源和社会保障服务所,绿色通道申请人在授权单位申请办理。

3. 申请材料

《工商营业执照》副本或民办非企业登记证书、《就业创业证》或《大创证》原件及复印件;身份证原件及复印件;经营场所租赁协议复印件、贷款申请书、用款计划、有效担保材料等。

五、青年大学生创业成功奖励及带动就业奖励

1. 奖励标准

对符合条件,初始成功创业并正常经营纳税半年以上的创业实体,给予 4000 元的一次性创业补贴;吸纳本市户籍失业人员就业,与其签订劳动合同并依法缴纳社会保险费满一年,按吸纳就业人数给予每人 1500 元的一次性带动就业补贴。

2. 申请方式

申请人于每年 3 月 20 日、9 月 20 日前向创业实体工商注册地所在区"大创办"申报。

六、符合条件的商业贷款贴息

申请人作为创业实体法定代表人或负责人,以失业人员或青年大学生身份创办创业实体,持有《就业创业证》或《青年大学生创业证》,取得经营性商业贷款,可按照创业担保贷款的同等条件给予贴息。

劳动密集型小企业和科技型小微企业在我市各存款类金融机构获得的经营性商业贷款,可根据用工情况,在 300 万元额度内,按基准利率给予相应标准的贴息。

七、青年大学生融资配套

在本市注册运营成立三年内,并与 2016 年 1 月 1 日后获得社会风险投资的青年大学生初始创业法人企业,申报企业法定代表人持有股权比例不低于 30%,并在投资资金全部到位后正常运营六个月以上,可向市大创办提出融资配套申请。按规定给予融资总额 10%,最高不超过 25 万元的配套支持。

第二节　创业者素质

【本节要点】

根据多年来对成功创业者的分析和观察,成功的创业者具有多种共同的特质,比如商业意识、创业愿望、团队精神、创业品质、感恩意识等多个方面。这些都是创业者应该具备的重要素质,对创业过程的每一个环节和阶段都具有很大影响。因此,大学生创业者在准备创业之前要认真分析自身的素质与条件,可以参加一些创业培训或者创业素质测试,自我评估,对自己有较为全面客观的认识,消除误区,实现成功创业。

【案例导入】

创业不能只停留在"想"[①]

当江西外语外贸职业学院的学生李萍带着她的 L-One 团队一行 5 人来到南昌某琴行找老板"谈合作"时,心里其实没底。琴行老板着实被这群学生给吓了一跳,"突然跑来跟我说要给琴行做一整套网络营销计划,给琴行开博客,到网上开店什么的,觉得很奇怪。"因为对琴行经营没有坏处,而且大学生们的服务在产生效果以前不收费,还有老师来做指导,琴行又确实需要开拓一些新的营销手段,老板被说服了。

在山东科技大学泰山科技学院经济管理系党总支副书记陈福刚看来,学生们设计的营销方案、推广项目是否成功、是否能挣到钱并不重要,重要的是这些平日里埋头念书的大学生敢于主动"走出去"。

大学生创业要主动"走出去"

琴行已经不是 L-One 团队联系的第一家商户了,他们此前还主动为北京一家乐器店提供过网络营销服务,要知道,L-One 团队的大本营是在江西南昌,他们却"大胆地"在初次寻求校外合作企业时,就把触角伸到了相距千余公里的北京。

第一次合作的结果是苦涩的,由于缺乏对对方的了解,合作进行到一半,北京这家乐器店就倒闭了,L-One 此前的付出血本无归。第一次合作虽然失败了,但是 L-One 的成员却做了很多在校大学生不敢做,甚至连想都没有想过的事——走出校门,与陌生的企业界人士"谈合作"。

---

① 资料来源:创业团队优秀案例[EB/OL].(2017-03-29)[2018-10-20].http://www.xuexila.com/chuangye/zhunbei/998799.html.

像 L-One 团队这样走出校门去"闯荡"，碰一鼻子灰以后从头再来的创业团队，陈福刚见得"实在太多了"。分管学生工作的陈福刚从 2007 年底就开始接触全国大学生网络商务创新应用大赛，"最早是在学校里选拔优秀团队参加第一届比赛，带队来参赛，这一次，我是作为团队指导老师过来参赛的。"他指导的团队——"城市符号"团队在本届大赛中成绩斐然，获得了专科组的一等奖。他们的项目主题是通过旅游文化的传播带动特色产品的销售。

令陈福刚感到欣喜的不仅仅是获奖，他更为学生们能成功"走出去"而感到骄傲，"你知道吗，我们团队与 5 个省 30 多家旅游产品生产厂家签订了网上代销协议，还和几个地方旅游局谈成旅游推广项目，既卖产品，又推广旅游文化。"

来参加决赛前，陈福刚陪着团队熬了五六个通宵，改进网站页面设计，搜集资料，为的是让团队第二天"走出去"与社会上的企业"谈合作"更有资本，"他们都是还没毕业的学生啊，你知道这些经历对他们今后意味着什么？！"

【思考题】

你认为该创业团队的优势在哪里？

【理论讲解】

一、具有敏锐的商业意识

商业意识非常重要，是一种能够贯彻于商业的诸多环节的思维想法。一般包括以下几点：市场洞察力，发现商机或者发现问题；反应能力，制定相应策略；执行力，策略制定后强大的后期执行能力。真正的创业者，会在他创业之前、创业中和创业后，始终面临着识别商机、发现市场的考验。他必须有足够的市场敏锐度，关心市场，独具慧眼，可以宏观地审视经济环境，洞察未来市场形势的走向，以便做出正确的决策来保证企业的持续发展。商业意识伴随企业发展始终，不仅仅是企业创始人应该具备的，企业的其他人员也都应该有商业意识，要懂得把握市场机会，抓住商机，利用资源，开拓市场。

【案例分析】

中国式合伙——"一米购"[①]

朱宏亮，1 米 CEO，南京信息工程大学英语专业 2013 届毕业生。2013 年 4 月——

---

① 资料来源：南京信息工程大学创新创业教育中心创业案例库.

2013年12月期间,担任江苏省文化产业商会秘书一职。

万佳男,1米COO,南京信息工程大学汉语言文学专业2013届毕业生。2013年5月—2013年12月期间,担任南京晋江商会秘书一职。

罗　崇,1米CPO,辽宁渤海船舶职业学院2011届毕业生。2011年6月—2013年12月期间担任江苏熔盛重工有限公司助理工程师一职。

马　野,1米HRD,南京信息工程大学2011届毕业生。

李祥雷,1米MD,南京大学金陵学院2013届毕业生。

众里寻她千百度

他们就是"歪范儿"合伙人,秉着抱团打天下的信条,于2013年5月开始传统行业创业尝试,凭着对小资情怀的追求,在南京信息工程大学中苑家属楼自建了"歪范儿咖啡屋"、"歪范儿清酒吧"。但是由于缺乏市场分析能力,在做了一些加盟尝试后,终因入不敷出,两家店相继关门。

当然,他们并没有因此停止脚步,在咖啡店失利后,又转战纯手工制造业——DIY木木书架,为学生打造一款专属的个性书架,还学生一个整齐干净的学习环境。每逢新学期伊始,DIY木木书架全校热卖,但是产品本身原因以及制作时间等问题,导致经营时间存在局限性,是一个好谋生,却不是一个好项目。

尽管如此,他们并未放弃折腾,在2014年4月1日自建了近两年很火的"真人密室逃脱"。项目本身市场前景广阔,但由于筹建成本太高,不利于发展壮大,成为连锁。

在经历这三个项目尝试之后,他们越来越意识到寻找一个好项目的重要性。就在此时,校园"O2O"风潮席卷而来,他们受到启发并结合自身90后"宅文化"的特点以及对"懒人经济"的需求,于2014年6月开始筹划,大胆地提出了"重建商家与消费者之间信任"的想法,创新性地构建了"解决学生最后1米需求"的极致服务理念。在想法与服务理念的大方针下,于2014年12月,仅以一个小小的"1米盒子"为切入点,以"花钱帮学生囤货"的"愚蠢行为",孕育创造了1米项目OTO运营模式。

用心的"傻人"总会有"傻福",这个看上去毫不起眼的零食小盒子受到了广大学生的青睐,三个月内"野蛮"生长,"1米盒子"实现了盈利,但却一直在靠人力维持整个系统的运转,整个OTO模式显得有些跛脚。"歪范儿"合伙人知道必须解放人力,实现操作流程的信息化、互联网化,才能实现快速扩张。

相逢何必曾相识

陈跃,1米CSO,南京高成文化传媒有限公司总经理,创业10年。

1米的扩张迫在眉睫,摆在"歪范儿"合伙人面前的一个现实问题就是资金。于是他们开始摸索着寻找投资人，南京高成文化传媒有限公司的陈跃不是最后一个投资人，却是一个雪中送炭的天使，"歪范儿"合伙人与陈老大相识于微信创业群，在简单交流之后，陈老大当即要求与合伙人们见面。作为80后的陈老大思维开放，80、90相聊甚欢，一拍即合。在陈老大200万资金以及南京乃至全国各大高校团口资源的涌入下，1米在南京各大高校以及连云港大学城炸开了花。融资不到一个月，在南京信息工程大学、南京工业大学、南京科技职业学院、南京中医药大学、金陵科技学院五大高校，浦口、仙林、江宁三大学区迅速布点，发展有效货架700余个，近2000个高信用活跃APP用户。

1米能够在短时间取得这样不错的成绩，得益于陈老大在战略上的精准考量，他认为"让学生自己管理本校或本区域内的生意，构建自己的团队，一来减少外来者进入的壁垒，更容易铺开；二来也能够满足大学生强烈的创业需求；第三，线下物流的'重'则迎刃而解了。"

抟扶摇而上者九万里

一米快购的思路是：不要将消费者仅仅作为买方，而是真正地将参与感和互动、社交属性赋予到平台之中，充分融入学生的日常生活中。朱宏亮说："真正的互联网思维不是一夜暴富和粉丝经济，而是'羊毛出在狗身上'，把眼光放远，最直接的利益也许并不是你的直接用户带来的，而你的任务不是赚钱，而是怎么让用户玩得开心，用得舒心。"

一米快购在这个年轻团队看来远不止校园"O2O"这样简单，这只是第一步，他们想做的是一个能满足学生各种需求的校园平台。"如今我们只是满足了学生的'口袋'，未来要延伸到'脑袋'。"提供零食、日用品是一米快购的切口，当用户量增加到足以影响整个校园时，一米快购会将旅游、联谊、培训、就业，甚至是创业联盟纳入其中。

点评：好的商业意识是创业者必备的一个意识，每一个创业者都应有很强的商业意识和善于思考的头脑，在工作中多角度去思考，把握机会去创业。

二、具有强烈的创业欲望

想创业成功，创业者就必须具有实现自我价值的强烈欲望和开拓创新精神，这也是创业精神，是创业的动力，是成功创业的前提。欲望，就是你的目标，你有什么样的欲望，对创业成功非常重要。某高校一学生想创业，负责人向很多同学介绍了自己创业的想法，很多同学都认为他不可能成功，风险太大，但他并没有放弃，依然坚定地去找合作伙伴，历经2个月，他找到了2名合作伙伴，他们3人都有很强的创业欲望，并一起参加了创业培训，经过一段时间的推进，他们注册了自己的公司，潜心经营，并很快实现了盈利,还得到了当地政府的免息贷款,企业规模进一步扩大。这充分说明了创业者的欲望和开拓创新精神对创业成功的重要性。

三、具有良好的团队意识

团队(Team),是企业的核心,包括人、目标、管理、计划、财务、市场等多个方面,更是把握企业命脉的核心,在企业的日常运营、管理、营销等工作中起到决策作用,因此,团队意识对创业成功至关重要,团队成员一般3~5人即可,不宜偏多,团队意识包括什么,各有见解,一般包括目标意识、合作意识、诚信意识、风险意识等。如某高校一个创业团队,由5名在校大学生组成,都很有创业欲望,项目也挺好,3月份注册了公司,注册公司后,因为股权和费用问题发生了争执,个别学生想退出,使团队每个人都承担了风险,更是每次讨论项目时,个别人因学习、生活等,不能积极参与项目产品的研发和讨论,团队成员矛盾进一步加大,连续亏本5个月后,就注销了公司。这个案例说明了团队的重要性,在后期,这个团队的负责人也意识到了团队意识太重要了,他又去寻找志同道合的创业合伙人,成功创办了自己的企业,并实现了盈利。在创业过程中,团队和人才,是左右创业企业生存发展的核心要素。

四、具有优秀的创业品质

具备优秀的创业品质,如自觉性、坚毅性、自制力和勇敢、果断的品质等,对企业生存发展有着十分重要的作用。你确定要创业,那就要坚持,不要怕麻烦、不要怕困难。自觉性、坚毅性、自制力是人的一种精神体现,更是工作上和创业行动中不可缺少的品格。勇敢和果断的品质是处理好事情、应对复杂多变市场环境的必备品质。大学生创业路上是艰辛的,充满挑战的,很多大学生创业初期,遇到困难时,因为缺乏自律、坚毅、勇敢等品质,而导致创业失败。

五、具有正直守信的品德

毫无疑问,任何一个创业成功者,都离不开正直、守信,还有对社会的责任感。诚信,是做人之本,也是创业之本,市场经济的发展,没有诚信的企业是无法生存下去的,企业也承担着对社会的责任,促进市场经济良好发展,自觉遵守市场规律,才能使企业向着良好方向发展。

【案例】

做自己想做的事,用正能量影响更多的人

王利智于2010年进入南京信息工程大学学习,攻读公共管理学院行政管理专业。在校期间，王利智可是美女兼学霸。2014年毕业后的她更是拥有了"美女创客"这一身份。在2015年7月的上海市Ucloud"创业50小时"大赛中荣获第二名；2017年1月8日在2016—2017年度美国代顿大学创业大赛亚洲区决赛上荣获第二名（经初赛选拔，共有10支中国队伍和2支越南队伍的41名参赛选手晋级）。改变王利智的，还有一个重要的身份，那就是——贝贝帮的联合创始人。

2013年10月，她开启了人生第一次创业经历：和第一位合伙人——她的母亲一起开办了一家美容院。对于爱美的女生来说，也许这是一件听上去很令人羡慕的事情。然而从商的过程对于未曾毕业、又有些心高气傲的王利智来说，却略显艰辛。

经营半年后很快遇到市场拓客的瓶颈，也就是这半年，她感觉自己的知识面、经历与见识都太过于短浅。于是，她想尽办法参加各种培训和学习。在经营7个月后，美容院迎来了第二次活动，经营状况终于达到了盈亏平衡。

然而原本看上去一帆风顺的事业和生活，却在临近毕业的时候让她顿觉迷茫：难道这就是她要的安逸生活？难道她要在这样的现状里度过一生？难道她要在预设的情节里嫁人生子，过着大家眼中的优质生活？不！她告诉自己：一定不是这样！虽然还不清楚未来会如何，但是她坚信一定不是这样。

2014年7月，王利智做了一个决定：闯荡上海滩！在和家长尤其是她的"合伙人"商量后，得到了父母的支持。父母虽然有些担忧，但他们也理解："年轻嘛，总是该折腾折腾，去闯一闯的！"于是她带着一份莫名的信念与执着以及3000元，开启了在上海奋斗的生活！

住在800元的合租房里，王利智说这样的生活简单却不失快乐。来上海后的一年间，她在SCC国际供应链理事会从市场部助理逐渐升为专员、资深专员、见习经理，忙碌且充实，但她深知这并不是终点。

2015年8月，王利智有幸结识了她的哈佛商学院MBA毕业的创业恩师和贝贝帮的创始人。当时贝贝帮还处于团队搭建阶段，深入交谈后，她有了从未有过却似曾相识的"创业使命感"。于是她毅然辞职，投身于贝贝帮的创业之中。

历经两三个月的奔波，上海团队初步建成，并开始疯狂地野蛮生长，贝贝帮从刚来上海的人生地不熟，到"占领"上海十多所高校、覆盖主城区，王利智的加入使得贝贝帮在上海落地生根。

一路走来，小伙伴们一起奋斗了无数个日日夜夜，风里雨里做地推、方案讨论不分昼夜、培训一场又一场。有时候遇到客户的投诉委屈到哭，可是依然微笑着处理；有时候因为提案"唇枪舌剑"、头脑风暴12个小时以上，但贝贝帮的小伙伴们从不觉得苦，因为她们热爱这件事，并始终坚信：天将降大任于斯人也，必先苦其心志！

如今80后的父母好多都是双职工，孩子3点多就放学了，但是父母一般6点多下班,所以 3 点到 6 点孩子的陪伴问题就很难解决。贝贝帮正是为解决这一社会痛点而生,专注为 3~12 岁孩子提供优秀大学生一对一私人陪教。

该平台的教师资源是在校大学生,家长只要有需求就可以通过贝贝帮实现学生和家长的对接。贝贝帮一路走来,已经覆盖了上海、南京、苏州,估值也已达千万。

贝贝帮以其优秀的创业成果,在美国代顿大学创业大赛亚洲区决赛上荣获第二名佳绩。之所以能够获得如此奖项,是因为贝贝帮以"启发式陪伴的陪教理念"、"服务执行标准化"赢得家长与学生们的心,解放了家长的时间,解决了放学后"三点半"这一社会问题,具有一定的社会意义。贝贝帮是家长的信赖帮手,孩子的良师益友,大学生的价值平台。这也是她所坚守的贝贝帮的使命和社会价值所在。

大学毕业后的她一直对自己想做的事有些模糊,但是却很清晰地知道绝不要平凡地度过一生。王利智说:当我认准了一件事,并且方向是对的、是自己爱的,那就坚持下去,有时候不用太纠结,做就对了!

"生来就知道自己要做什么事情的人我没有见过,但是我坚信只有努力拼搏,才能完美地书写自己的人生!我会一直坚持创业、坚持努力、坚持初心,做自己想做的事,用正能量影响更多的人!"

点评:笔者和王利智交流多次,她很有魄力,做事不推诿不拖拉,责任心强,参与很多公益事业,很难得,很有创业的情怀。

六、具有感恩意识

感恩是一种生活态度,是一种美德,它更是一种责任意识、自立意识、自尊意识和健全人格的体现。懂得感恩,是每一个人应该具有的。而成功的创业者,更要有感恩意识。企业家的一个特质那就是感恩情怀,许多企业家在成功之前也得到过很多人的帮助和支持,他们珍惜当下,懂得感恩,回馈社会,服务他人。

【企业感恩文化分享】

感恩意识[①]

感恩是点亮一盏心灯,感恩是绘出七色彩虹,感恩是担当起责任,感恩是向往着成功。

---

① 资料来源:感恩意识——国基控股有限公司企业文化[EB/OL].[2018-08-01]. http://www.gjkgjt.com/about/? 111.html.

企业建设感恩文化，即是将中华民族优秀传统文化植入到企业的生产经营活动中，以企业繁荣发展、员工共享成果和践行社会责任为根本，构建企业与员工，企业与企业，员工与员工，企业与社会之间的相依相存的良性互动关系，形成企业深层的运行秩序和价值灵魂，最终实现推动企业发展的最快化、促进员工发展的最优化和贡献社会发展的最大化。

营造企业感恩文化，要求企业的领导层和管理层首先具有忠诚企业的意识，不断创新管理理念，培养员工的责任意识，鼓励员工创造性地工作。由此感恩意识才是活水源泉；感恩文化才能根深叶茂；企业内涵才会更加丰厚，企业效益才能与时俱进。

企业感恩文化需要一个"公平公正"以及"责、权、利"有机统一的制度体系的支撑。企业感恩文化应是一种基于领导者、管理层、员工自身需要的文化行为和理念，意味着平等与尊重、付出与回馈。员工是企业创造价值的主体，企业要对员工有感恩之怀，企业是员工的发展平台，员工应对企业有感恩之意，社会支撑着企业的经济活动，企业要对社会有感恩之心。

一、感恩文化

要素进行整合后形成一个创造财富的平台。资本、劳动、资源、管理、技术通过这一平台形成对经济信息的分析甄别能力，对生产工具的配置调试能力，对生产过程的控制修正能力，对经营模式的变革创新能力，对高新技术的消化吸收能力，对行业发展的判断促进能力。企业中的每一成员得以发展，得以实现价值，得以获得尊敬。感恩企业的意义正在于此。在企业中，你的力量会放大；在企业中，你的才智会激活。你因企业而自豪，企业因你而成长。

二、感恩合作

市场经济也是分工经济，分工就须合作。企业要发展，经营要效益，我们的发展壮大离不开合作。(1)合作多了朋友多，合作广了信息广，合作大了本领大，合作好了经验好，合作深了感情深。回首很多企业发展历程，承载着多少合作的信任，瞻望企业美好明天，蕴含着各界真诚的关爱。(2)感恩他们，回报他们，就是激励自己，完善自己；这是企业不断发展的道德支点，这是企业走向辉煌的力量所在。因为感恩，诚信、和谐、共赢，成为我们一切工作的出发点。

三、感恩员工

员工以工作、劳动为企业创造效益，他们是企业宝贵的财富，他们为生活创造了美好，他们让劳动体现着尊严。感恩员工，一个优秀企业除了事业留人、待遇留人、工作环境留人外，营造企业感恩文化氛围就是文化留人，使人在感恩文化中能充分感受到受到尊重、心理满足、存在的价值和荣誉感。企业内部要保持相对畅通的信息度，尊重员工的权益，企业重大决策、方案制定须有员工共同参与，使员工认同企业的价值观。

四、感恩创业

创业是一份情怀,激荡着弄潮儿在涛头立;创业是一种睿智,昭示着天生我才必有用,创业是一种责任、一种使命、一种担当。我们感恩于创业的担当,让我们书写着自立、自尊;我们感恩于创业的欣赏,让我们收获自信,自强。

五、感恩社会

社会是企业存在的环境,社会是人的活动条件,没有社会,一切意义不复存在。没有社会,任何活动失去方向。人有意义在于社会价值,社会价值在于人。企业是社会的组织,它在社会中组成,在社会中运行,它根据效益原则开展活动,它所创造的财富服务于社会,它的创富过程不得损害社会,企业要以担负社会责任来打造企业的强势文化。

企业文化有三个质类,即物质文化、制度文化和精神文化,感恩文化属于精神文化范畴。企业构建感恩文化的重要体现就是企业自觉履行社会责任;直接体现在员工共享企业的发展成果。

企业可持续发展的实践就是要在经济、社会、环境三者之间寻求平衡,在企业、员工、社会之间营造和谐,积极承担社会责任,切实维护员工权益和股东权益,这就是一个企业践行感恩文化的全部内涵。

因为感恩社会,我们诠释着立己达人。

因为感恩时代,我们不懈的拼搏追求。

因为感恩合作,我们坚持着和谐共赢。

因为感恩企业,我们不断地迈向卓越。

因为感恩员工,我们关注他们的成功。

【思考题】

1. 你身上具备哪些创业素质?优势和劣势有哪些?
2. 如何组建创业团队?你认为团队精神的内涵是什么?

【阅读延伸】

另眼看"人生创业五阶段"[1]

每一个人在不同的年龄段,有着不同的心态、认知、思维、能力、优势、资源及价值

---

[1] 资料来源:另眼看"人生创业五阶段"[EB/OL].(2014-05-13)[2018-05-10].http://web2.nuist.edu.cn/cyjyw/2013-3/2013 32315303.html.

观和人生观。要使自己的一生能量得以充分的发挥和利用，首先需要用心去认识和把握自己人生中每一个阶段的优势和劣势，然后，正确做好人生中每一个阶段的成长与发展抉择。一旦方向和路线已定，就不要害怕山高路远，道路曲折，就要正视现实，扬长避短，化短为长，发挥优势。如此，才能在人生每一个阶段中创造出斐然的成绩。

优势就是竞争力。在一定程度上说，人生实现成功的过程就是一个不断挖掘优势、培养优势、发挥优势的过程。然而，不同的年龄段，却有着不同的优势。过了这个村，也就没有那个店了。因此，每一个人都需把握好自己每一个人生阶段与生俱有的优势，并借助一切可以利用的资源，将这种优势发挥到极致。从心理和生理的视角看，学习力和创造力最佳年龄段，一般认为是20岁至45岁左右。根据1500年至1960年近500年的统计数据表明，在世界1249名杰出科学家和1228项重大科研成果中，40岁以前做出第一项重大发明创造的占1/3，世界上重大发明中的60%是40岁以前的人创造的。美国学者莱曼在统计数千名科学家、文学家、艺术家、教授的年龄和成就的背后发现，创造发明最佳年龄段为25～45岁之间，中国科学院1978—1979年统计数据显示，获重大科技成果奖的人当中，30～50岁的人占88%。

古代有这么一个说法，三十而立，四十不惑，五十知天命，六十花甲子，七十古来稀。处在不同年龄段，自己在事业、阅历、智慧、经验等方面也都各不相同。从广泛意义上看，创业是每一个人的生命和生活的重要组成部分。但人生每一阶段的创业成绩的大与小、优与劣，与其在相对应的年龄段所具备的优势能否得以充分发挥有着一定的关联性。从心理发展的角度来看，人生创业大致可以划分为"奠基期"、"冲刺期"、"鼎盛期"、"平稳期"及"享受期"等五个阶段，简称为"人生创业五阶段"。

(一)创业奠基阶段：20岁～29岁

这个阶段有点像老虎。对世上所有的事情产生极大的兴趣和期待，并希望马上就能负起责任，激情奋发，虎视眈眈，高瞻远瞩，很有一番抱负，很想干一番大事。雄心勃勃，虎虎生风，以证实自己还行。敢冒风险，敢挑重担，敢于竞争，勇往直前。体力、智力和精力都处于增长期，脑瓜灵活，敢做敢闯，创新力和学习力都很旺盛。但这个阶段做事往往缺乏理性思考、容易冲动，方向不明确，显得不成熟、不稳健，同时不乏为生活中的金钱和爱情所烦恼。

不管是创业，还是职业，这个阶段的重心应放在学习上，从书本上学，从实践中学，学习理论知识，磨砺技能本事，改善心智模式，提升人格品质。从实践中不断学习和感悟创业，积累创业资源(如人脉、客户、资金、经验、项目等资源)，修炼创业能力(如判断、社交、沟通、计划、组织、指挥、监管、协调、销售、策划、承压等能力，以及发现问题、解决问题的能力)，培养创业精神和创业心态，积淀创业实力，甚至创造机会，开展一系列模拟创业活动。但处于这个阶段的人们，往往会心浮气躁、急于求成，忽略了创业力铸造的过程,光凭着一腔热情,匆匆地去创办了企业。

建议:处于这一阶段的人们不要急于筹钱去创办企业,首先应去寻找或创造机会,完成模拟创业的过程,并从模拟创业过程中,悟出项目甄选和项目运转之中的道理,以及真正认识自我,在全面审视自身已有的资源之后,才去工商注册企业。或许,有人会问,如何去找模拟创业的机会和平台?其实,这种机会和平台是十分之多的,只要自己转变观念,可以把工作岗位视为自己创办的小企业,然后,有效地整合各方资源优势,用心地经营好这个岗位。如果能够出色地把所在的工作岗位经营好,并创造出岗位价值,甚至创造不可替代的岗位价值时,也就能出色地把一个企业经营好。一旦创造出了不可替代的岗位价值,不仅获得了创业经验、创业思维及价值认可,更能像一块磁铁一样聚集各种各样的资源,如人脉、项目、资金、团队、市场等。

(二)创业冲刺阶段:30岁~39岁

这个阶段很像狼。体力、智力和精力均处于充沛期。孔子说过,三十而立。三十以后才明白,该干的事一定要干。对人生的思考发生了巨大变迁,主要聚焦于"能人与庸人",最典型的特点是男人把自己当作尺子去与别人比对,女人则把自己的丈夫或孩子当作尺子。如何出人头地、某事件的成败、某人与某人在发展上的对比等话题,已成为老生常谈。

面对残酷的现实和自己的年龄、职业、条件和压力,不甘落后,不能再失去机会,这个阶段又感时间紧迫,光阴似箭,不敢懈怠,否则将会被淘汰,将碌碌一生。不惜身体、感情和生命,争强好胜,不畏艰险,拼死拼活,有饿狼扑食之勇,眼冒蓝光,生杀掠夺,力求为自己的后世和后人打下坚实的基础,此可谓:"狗走天边也吃屎,狼到天边也吃肉。"

这个阶段是最艰难的,也是最精彩的。有了"创业奠基期"扎下的基础,不仅是在创业知识和经验得以积累,创业能力得以磨砺,而且创业资源得到了很大的积淀,具备较强的创业实力。在对自身的优势、劣势及机会和威胁充分认识和解析之后,确实需要集中一切可以发挥的精力、调动一切可以调动的力量,全力以赴地把项目运转起来、把事业推向一个高度,创造人生价值和社会价值。如果一个人到了三十四、五岁,还看不出一点点成功的端倪,甚至还在摸索、彷徨的话,根据一些行业研究专家的观点,那么,他的前途大致已定。

(三)创业鼎盛阶段:40岁~49岁

这个阶段有点像马。体力、智力和精力处于充沛向平稳倾斜期。孔子说,四十而不惑。对社会、生活及人生都有了较为深刻的认识和理解,以及对万事万物都形成了自己的一套理性评判标准。人很成熟老到了,为了自己认为值得一拼的事情,仍然还会如同前二十年一样,依然凶猛顽强,势头不可挡,充满冲劲;相反,自认为不值得去做的事情,即便前面有着巨大的诱惑,也会三思而后行了,绝不会因一时冲动去做一件事情。但对于情感、家庭、朋友,则显现出柔弱的一面,好像经过了几十年的沙漠风尘后,又见到了似曾相识的绿洲,如此地渴望与珍惜,如此地留恋与多情,不再像年轻时的桀骜不驯和自重寡情了。

有了"创业冲刺期"创造的成绩,再加上创业冲劲尚未减弱,继续有目标、有计划、有步骤地向前奔跑,此时,人生的事业将出现高峰。根据调查研究表明,一个真正有实力的人,到这一阶段不仅几乎可以独当一面,而且成就一番大业。

(四)创业平稳阶段:50岁~59岁

这个阶段很像家狗。体力、智力和精力处于稳定期。此阶段最大特点,可以用一个"忠"字概括。不仅会忠于一切,并付诸实际行动,而且以忠为核心价值取向,去要求他人,去衡量他人,去批判他人。围绕以"忠"为中心,去分辨和区分"好人"与"坏人",因为这个年龄段的人已经抛弃了所有不切合实际的幻想,更多地从自身的角度去思考问题,更多地回忆逝去的过去,更多地总结和感悟人生路,自然就会把各种各样的人以"好人"与"坏人"进行分类。但仍需要发扬创业精神,保持事业处于稳健发展状态,以赢得可持续地发展。

(五)创业享受阶段:60岁~

这个阶段有点像猪。体力、智力和精力处于疲惫期和衰退期。一生基本定型了,也没有了大奢望。往往会以"活人"和"死人"为主题,去思考人生的意义,最常见的、最典型的方式,就是"有些人活着与死亡没有什么差别;而有些人已经死了,但却影响着一代活人"!

第三节 影响创业成功的因素

【本节要点】

根据中国创业招商网统计,90%的人曾经有创业冲动,其中60%的会付诸实施,但是其中仅有10%的人会成功,想创业成功,除了与自身素质有关外,还涉及方方面面,需要创业者认真思考,如:你的团队如何,项目怎样,核心技术是什么,特色和优势在哪里,市场需求和容量有多少,你的资金来源等,都对创业有很大的影响。以上问题解决了,创业成功就在眼前。

【案例导入】

从本征方程到先磁新材料[①]

王鹏，先后创办南京橄榄枝生物科技有限公司、南京先磁新材料科技有限公司。其中，先磁公司获得中国江苏创新创业大赛总决赛一等奖和第三届中国"互联网＋"大学生创新创业大赛全国金奖、季军等多项荣誉；橄榄枝公司曾获得南京大学首届学生创业计划大赛特等奖、中国创新创业大赛总决赛优秀企业等多项殊荣，是科技部动态跟踪的企业，获得中央财政奖励支持。

从知识到产品

"第一次接触波动方程，是在高中学习化学竞赛时。只知道它是一个本征方程，其他就再也不懂了。后来学校从北京大学请来老师讲解，仍然是如坠云里雾中。"王鹏这样描述他最初求学时的经历。"后来研究生的时候，在实验过程中我们发现了与预期不符的现象，发现经典化学理论难以解释，而运用基于本征方程的量子理论，这个问题得到了圆满的解答。"王鹏从此与这些方程和理论结下了不解之缘。

一个很偶然的机会，他有幸听到来自美国华盛顿大学资深材料专家的课程，为他打开了一扇新的窗户。在其后的求学过程中，王鹏和现在团队的伙伴们潜心研究波动性本质以及材料结构与性能等方面的知识。一次偶然的机会，王鹏得到了美国和日本的黑灰色片状材料，"它有很好的吸波导磁性能，但国内很少有人能做出来"。

其中令王鹏印象深刻的，是客户各种天马行空的要求。面对这些本来很难实现的要求，团队对每一个客户认真负责，对每一个要求认真论证。在先磁人用自己的知识和智慧解决这些要求的过程中，逐渐将最初仿制的产品更新换代，逐渐形成了自己产品的鲜明特色。通过这样的改进，先磁产品在世界上首次实现了 3G、4G、5G 信号的近场通讯。"这个技术应用在交通领域可能会让公交卡成为历史。"正是基于先磁材料的优越性能，"有位韩国客人不再做美国和日韩上一代产品的销售，转而代理我们的产品。"

创业之路

尽管可以选择其他的方式去体现人生价值，但他还是义无反顾地投身到创业当中。在创办先磁公司之前，王鹏已经创办了第一家公司——南京橄榄枝生物科技有

[①] 资料来源：南京大学创新创业与成果转化工作办公室.专访"互联网＋"大赛季军得主王鹏：从本征方程到先磁新材料 [EB/OL].（2017-10-25）[2018-04-20]. https://ndsc.nju.edu.cn/69/e1/c11250a223713/page.htm.

限公司。创办这家公司前,王鹏曾放弃了大型跨国公司给出的待遇优厚的岗位。"既然有了创业的想法,并且迈出了第一步,就要坚持下去。"爱折腾的他在这条路上披荆斩棘,从无到有地一手将"橄榄枝"创办起来。

王鹏团队的核心成员主要来自在南京大学读书期间的同学。"很有幸认识了王悦,他非常优秀,当年没有参加高考就凭借优异的竞赛成绩保送到南京大学。也很有幸在学校组织的活动中认识了夏玮奇,他们都成为现在创业团队的核心成员。"正是南大人的智慧与执着,成就了团队的事业。

"创业其实充满了不确定性,像不确定方程一样,想要做出确定的贡献就要让另一些东西变得不确定。"国内缺少制作材料的设备,团队就硬着头皮自己设计;做出来的工艺出现问题,就另辟蹊径,通过改进材料的化学组成,在不断摸索之下,反而挖掘出独特的工艺和产品。

扎实的基础为"先磁"提供了坚强的后盾,果决而勇于开拓的精神为"先磁"塑形,这是先磁扬帆的起点。

有趣的科学

从最初对本征方程的研究,到深刻地理解物质运作的本质规律,再到学以致用制作出具有顶尖水准的薄膜材料,王鹏和他的团队正在以行动对生活的点滴做出改变。

高质量的吸波导磁材料就如同二极管和三极管,尽管不被人看见,却作为"无名英雄"为生活的各个方面提供便利。无论是NFC功能在手机中的植入,无线充电技术,射频识别技术,都和导磁材料有着密不可分的关系。这些有趣和方便的功能将逐渐在我们的生活里慢慢扩展。

不同的是,我们享受着"有趣"的表面,而王鹏,则沉浸在"有趣"的科学之中。

"有趣"在某种意义上讲有着不可名状的魅力,它既代表着事件本身的吸引力,也代表着它于对象的特殊性。化学对于王鹏来讲,是爱好,也是事业,它们叠加在一起,便成了有趣。听老教授讲圣经,给妻子"复制粘贴"做出一瓶"兰蔻",编写化学竞赛的参考……这些不平常的经历不胜枚举,他的"有趣"人生围绕着化学和材料徐徐展开。

平静淡然且脚踏实地

在采访的开头王鹏是这样介绍自己的,"我自己在大学期间有过小的创业,拿过一些奖学金,也做过一些学生工作",而在简历上我们可以看到,他所说的小创业,是在大学期间做化学竞赛的教辅,并且取得了相当优厚的报酬。"一些奖学金",则是国家级的研究生奖学金;"一些学生工作",则是化学化工学院的研究生会主席。

王鹏并不像是呆板印象中的"理工男",他看起来尔雅且谦逊。很有意思,一个从履历上看起来相当学霸的人,却不认为自己是一个学霸。他的每一步,都是踏踏实实地走下来的。看书、学习、钻研、拿到好的成绩。看起来平凡却又相当不容易。

问及对后辈的建议,他只提及了一点——"不管你是否创业,一定要学好基础知识"。很多知识并不是立即能够显示出效用,但是一定会在某个关键的时刻跳出来帮你一个大忙。尽管大学的生活很自由,无论是上课还是娱乐活动都没有过多的约束,但是你花时间去做的东西,总有一条会加倍地回报给你。

点评:笔者和王鹏当面交流过,他很有企业家的素养,为人谦虚,敢闯会创,是当代大学生学习的创业典型。

【理论讲解】

一、你的团队

你能不能找到志同道合、同甘共苦的合作伙伴非常重要,尽早组建团队,优化团队,还要管理好团队,任何一个企业,都很重视团队的建设。马云曾经说过,建立一支高效的团队非一日之功,高绩效团队的根本特征,在内部结构方面,包括共同的远景或愿景,共同的目标与有效的策略,高素质的成员,高效的沟通,高效的领导以及承担重要责任的权利和义务;在外部环境方面,可以概括为责任与权力的统一,激励与约束的统一,指导与支持的统一以及与外界的融洽关系;在文化方面,主要包括团队充满活力与热忱及团队成员不断进取。马云曾经面对媒体说过这样的话:今天的阿里巴巴,我们并不希望它是由一些精英组成的精英团队!如果只是精英在一起,那他们肯定会做不好事情!我们的团队都是一些平凡的人,平凡的人在一起做一些不平凡的事情,这就是团队精神!因此,组建企业自己的团队是创始人的职责也是责任,团队就要有团队精神,是企业发展的核心,更是创业成功的重要因素。

二、你的项目

中国创业招商网在对创业者的调查显示:80%的创业者在创业前期都感到确定创业项目"十分头疼"、"很难抉择";在创业失败的案例中,有60%的人觉得是"创业项目不对头"或"创业项目选择失误";而在成功创业人群中,70%的人都认为是"良好的创业项目成就事业"。选择项目既然如此重要,那么究竟该如何选择项目呢?中国创业招商网的专家认为,在创业之前,创业者一定要改变一个观点,那就是创业项目没有最好的,只有合适的。大多数失败的创业者都是没有选好合适的项目。创业之前,你要想清楚你能做什么项目,能提供哪些产品或服务,你可以根据自己的专长、兴趣、资金、资源等选择项目,要把握项目切入的时机,考察项目的稀缺性,要进行细分市场定位,进一步选择自己熟悉并有优势资源的项目,同时强化领导者和团队能力,迅速投入市场。选择好项目的步骤:确定项目是否熟悉、评定项目在当地是否有人经营、评估项目未来发展的前景、评价自己的综合实力、进行实地考察、组织风险评估、最终确定合适的项目。

三、你的资源

靠山吃山，靠水吃水，创业者要思考自己的资源有哪些，包括人脉、经验、知识、管理、服务、资金、技术等多个方面，创业者获取创业相关资源的目的是为了整合这些资源获得创业成功。霍华德·史蒂文森说过，创业者在企业成长的各个阶段都会努力争取用少量资源来推进企业的发展，他们需要的不是拥有资源，而是要整合和充分利用这些资源。

四、你的技术

技术是指专业的知识和技能，一般每个企业都有自己的技术研发团队，有核心技术、领先技术等。创业者或创业团队拥有的技术越多，越有利于创业成功。大学生创业团队要结合自身专业技术优势和特色，努力把项目做好，明确用户需要什么，解决了什么问题，市场的痛点在哪里，明白盈利模式，精心打造属于自己的产品或服务，突显核心技术，努力做到具有不可复制性和不可替代性。如果你所创办的行业，你自己本身不擅长或不具有该项技术，要么就要聘请专业技术人才，否则创业成功概率就很低。

五、你的资金

想创业，必然离不开资金。开办企业需要资金方面有很多，如支付工资、设备费用、办公费用、材料费、租赁费等。创业者要在精打细算中筹建所需资金，一般资金来源包括自有资金、他人借款、银行贷款、吸引融资、他人投资等。多数创业者的主要资金来源于自筹和银行贷款。要合理规划资金的投入，让其实现效用最大化。

【思考题】

1. 如何选择创业项目？
2. 影响创业成功的要素有哪些？

【本章小结】

创业者要了解国家的创业政策，充分利用好政策，积极推进创业项目。同时，创业者要结合自身优势和实际，从商业意识、团队管理、项目挖掘、资源利用、核心技术、资金实力等方面出发，敢闯会创，实现成功创业。

第五章 规避误区

【教学目的】

通过对大学生初创企业可能产生的误区的讨论,帮助大学生识别、规避误区,掌握走出创业误区的方法,坚定创业信念、培育创业精神。

【知识点】

1. 创业者主观认知误区及走出误区的对策;
2. 创业团队组建的误区及走出误区的对策;
3. 创业行为误区及走出误区的对策;
4. 创业资源整合误区及走出误区的对策。

【重点和难点】

能够识别、规避误区,掌握适当的走出创业误区的方法。

【本章要点】

创业是一条很特殊的路,我们可以看见他的起点,却看不见他的终点。一个创业公司因单个原因而导致失败的情况很少,同样,大学生创业失败的原因也是多种多样。本章将从创业者主观认知、创业主体情况、创业行为误区及创业资源整合等角度,针对大学生创业中可能面临的几种常见误区展开讨论,并提出相应的应对策略。

【案例导入】

少听成功学,多看失败教训[①]

中央电视台《赢在中国》第一赛季晋级篇第三场选手 A,正在畅谈如何打造有中

---

① 资料来源:马云.忠告创业者:少听成功学讲座[N].中国日报网,2012-04-13.

国特色的大型国际连锁餐饮巨头的创业设想,争取把成功学的一些理念和健康餐饮结合在一起,发展成连锁经营。

现场评委、阿里巴巴总裁马云提问:如果你有一个精英管理团队,其中有医疗专家、食物专家、营销专家,请你介绍一下这三位专家是怎么个"精英"法?

A回答说,第一个是营养保健专家,在国内很有名,曾经给国家领导人做过营养保健顾问,并且举办过"谁来救救我的老板"的讲座。因为工作关系,我不能公开他的名字。他是我们的保健总顾问,也有股份在内。第二个是市场策划专家,是我们的一个副总,具有多年的市场策划经验。第三个也是我的一位副总,他现在就坐在下面,已经在餐饮业做了十五年,具有丰富的餐饮业运营经验。

马云点评说,对于你的企业运作模式我不做评论,但我建议你少听"成功学",多花点时间去看看别人是怎么失败的。所有的创业者都是如此。成功的原因有千千万万,但失败的原因可能是这么一两点。在我看来,真正的成功学是用心去感受的。如果有一天你成了成功者,那么你讲的任何话语都是对的。你刚才提到精英团队,精英不会跟着你吃肉;跟着你吃肉的,也未必是精英。请记住这一点。

马云接着说,我不是否定成功学,但任何东西都有一个合适的度。你给我的感觉就像是"成功学大师"在讲课,两招过后别人就觉得有点虚。真的是这么回事。我们公司过去也有员工去听过成功学课程,听一两次觉得还可以,听四五次这个人就废了。

只有经历过失败,人们才更知道怎么取得成功。创业亦是如此。

创业之路绝非一条平坦大道,对新创办企业的失败率统计显示,中国企业的平均寿命只有7年左右,民营企业的平均寿命只有3年。中国百姓创业致富网上2004年调查显示,58.1%的企业不到1年就关闭,2~3年的占24.7%,4-5年的占9.5%,5年以上的仅占7.7%。另据美国的调查显示,24%的企业在2年内倒闭,在6年内有64%的企业彻底失败。

创业失败的前20大原因[①]

创业的失败总是有这样那样的原因(图5-1),所以在创业的初期阶段,创业者能够充分了解创业误区,对于规避创业陷阱、取得创业成功具有非常重要的作用。大学生作为一个特殊的创业群体,社会经验较少,创业能力不高,在创业的过程中,更应该注意避开可能存在的创业陷阱。

---

① 资料来源:分析完101个案例,我们总结出20个创业失败的原因[EB/OL].(2017-04-17)[2018-10-23]. https://www.huxiu.com/article/190606.html.

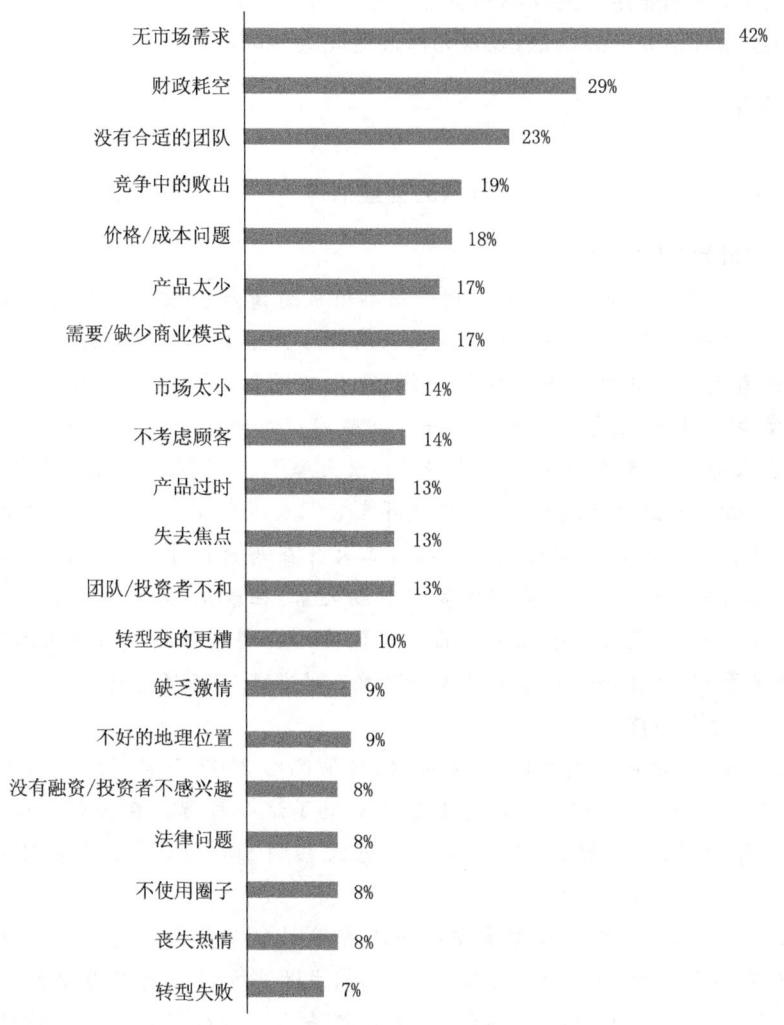

图 5-1 基于 101 家初创公司失败案例的数据分析

第一节 主观误区

【本节要点】

　　本节讨论的大学生创业者在主观状态上的误区主要表现为：创新创业精神缺失，即创业者个人或团队缺少企业家精神，创业者在创业过程中的悲观主义等，上述主观原因都可能成为创业路上的绊脚石甚至导致创业企业的失败,本节将从创业者的主观状态角度探讨创业失败误区,以及如何避免此类误区的产生。

【案例导入】

马云的创业精神①

激情四射的"造梦人"

1995年9月,而立之年的马云,因精通英语被邀请赴美做商业谈判的翻译,一次偶然的机会接触了互联网,当时在美国互联网已方兴未艾,而在中国触网的人还寥寥无几,马云看到了网络改变世界的巨大能量,他从美国带回了创业梦想。回到中国后,马云便决定辞职,准备创办中国第一家互联网商业网站——中国黄页。在辞职前的一个晚上,马云邀请24个朋友一起来"共议大事",23个人说不行,只有1个人说可以试试。但马云没有听进朋友们的"逆耳忠言",反而坚定了自己行动的决心。

1999年2月21日,阿里巴巴第一次员工大会在马云位于湖畔花园的家中召开。马云为自己的梦想所激动,用美好的梦想激励大家:在未来的三五年内,阿里巴巴一旦成为上市公司,他们每一个人付出的所有代价都会得到回报。当时有人问马云阿里巴巴的前景,马云说,以50万元起步的阿里巴巴将来市值将达到50亿美元。许多人都笑了,认为是幻想。

2002年底,互联网冬天刚过,马云提出,阿里巴巴2003年将实现盈利1亿元,这在当时是不可思议的。但事实上,阿里巴巴实现了这个目标。在2003年,年终会议上,马云又开始梦想,他提出,2004年实现每天利润100万,2005年实现每天缴税100万。

2007年金秋,阿里巴巴网络有限公司在香港联合交易所正式挂牌上市,到收盘时,阿里巴巴股价达到39.5港元,涨幅19.2%,成为当年港股首日涨幅最大的新股,阿里巴巴市值也飙升到1980亿港元(约260亿美元),打破了百度创下的纪录,成为市值最大的中国互联网公司,创造了中国互联网最大的上市奇迹。

大义大气的现代侠

马云的侠肝义胆体现在他对企业共建共享、对财富共同拥有的看法上。马云侠客式"财散人聚"的做法,既让员工分享了他的成功,也让公司得到了更大发展。

马云个人在上市公司持股比例不到5%,而有4900余名员工持有阿里巴巴股票,数百名员工因此而成为千万富翁,数千名员工因此而成为百万富翁。阿里巴巴上

---

① 资料来源:正言.文化人创业的楷模,新经济时代的英雄:马云现象探析[N].杭州日报,2008-05-04.

市不造首富造群富,马云不追求个人巨富而追求员工共富。坚持团队集体控股和公司全员持股,有福同享,有难同当,实现了个人创业和整体发展的和谐,体现了马云的胸怀和境界。

外柔内刚的杭铁头

马云外表瘦弱,一副顽童模样,但他内心却无比刚毅,蕴藏着巨大的能量。马云创业的道路充满曲折和艰辛。1991年,不甘平庸的马云利用业余时间成立海博翻译社。刚开始翻译社入不敷出,马云没有动摇。他一个人背着个大麻袋去义乌、广州进货,在翻译社卖小商品,用最原始的资本积累方式维持翻译社的运转。

1995年,马云投身互联网创立"中国黄页",只有一间房、一台电脑,一块钱一块钱数着开销,一家企业一家企业上门推销,无数次被当作"骗子"赶出门。

能文善武的新儒商

作为一个文化人,他能站在一个一般人难以企及的高度眺望前方,善于以文治企,以求变求新赢得企业的长远发展;作为一名商人,他又有敏锐的市场意识,善于抓住每一次稍纵即逝的市场机会,不断创造出新的市场。

马云的演讲给人以"拨得云开见月明"的感觉,他的演讲能够在短短6分钟内让"软银"的孙正义投资2000万美元,更令无数企业家羡慕不已。马云善于学习,经常看历史书、军事书,并能引经据典、灵活运用,用历史上成功战役的案例来指导阿里巴巴的一场又一场商战。他重视企业文化,在阿里巴巴成立初期,马云就开始用文化为企业打下根基。

马云也是"勘探"市场、开发市场的高手。在短短9年时间里,马云成功创办了全球领先的企业间交易网站"阿里巴巴"、亚洲最大的网上个人消费市场"淘宝网"、中国领先的在线支付服务商"支付宝"、以互联网为平台的商务管理软件公司"阿里软件"、中国最大的网上广告交易平台"阿里巴巴",成功收购了中国领先的搜索引擎"中国雅虎"和中国领先的个人生活服务平台"口碑网"。

阿里巴巴能够拥有今天的成就,与马云善于从战略上布局密不可分,每一次收购、每一个品牌的建立,都包含着马云对未来的精准把握。马云和阿里巴巴的成功带给人们绝对不仅仅是励志,更是启示。

案例分析:

马云的成功很大程度上与他的创业者精神是分不开的,他身上所具备的创业者的精神也是当前大学生亟需培养的,在他的身上我们看到了:

1.激情四射的"造梦人",坚持自己的路,不管有多少人质疑,或遇到多少困难都不会放弃梦想;

2.把自己的梦想与社会需求结合起来,努力解决社会问题,创造社会价值;

3. 眼光要长远,不要只追求眼前利益;

4. 有自己的底线;

5. 不断学习,学习战略、学习社会、学习时代、学习用人。

【理论讲解】

一、创新创业精神缺失

(一)创新创业精神概述

大学生创新创业精神是知识经济时代的一种精神,是创新精神与创业精神二者的有机结合,是大学生这个群体在社会主义核心价值观的引领下,参与推动人类发展、促进社会进步的精神,是推动大学生从事创新创业实践活动的动力源。大学生创新创业精神在创新创业活动中表现为责任担当精神、冒险探索精神、主动学习精神、坚持不懈精神、团结协作精神。责任担当精神是指大学生能够将自身的发展与国家的前途命运联系起来,在面对失败和挫折时能够担责,而非选择推诿、文过饰非。冒险探索精神就是敢于做别人没有做过的事,敢于走前人没有走过的路,表现的是一种敢想敢做、锐意进取的精神面貌。中国正处于实现社会主义现代化和中华民族伟大复兴的关键时期,机遇与挑战并存,大学生只有具备冒险探索精神才能更好地把握机会,实现自身的价值。大学生不应为了求稳怕输而故步自封,没有进步。同时冒险探索精神也是在深思熟虑中,在结合自身条件下而产生的行为,绝不是一时的冲动莽撞。主动学习精神是指善于学习、坚持学习,在变化的社会环境中,以前瞻性的眼光和思维不断与时俱进,主动适应环境、不断更新观念。坚持不懈精神指坚持自己的理想、目标,努力不懈怠,在困难的阻挠、挫折的打击下,仍能对自身的理想、信念坚定,坚持走所选择的道路。正如毛泽东所说:"胜利往往在于再坚持一下的努力之中。前途是光明的,道路是曲折的。"大学生创业者在未来人生的道路上,难免遇到挫折、失败,只有具备坚定的信念,拥有执着的精神才能实现自身的价值。团结协作精神是指为了共同目标,能够自觉地以组织的利益和目标为重,在各自的工作中尽职尽责,自愿并主动与其他成员协作,共同努力奋斗的状态和作风。团结协作精神则是创业团队走向成功的重要基础和保障,随着现代工业文明的发展,社会专业化分工越来越细,但是个人分工只是形式,团结协作才是目的,在创业团队中每项工作的完成都离不开团结协作,离不开与他人的沟通与交流。当今时代,一个缺乏团结协作精神的人,是不可能取得大成就的,只有在沟通中传递信息,在交流中相互学习,才能在工作中不断完善,才会做得更好。要懂得借用外物实现自身的目标,学习他人的经验、整合社会资源为己所用。

创业是一个长期努力奋斗的过程。保持创业的激情,是创业者成功的关键因素之一。创业的激情所指的不是一时冲动,而是持久的追求与不懈的努力。创业需要百折不挠、坚持不懈的意志。在部分大学生创业者中往往会存在这样的误区,觉得只要自己踏实苦干就能取得创业上的成功,缺乏创业者的激情和创新的精神。其实不然,作为一个创业者更重要的恰恰就是创新精神、冒险精神和对团队的协调能力。当提及团队精神时,不少大学生创业者往往会有自己的事情自己干的思想误区。自己擅长的事情自己干,自己不擅长的事情应该交给其他擅长的人去干,这样才能组成优势互补的创业团队,成本会更低,风险也会更小,资本运营效率自然会提高。

(二)对策分析

当前部分大学生对于创新创业精神的培育往往采取被动接受的态度,忽视了自身主观能动性的发挥。一种精神的培育并不仅仅是通过几节思想政治教育课就可以形成的。大学生的责任担当品质、理想信念的培养需要发挥自己的主观能动性,才能内化为一种持久的品质。大学生只有认清自身的主体地位,才会主动学习,加强自我教育。要想避免创业精神缺失的主观误区,可以从以下几个方面加强自我创业精神的培育。

1. 树立正确的就业创业观念

首先,要对创业精神有全面客观地认识:创业不仅是创办企业,在自己的工作岗位上创造新价值就是创业,正如中国就业促进会副会长陈宇所说,"创业不一定是为自己真的去搞一个什么企业或者公司。创业是一种人生,是一种态度,是一种经历,是一种精神。只要你有了这样的一种精神,在任何环境条件状况下,通过众多可能的形式或方式,你总能在这个世界上闯出一片展现你独特个性、人格、能力和魅力的新事物、新空间和新天地。"树立创业理念,具有企业家思维的过程。树立正确的学习观和就业观,在学习过程中不仅要扎实掌握书本知识,还要向社会实践学习,不断学以致用、积累社会经验,学会学习,为终身学习奠定基础;在生涯规划中树立正确的就业创业观,要敢于挑战,敢于实事求是地确立奋斗目标,并为之付出努力。将自己的职业兴趣、职业发展与创新创业结合起来,形成"创业是最高水平的就业"的观念,通过艰苦奋斗、勤于实践的努力实现自己的职业理想。

2. 培育健全人格

人格包括稳定的人格心理特征和人格倾向,是每个人区别于他人的差异性部分。人格特征决定着一个人是否心理健康和有所成就,决定着一个人的价值观念。培养健全人格是大学生开展创新创业活动的前提条件。大学生健全的人格主要表现为:自我悦纳,接纳他人,即大学生内部心理和谐发展;人际关系和谐,指在人际关系中实现自尊与他尊、理解与信任、同情与人道等品质,独立自尊;能够发挥自己的潜能,即能够使自身的思维优势和专业技能最大程度地发挥作用。培育大学生创业精神尤其要在大学生人格培育过程中突出创造型人格的培养,创造型人格是开展创新创业活动的重要因素,是具有创造性智慧和创造精神的人格类型,从本质上看就是培养大学生的创新思维和创新能力。

3. 优化创业知识结构

知识的积累是开展创新创业活动的前提条件。通过创新创业活动培育大学生创业精神,要求大学生具备创业型知识结构,并不断优化重组,与时俱进。首先,大学生创业者要用中国特色社会主义理论武装头脑,坚持辩证唯物主义的思维方式分析问题、解决问题。其次,开展创新创业活动不仅需要扎实的专业知识还需要经济、管理、法律等综合性的知识体系,并且随着实践的发展不断实现知识内容的与时俱进和结构的优化组合。

4. 增强创业能力

大学生创业精神培育的目的在于理论指导实践,引导学生以创业精神开创事业,这就要求学生具备基本的创业能力践行创业精神。大学生应具备以下几方面的能力:学习能力,即对知识和信息的接收、转化和应用能力。大学生经历二十余年的知识学习,不仅要积累知识更要养成良好的学习习惯,树立终身学习的观念。社会交往能力是交往过程中运用的交往技巧,包括沟通能力、社会活动能力、亲和力、协调能力等内容。创新能力是创业活动中最重要的能力,指大学生在创业过程中创造性地提出问题、分析问题、解决问题,主要表现为具有创新意识、创新思维和创新技能。创新是一个打破旧事物创造新事物的过程,一直处于探索状态,遇到困难在所难免,需要学生具有较强的心理受挫能力和较高的逆商。

要想取得创业的成功,创业者必须具备自我实现、自我激励、追求成功的强烈的创业意识。强烈的创业意识,能帮助创业者克服创业路上的各种艰难险阻,将创业目标作为自己的人生奋斗目标。

创业的成功是思想上长期准备的结果。创业的路上,立竿见影、迅速见效的事是极少的。在方向目标确定后,创业者就要朝着既定的目标一步步迈进,纵有千难万险,迂回曲折,也不轻易改变,半途而废。

二、悲观主义

(一)悲观主义误区

有很多创业者惧怕失败,对自己的产品、项目、市场、团队各方面总是抱有一种悲观的态度,过分的苛责不满。我们要知道,当今精益创业,本质就是通过不断地迭代,对企业不断地改进升级,快失败、早失败、常失败,在失败中不断积累认知,不断增加认知循环,在非致命失败中赚下认知,壮大认知。创业首先不是赚钱,是赚认知,当创业者的认知越来越多时,便会拥有一种智慧,一种清醒,这种智慧和清醒会促使他面对失败不垂头丧气,继续走下去;面对一个错综复杂的市场环境时,仍然能够坚强地活下来。

真正的创业是从零到一,从无到有。一次次小失败,逐渐把创业引向真正的机会。一个绝对的悲观主义创业者不适合创业,任何小失败都会让他垂头丧气、怀疑人生,勿论创业。

【案例导入】

刘少华:迭代创业是转型升级的唯一方法论①

在这个瞬息万变的时代中,企业都在谈转型,到底什么是转型,移动互联网时代转型的本质又是什么?

迭代创业实验室创始人兼CEO刘少华第一个提出了迭代创业的观点,刘少华认为:未来的创业充满不确定性,不是一次性计划执行就能成功,迭代创业就是在互联网时代,创业是持续性发展、迭代性变革、系统性提升的过程,没有终点、没有成功,只有不断迭代。如何在不确定性的互联网时代,传统企业能够像谷歌、华为一样不断实现认知迭代、产品迭代、营销迭代、组织迭代,保持企业持续增长和发展活力。转型升级的唯一方法论是迭代创业。

案例分析:正如迭代创业实验室创始人刘少华所言,创业的本质是试错。互联网创业就是在不断试错、不断改进之间循环往复,这个过程也是试错迭代的过程。只有不断地进行产品迭代、营销迭代、组织迭代,才能保持企业持续增长和发展的活力。一些很成功的创业企业尚且面临着被替代等诸多的挑战,仍然需要通过不断迭代,不断改进,来保持企业的活力,更何况对于我们初创企业的大学生创业者了,创业过程就是不断地在失败中积累认知,要正确地看待失败而不畏惧失败,成为创业路上真正的强者。

(二)对策分析

1. 充分认识创业现状,寻求理性思考

大部分在校大学生创业者对于创业还只是处于理论认识阶段,对自身的行业缺乏深度审视,对社会消费能力、市场前景缺乏理性了解。英国大学生很热心创业,首要因素在于本国国内的创业氛围浓厚,学生们大都受过创业启蒙教育,对创业并不生疏,也就没有那么多的畏惧感。因此,大学生创业者要理性看待创业现状,

---

① 资料来源:刘少华,李小龙.刘少华:迭代创业是转型升级的唯一方法论[EB/OL].[2017-07-05]. https://baijiahao.baidu.com/s?id=1572075157112563&wfr=spider&for=pc.

建立对创新创业的基本认知，改变盲目创业和畏惧创业的心态；同时也需要社会、家庭等多方面的包容和理解，社会、家庭要对大学生创业者适时给予关心和鼓励，为创业失败营造一种宽容失败的包容氛围。这种氛围的营造对于创新创业工作的开展尤为重要。

2. 培育健康的意志品质和积极的心态

大学生创业者要勇敢面对挫折，培养坚定的意志品质。创业意志品质是指在创业实践过程中对人的心理和行为起调节作用的个性特征。创业是对大学生的心理素质的考验，良好的创业意志品质是创业成功的前提，是事业腾飞的基础，更是支撑大学生创业人生的基石。创业的道路不会一帆风顺，充满了艰辛和曲折，大学生虽然生活在校园里，但在生活和学习过程中也会遇到困难和挑战，如何勇敢面对困难，甚至是越挫越勇，是创业能否成功的一个重要因素。面对生活中的困难和压力，大学生要时刻保持一种乐观的心态，将压力转化为动力，勇敢面对困难和挫折，勇敢战胜困难和挑战，在失败中成长，在苦难中进步，培养坚定的意志品质和持之以恒的毅力。

3. 积极寻求社会支持

政府、高校、社会、企业和大学生是构成大学生创业支持体系的重要组成部分。在创新创业的时代潮流中，创业大学生应充分挖掘政府、高校、社会资源、人文情感的支持资源，拓展朋辈互助渠道，这些都是大学生创业的有效社会支持体系。创业支持体系的四个部分相辅相成、相互促进，为大学生创业提供政策倾向、人力支持、资金借贷以及环境支持，决定着大学生创业成功率的高低。充分利用创业政策扶持、创业培训、创业资金支持、大赛申报等途径，发挥大学生创业者身份的独特优势，争取获得创业的成功。

大学生创业者除了需要获得物质帮助外，还需要心理上的支持，而朋辈间相近的价值观念、经验、生活方式对于解决大学生创业中的问题具有很高的参考价值。在大学生创新创业过程中，朋辈间的互助可以有效地规避创业陷阱，避免重蹈覆辙。在遇到创业的低谷期时，朋辈之间的心理互助模式又可以很好地帮助初创者早日调整好心态，积极走出困境，迎难而上。朋辈间有相近的学习经历和思维方式，彼此更容易信任，可以成为战略合作的首选伙伴，同时，互联网还能拓宽大学生的视野，实现资源共享。例如，可邀请朋辈专家开设线上的创业讲座、项目咨询和业务指导等，为大学生创业团队提供决策咨询服务，及时有效地解决创业过程中的问题。

【思考题】

1. 大学生创业精神的缺失主要包括哪些方面？

2. 如何培养大学生创业精神？

3. 大学生创业者如何避免悲观主义误区？

4. 实战练习：

(1) 寻找创新创业的典型人物：在自己熟悉的人际圈子中或通过新闻、报纸、网络找一位自己佩服的偶像，分析其成功的经验及其具备的典型的创新特质，并列举相应的事件或数据加以佐证。与同学分享表达你的看法，同时深入思考其他同学分享的案例，看看给你带来哪些启发。结合实际，在成长为创新创业型人才的路上，自己还需要做出哪些努力？制定一份创新创业能力提升计划。

(2) 小组讨论——培养创新意识练习：任何产品都不可能十全十美，或多或少存在缺点，请以雨伞、书包等产品为例指出该产品存在的缺点，以及针对相应的缺点所能创新或改进的方法或技术。

【阅读延伸】

彼得·德鲁克谈创业者[①]

世界管理学大师彼得·德鲁克(Peter F. Drucker)强调："并非所有新开的小型企业都是创业型企业或具有创业精神。创业者首先需要具有创新精神。"一对夫妻开办一家熟食店或在郊区开办一家墨西哥餐馆，也是要承担风险的，他们算不算创业者呢？事实上，他们所做的不过是步同行们的后尘，因为他们只是相信此地就餐人数会增加，因此既没创造出新的令人满意的服务，也没创新出新的顾客需求。按创造新的满意和新的需求的标准，他们虽开办了新企业，但称不上创业者。他认为创业者必须创造出新的、与众不同的事情，并能够创造价值。

企业家精神[②]

企业家精神，是一种创新意识：新思路、新策略、新产品、新市场、新模式、新发展。

企业家精神，是一种责任：敬业、诚信、合作、学习。

企业家精神，是一种品格：冒险精神、准确判断、果断决策、坚韧执着。

企业家精神，是一种价值观：创造利润、奉献爱心、回报社会。

企业家精神，是一种文化修养：广博的知识、高尚的道德情操、丰富想象力。

---

① 资料来源：罗天虎.创业学教程[M].西安：西北工业大学出版社，2004.

② 资料来源：刘彤，王雪梅.大学生创新与创业[N].成都：西南交通大学出版社，2017.

第二节　主体误区

【本节要点】

在大学生创业过程中起领导核心作用的行动者、团队、组织、战略联盟等都属于本节讨论的创业主体的范畴。在大学生创业过程中,创业主体的误区一般体现在创业主体目标不明确、知难而退、孤军奋战、团队建设不利等方面,本节针对相应可能造成创业失败的误区提出了走出误区的应对策略。

【案例导入】

第一团队[①]

在美国接受教育并且工作多年的沈南鹏、梁建章,与接触过国外文化的民营企业家季琦、国有企业管理者范敏,构成了中国企业史上的一个奇妙组合。

1999年,四人创立了携程网;2002年,四人创立了如家。

在中国的企业家中,三年内两次把自己创办的企业送进美国纳斯达克股市,他们是纪录的创造者,所以,这四个人堪称"第一团队"。

季琦——团队的实干者和推动者。1997年开始,做过很多生意。后认识梁建章,成为好友,决定共同创业。

梁建章——团队的信息者、技术者。原甲骨文中国区咨询总监,看到美国互联网发展迅速,提议做网站。

沈南鹏——团队的监督者、完美者。当时德意志银行的董事。是季琦同届的校友,与梁建章在美国相识。

范敏——团队的行业专家。当时已在旅游业工作了十年,时任大陆饭店的总经理,待遇优厚。季琦的校友,通过多人辗转找到,三顾茅庐挖来。

四人按照各自的专长组成"梦幻组合":梁建章任首席执行官,沈南鹏任首席财务官,季琦任总裁,范敏任执行副总裁。

在第一团队的组合里,没有"皇帝",也没有"大哥";他们虽有同学之谊、朋友之情,但性格、爱好迥然不同,经历各异;他们创立的携程和如家虽然经历了多次高层人事变更,却从来没有发生过震荡,都在纳斯达克成功上市,并且一直保持着优异的业

---

① 资料来源:史梅,徐俊祥,白冰.大学生创新与创业指导[M].北京:现代教育出版社,2015.

绩;他们为中国企业树立了一个高效团队的榜样,最终获得了共赢的结局。

案例分析:第一团队的成功关键在于创业搭档,这些成功创业搭档的智慧可以学习、借鉴,却永远无法复制。

【理论讲解】

一、目标不明确

最初的创业动机和创业目标可能直接决定了以后的创业结果,如果仅仅为了得到财富,或者是迫于目前的窘境,而没有把创业作为一项事业、一种理想,并做好为事业、为理想不懈努力奋斗的充分准备,那么这种创业活动可能在到达成功之前就半途而废了。

(一)创业目标不明确

很多想要创业的大学生创业目的不明确。为什么创业?只有能够清晰回答这个问题,才能够明确告诉自己及周围的伙伴,这项事业是经过深思熟虑、反复权衡的,是有前景的事业,也才能让自己知道,这个事业的确值得自己努力。同时,通过传达这个创业目的,可以为自己赢得更多的支持。

当前大学生创业目标不明确主要表现在创业过程中缺乏阶段性目标,对于项目行业的选择、市场的细分、目标群体的界定等方面往往会出现目标模糊的情况。对于大学生创业而言,行业选择直接决定事业的未来。在朝阳行业、日不落产业、夕阳产业的比较和选择中,大学生往往轻率决策,做出和当前处境相符却和个人及团队意志不相符合的抉择。这样的决策,不能支持事业的长期发展,必然停留在小孩"过家家"的层次。

大学生创业者由于与社会真正接触的不多,对社会的了解并不全面,在创业的目标方向选择上尤其缺乏经验,因此,存在较为严重的相互模仿现象。项目定位不清,很多大学生创业者在创业项目选择时过于理想化,没有深入分析市场情况,忽视地方区位潜能的挖掘,仅凭自己的兴趣和希望,盲目地认为只要大投资就会有高产出,创业就一定能够取得成功,这势必导致创业的失败。

没有一个明白清晰的初衷与决心,就不可能有长久的原动力。那些名曰"实现梦想"其实只是追赶潮流或者不想打工追求自由的创业者,绝不可能成就一番事业。对于具有长远发展目标的创业者来说,他们的目标是不断发展壮大企业。因此,企业要有自己的核心竞争力。一个依赖别人的产品或市场来打天下的企业是永远不会成长为优秀企业的。核心竞争力在创业之初可能不是最重要的问题,但要谋求长远发展,就是最不可忽视的问题,没有核心竞争力的企业终究会被淘汰出局。

面对竞争,市场分隔要明确,如果不清楚目标市场,或是定位错误都会造成不必要的失败,虽然这是简单的商业常识,大量的创业者却因此而步入创业失败的境地。

很多创业者希望抓住所有的市场机遇,摊子铺的太大,以至于失去重点,也没有在市场中形成一个特殊的形象。抓住重点可以使公司更有竞争力。

(二)对策分析

我们创业必须有一个目标,利润、成功、挑战、哪怕是简单的兴趣,至少你的目标应该拥有向上的正能量促使我们积极地去做一件自己喜欢的事情,那么我们真实的目标是什么呢?要明确自己的创业目标,首先要弄清楚什么是创业目标,其次要明确自己的创业初心以及阶段创业目标,伴随着创业目标的逐步明晰,在目标的实现过程中不断地加强我们作为一名大学生创业者的创业执行力,实现个人的创业梦想。

1. 厘清创业目标的内涵

创业目标,从创业的阶段上分为长期目标、短期目标;从创业者的创业初衷出发,分为实现自我价值和实现社会价值。在不同的阶段,创业者会面临不同的问题,并做出种种选择,因此我们在讨论创业目标的同时,要明确创业目标从横向上来说,还应包括创业者的产品目标、市场目标、融资目标、团队建设目标等方面。

2. 确定自己的创业目标

对于大学生创业者而言,不论长期目标还是短期目标,基本的策略就是制定计划。根据当前创业项目发展的阶段评价自己并修改自己的计划。同所有现实目标一样,目标可能会经常改变。不论在长期还是短期,根据当前目标评价自己所处的位置,然后相应地修改自己的计划。长期计划和短期的目标经常会穿插而行。比如,每五年就制定一项运营计划,这个计划中包含一个总体目标和一系列短期目标。五年就是一个长期的目标,短期的目标可以划阶段进行,比如每半年就回顾一下项目的进展,每一个月就可以做出短期的审视和调整,每一天都想着改进一点点。这样六个月、一个月、每一天都是连串的小目标。一个好的创业项目,自己所为之努力的项目必须有长期的目标和短期的目标,不能盲目进行。

3. 培养执行力

作为一个创业企业,再伟大的目标与构想,再完美的操作方案,如果不能强有力地执行,最终也只能是纸上谈兵。要加强创业企业执行力的建设,就要在组织设置、人员配备及操作流程上有效地结合企业现状,将企业整合成为一个安全、有效、可控的整体,并在制度上减少管理漏洞,在目标上设定标准,在落实上有效监督,借此,企业执行力度自然就会得到有效提高。执行力差是企业的最大内耗,不仅会消耗企业的大量人力、财力,还会错过机会,影响企业的战略规划和发展。要提高企业的执行力,首先要从管理上得以体现,用管理的方法来形成企业的整体风格和氛围,最后使整个企业和人员都具备这种能力。

在这个世界里,人之所以有优秀与一般之不同,在于优秀者更有实现构想的能力,这就是一个人的执行力,而不是更有思想;企业亦如此,一个优秀的企业在与其他企业做着同样的事情,只是比别人做得好,落实更到位,执行更有效果。

二、半途而废

(一)面对竞争,无路可退

寻找广阔的创业空间是创业的良好开端,但并非所有的新创企业都能找到蓝海。现实中,一旦某个创业机会逐渐显露,就会有不少的创业者、竞争者蜂拥而上,竞争是必然的,这是十分平常的现象。如何面对竞争是每一个企业都要随时考虑的事,而对新创企业更是如此。如果创业者选择的行业是一个竞争非常激烈的领域,那么在创业之初极有可能受到同行的强烈排挤。一些大企业为了把小企业吞并或挤垮,常会采用低价销售的手段。对大企业来说,由于规模效益或实力雄厚,短时间的降价并不会对它造成致命的伤害,而对大学生的初创企业则可能意味着彻底毁灭,面对这种情景很多大学生创业者难免会选择退出或者放弃,与其选择退出,不如换一种思路,充分地考虑如何应对来自同行的残酷竞争。

因为创意和创业想法最初源于自己或者团队,而这样的想法在一夜之间被复制,很难接受这样的现实,加之受到竞争意识的影响,也有不少大学生创业者会认为必须和其他创业公司针锋相对地竞争、坚决不能放弃自己的想法。一心想打败竞争对手,很少去想该怎样提供满足顾客需求的产品。实际上,更大的市场源自怎样改变消费者当前的行为模式,怎样克服个人和组织机构的行为惰性。与其盯着对手为一座山拼命厮杀,不如换个思路想想该怎样唤醒顾客实现更大的市场。

(二)面对困难,畏缩不前

创业需要付出的艰辛是普通人难以想象的,但多数大学生创业者的心理素质并不强,而且没有做好接受挫折的心理准备。一旦遇到困难,有的同学就会觉得创业太辛苦,自己很无助,前途一片茫然,因此放弃创业计划。大学生是拥有较多知识技能的年轻群体,他们朝气蓬勃,对创业前景充满了信心,表现出一定的自信。他们认为自己学历高,具备高水平知识技能,会有敏锐的商业嗅觉,但由于没有创业经历,对于创业过程中存在的诸多困难估计不足,作决策时全凭直觉,对他们来说,创业成功的难度很大,盲目选择的结果不是退缩,就是失败。确实有一部分大学生在创业中能够吃苦耐劳,持之以恒,并且愈挫愈勇。但也确实有相当一部分大学生只是抱着试试看或者玩的心态,他们不愿吃苦,总希望自己的一次投机就会有大大的收获。而一旦发生一次经营失误或者一次小的合作危机,就可能让他们在心理上元气大伤,从而心灰意冷。也有的大学生缺乏耐心,遇到困难解决不了,或者长时间没取得有效的成绩,他们就没有了坚持下去的理由。

也经常会有人认为创业者要承受更多的压力,付出更多的努力,固然做一个创业者是有压力的、是辛苦的,这点毫无疑问。但是没有证据证明,创业者比其他的无数高要求的专业职位承受更大的压力,而且创业者对他们的工作往往非常满意。他们有很高的成就感,他们更健康,而且不太容易像那些为别人工作的人那样轻易退休。还有人认为创立公司比较冒险,经常以失败告终,而现实情况告诉我们,有才能、有经验的创业者,由于他们追逐的是有吸引力的商机,而且能够吸引到使企业顺利运作的合适人才、必要资金及其他资源,所以他们带领的往往是成功的企业。即使企业失败了,也并不能说创业者失败了。失败常常是对创业者的学习经验和技能的提升过程。

能否持续努力是决定一个创业者创业能否最后成功的关键。创业很艰难,但是没有过不去的坎,既然看好了,反复比较了,就一定要充分尊重自己的选择,在创业困难的时候咬一咬牙,挺过去就是一片坦途,而不能坚持就等于否定自己前期的投入和努力。

(三)对策分析

1. 差异化营销,挖掘客户需求

面对市场激烈的竞争,要想在今后的市场中占据一席之地,甚至取得更大的突破,我们需要的是差异化营销。

所谓差异化营销就是基于不同细分市场的实际需求,凭借企业的管理优势以及技术优势,生产不同性能、不同品种的产品,或者是确保质量与性能能够优于市场现有水平,配合上不同的市场营销组合,就能满足市场细分的需求。差异化营销通俗地讲就是:人有我优,人无我有。差异化营销需要做到细分市场,针对目标消费群进行定位,导入品牌,树立形象。寻找市场空白点,选择目标市场,挖掘消费者尚未满足的个性化需求,开发产品的新功能,赋予品牌新的价值。所以差异化营销可以基于产品差异化和市场差异化等方面,从产品差异化角度找到企业的立足点,针对同行业竞争,突显产品的核心价值、核心竞争力,在满足顾客基本需求的情况下,不断地创新,为顾客提供产品的差异化战略追求目标,开发新的产品品种,挖掘顾客的需求,唤醒更大的顾客市场,与此同时,利用一些独特的利益诉求,在保证对品牌忠诚度不断建立以及提升的基础上,能够有效地增强企业自身的品牌资产,进而占据更多的市场份额。具体的差异化营销措施如,打造同类产品多个品牌、针对具体细化市场提供不同产品或者服务、同种产品不同包装的差异化、市场诉求点的差异化等。在差异化营销策略的应用中,要在规避风险的基础上,将差异化营销的优势最大程度地发挥。

著名战略管理专家迈克尔·波特是这样描述差异化战略的:当一个公司能够向客户提供一些独特的,其他竞争对手无法替代的商品,对客户来说其价值不仅仅是一

种廉价商品时,这个公司就把自己与竞争厂商区别开来了。

2. 有克服困难的勇气和灵活应变的能力

作为一个大学生创业者,我们深知创业中的困难非常多,创业初期,一人身兼数职,压力倍增;创业贷不到款,无法扩大生产和销售;创业后,发现生意冷清;接待客户,每天喝酒饭局,身心疲惫难以为继;创业中市场定位不准确;在创企业没有很好的发展策略;创业过程中没有新颖的思维等等。这就是创业要面对的残酷事实:成功是偶然,失败是常态。创业的大学生要有一个强大的内心去坦然接受失败。调整好自己看待创业的心态,对创业路上的困难做到预知,创业初期提前预知困难不仅能提前预防也可以让自己有更好的心态。创业也是一个不断试误的过程,既然要试错,什么时候该坚持,什么时候该放弃?集中资源在核心需求点上,迅速投放市场验证,如果你的想法是对的且你的执行力够强,那么短期内用户会快速成长且留存率很高,你就应该坚持下去,耐心等待市场爆发的那一天。创业中最需要克服的不是真正的困难,而是我们头脑里被放大的困难。缩小难度,我们就更有行动力,也就会有更大的机会接近目标。

【案例导入】

宁帅豪:O2O 卖水果[①]

如今,在 O2O 商业模式下,"手机、电脑下单,在家收货"成为越来越多市民购买水果的首选。北京财贸职业学院毕业的大学生宁帅豪也和同伴一起加入到了"O2O 卖水果"的创业大军。他们创办的电商平台"果乐乐",通过网站和微信公众号接受订单。在激烈的市场竞争中,这群大学生创业者遇到了巨大的挑战。宁帅豪说,他们会尽全力坚持自己的梦想——把水果"卖"到纳斯达克。

追逐创业梦

宁帅豪说自己高中时,某品牌的智能手机还非常流行。不少中学生都渴望拥有一部手机,但又苦于囊中羞涩。宁帅豪瞅准商机,联系省城大批发商,批量进货,以远低于当地销售商的价格把手机卖给自己的同学。挣了大约一万多元,成为他人生的第一桶金。

上大学后,宁帅豪的能力得到了充分展现。大一时他创办了创业社团——大学生创业就业协会。三年间,协会从一个人发展到最多两百多人,还作为北京唯一的专科院校代表参加了北京高校创业型组织峰会。

---

① 资料来源:孙桂生. 从 0 到 1——创新型创业实践方法[M]. 北京:现代教育出版社,2017.

起航创业早

2013年初，宁帅豪注册了一个公众号，命名为"北小财"，开始提供校内外商家的打折促销信息，得到了同学追捧，粉丝人数突破了1000人，占到了宁帅豪所在分校区全校人数的六成以上。

这一年的暑假，宁帅豪和同学搬回了校本部。陌生的周围环境让他不知道哪里可以聚餐、购物。这时他突然意识到"何不制作一个APP软件，打造一个吃喝玩乐的平台？"他很快找到了附近另一所大学软件专业的学生，寻求技术上的支持。在讨论中，他得知做一个好的APP软件，前期投入的费用就得好几万，一旦定位不准，很容易血本无归。这时他才意识到市面上那些五花八门的APP软件，其实都是靠风险投资在支撑，他暗下决心，也要找到风投。

他给这个吃喝玩乐的平台做了详细商业计划书，将水果作为销售内容。一位投资人给予了20万元的风投，另一位投资人则答应提供网站、微信公众号销售的技术支持。

2014年7月，宁帅豪和伙伴们创立北京创锐时光信息科技有限公司，建立了生鲜电商平台"果乐乐"，基于网站、微信公众号，为用户提供鲜果当天下单、当天送达服务。

艰辛创业路

"果乐乐"最先进入的高校是对外经济贸易大学。宁帅豪找到了靠近学生宿舍楼的水果店，和老板谈判后商定：学生下单付账，平台向水果店派单，水果店送货至宿舍楼下，学生收货，水果店获得货款和提成。

这一模式的好处是送货时间飞快，通常学生下单后一个小时内就能收到水果。但由于水果是由水果店采购，"果乐乐"无法控制其品质和价格，一些反映水果质量的投诉开始出现。他们立即改为自营采购、自主送货，虽延长了收货时间但水果的品质大大提高。

为了保证水果有最低的价格、最优的品质，他和伙伴跑遍了当地多家水果批发市场，从西瓜到榴莲，从苹果到杨桃，从捂着嘴吃完了吐，到最后吃出了经验。在他们的努力下，"果乐乐"逐渐在高校站稳了脚跟。除了对外经贸大学，"果乐乐"还进入了中国农业大学、北京航空航天大学等高校，师生普遍好评。生意最好时，平台每天收获超过300份订单，营业收入上千元。

"果乐乐"在高校的发展很快引来了竞争对手的关注。各路风险投资人纷纷选择进入高校水果、零副食销售领域，价格战很快打响。之前宁帅豪和伙伴们通过精耕市场，少量进货快速销售，水果的平均价格能比水果店便宜20%到30%，但是"果乐乐"的竞争对手直接打出了"买一斤送一斤"的招牌，竞争最激烈时甚至是"买一斤送两斤"。"这样的价格战我们实在耗不起。"宁帅豪说,"每天晚上都睡不着,盘算着资金还剩多少,还能撑多久。"

除了深陷"价格战",宁帅豪还发现自己的"果乐乐"品牌在被一家大型果蔬物流企业使用。"我之前已经申请了商标专利。"他曾经上门试图和这家企业的负责人进行沟通,但甚至都没有见到具体负责的人。

执着创业心

为了节省成本,"果乐乐"改为专攻大型居民社区,送货方式也从上门送货改为小区自提。既保证了水果的新鲜,也减少了我们的物流成本。

如今,他和创业伙伴们每天都会驾驶着一辆金杯面包车去批发市场进水果,然后根据互联网以及微信公众号上的订单情况进行送货。一有闲暇,他就会钻研市场行情的最新变化,及时判断调整销售思路。

目前,一大批百万元级别风投的水果销售项目都已经死了,但"果乐乐"还活着。他坦言,现在明白了创业不是小打小闹,除了靠谱的项目之外,必须具备极其强大的抗压能力、永不放弃的精神以及缜密的分析判断能力,加上良好的团队支持,以及有一些好的运气,才有可能不断向前发展。

在创业之初,宁帅豪的梦想是把水果"卖"到美国的纳斯达克股市。现在他仍然说自己不忘初心。他说,无论创业的过程如何的艰辛,无论项目最终能否走向纳斯达克,创业者永远都在痛中快乐前行。

案例分析:人的一生要面对众多境遇挑战,对大学生创业者而言,创业之路更是艰难崎岖,任何一个成功的创业者都是从磕磕绊绊中不断获得成长,因此,我们要时刻提醒自己对于自己的事业应怀有执着追求的精神,能够始终坚持不懈、克服重重困难,最终实现自己的梦想。正如美国学者西姆巴特认为创业精神蕴含一种力量,这种力量是源源不断、蓬勃向上的,这种力量是源于对成功、利润的孜孜以求。

三、孤军奋战

我喜欢拥有二流创意的一流创业者和团队,而不是拥有一流创意的二流创业团队!

——风险投资管理之父 多里特

(一)组建创业团队,走出孤军奋战的误区

在强调团队合作的今天,创业者想要靠单枪匹马获得成功的几率正大大降低。因为当前几乎没有一个人能够完全应付创业过程中出现的种种问题。单个创业者通常只能做到维持生计,想单枪匹马地发展一家高潜力的企业是极其困难的。

在新的创业时代,团队精神已成为不可或缺的创业素质,而大学生一般都有独立的个性,排斥他人的约束,在创业中常常自以为是,即使身处团队之中,也很难与他人密切合作,这些都降低了创业成功的概率。固然没有团队的创业企业也许并不注定失败,但是要建立一个没有团队仍具有高成长潜力的企业却是十分困难的。

  大学生创业团队是由一群在校或者毕业的,具有创新意识、拥有共同目标、有着不同专业知识背景的朝气蓬勃的大学生组成的一个不可分割的整体。大学生创业者往往在创业初期组建团队时,从舍友或者身边好友中找几个人组建起自己的创业团队,几乎不考虑团队成员之间的优势互补。有的甚至是在茶余饭后聊天之余谈到某一个点子大家便头脑一热组成一个公司。大家动机不同、需求不同、承诺不同,有的想搭救生船,有的想碰运气,有的想不劳而获,也许只有一位真正热爱创业。要么不注重团队成员之间的知识能力搭配,要么过度的强调成员之间的背景互补,导致成员之间缺乏共同的目标、利益和原则等。团队负责人不能真正成为团队的领袖。共同创业有利于分摊创业失败风险,通过团队成员之间的技能互补可提高驾驭环境不确定性的能力,从而降低新创企业的经营失败风险。更为重要的是,共同创业具有更强的资源整合能力,能同时从多个融资渠道获取创业资金等资源,保证创业企业的成功。现代企业活动已不是纯粹的追求个人英雄主义的行为,事实上成功的创业个案大都与是否有效发挥团队作用密切相关。选择正确的股东是企业成功的开头。

(二)创业团队的股权分配误区

  某公司,曾几何时,它也曾被看成是一颗明日之星,A轮估值过亿。但是现在,也只是停留在历史里的一个名字,三名当初的创始人,也已经分道扬镳。走了两个,创始人还在经营原有业务,只是项目名字已经更改。该公司的转折就出现在即将签下A轮投资条款协议 Term sheet 的前一个夜晚,三位创始人因为股权分配的方案问题,起了争执,团队决裂,就此分家。不过最傻眼的大概是公司的员工,不久前公司还即将A轮融资成功,估值过亿,一夜之间,原来的老板就已不再是老板……股权分配问题大概是创业公司的老板们栽过最多跟头的一个门槛。

  在大学生的创业团队内部往往存在这样的问题,对股权分配要么不作出任何约定,要么采取平均主义。团队成员的股份分配不一定要均等,但需要合理、透明与公平。通常主要贡献者会拥有比较多的股权,但只要与他们所创造的价值、贡献相匹配,就是一种合理的股份分配。平均分配股权并不能体现权、责、利的统一,无助于企业的发展和团队成员积极性的发挥。创业团队成员股权分配是一个敏感、困难,但又十分重要的问题。尤其当几个人一起创业时,平均分配股权的平均主义会带来许多负面后果。如果贡献与获利不成比例,团队整体力量就更加难以发挥。股权分配本身就是在创建团队时必须首先解决的问题。在企业发展过程中,还需要及时调整股权,使新进入企业的主要技术骨干和高级管理人员也能合理得到股权。

给早期普通员工发放股权并不合适,原因是激励成本过高且激励效果有限。在公司早期,给单个员工发放 5% 的股权,对员工很可能起不到激励效果,甚至认为公司是在忽悠、画大饼,起到负面激励。但是,如果公司在中后期(比如,B 轮融资后)给员工发放激励股权,很可能 5% 股权解决 500 人的激励问题,且激励效果很好。

很多创业者认为点子是自己提出来的,所以自己理所应当占据最大的股份,这是一个非常典型的误区:创业是一个艰苦的、需要持续多年的过程,而不是一个点子。创业都是做出来的,过程中充满了各种的试错和调整,创业项目能够成功,所有的产品和业务与当初最早的点子相比,早已面目全非。如果点子提出者在公司成长过程中无法做出真正的贡献和价值,其他创始人很大可能因为分配不公而抛弃你另起炉灶。

创始人普遍会犯的错误是:没有在第一天就把股份的分配问题谈清楚,并写下来。股份的分配等得越久,就越难谈。随着时间的推移,每个人都会觉得自己是项目成功必不可少的功臣,关于股份分配的讨论会变得越来越难以进行。对此,应尽早进行股权分配的讨论并达成共识。谈这个问题的理想时间是,几个人决定一起做事之后、正式开始做事情之前。

好友共同创业的案例不少,但并不意味着只要是好朋友就一定能成为创业的好伙伴。价值观一致、能力和经验互补、明确的决策模式是建立好团队的必要条件。技术型创业要特别注意吸收理解技术又擅长商业运作的团队伙伴,而且应当在实际的合作中磨合以达到默契。

(三)初创企业如何组建团队

创业团队就是由少数具有技能互补的创业者组成的团队,创业者为了实现共同的创业目标和一个能使他们彼此担负责任的程序,共同为达成高品质的结果而努力。创业团队需要具备五个重要的团队组成要素,即目标、人、定位、权限、计划。成功的创业团队需要在目标、理想、理念、文化、价值观等方面取得默契,从而形成一个利益共同体。一个成功的创业团队运作应该具备以下特征:坚强的凝聚力、团队利益至上、坚持正确的经营原则、对企业的长期承诺、致力于创造新企业价值、合理分配股权、公平弹性的权益分配机制、合理分享经营成果、专业能力的完美搭配。

创业团队的组建要遵循互补原则、精简高效原则、动态开放原则。创业团队的组建是一个复杂的过程,不同类型的创业项目所需的团队不一样,一般来说,创业团队组建的大致程序如下。

1. 明确创业目标

创业目标应该分为长期目标和短期目标。总目标确定之后,为了实现团队的最终目标,需要将总目标再细分为具体的阶段性目标。

2. 制定创业计划

一份完整的创业计划是创业行动的指南,通过创业计划明确创业团队的具体要求,比如人员构成、素质能力要求等,创业团队的组建要契合创业计划的要求,以匹配创业项目的运作。

3. 招募合适人员

人员招募是创业团队组建的关键步骤,在创业团队成员招募的过程中需要考虑两个因素,即团队成员的互补性和团队的规模适度性。

4. 权职划分

权职划分就是根据创业计划书的要求,对团队每一位成员应当承担的责任以及所享有的权利进行明确划分。

5. 构建团队制度体系

创业团队制度体系体现了创业团队对成员的控制和激励,应包括约束机制和激励机制。

6. 团队的调整融合

随着团队组建的完成和团队的运作,团队组建时的不合理之处和成员内部的摩擦逐渐暴露,这就需要对团队进行调整融合,这是一个动态持续的过程。

创业团队的组建没有统一的程式化规程,一支豪华的创业团队,所创办的企业不一定就是最好的企业,正如马云所说"创业要找最合适的人,不要找最好的人"。组建创业团队可以遵循以下策略。

1. 具有共同理想,利益兼顾

大学生创业一般会邀请自己的同学、舍友等志同道合、兴趣相投的人作为合伙人,这样的团队优势在于成员之间有共同的理想、技能、兴趣爱好,但是也有很大弊端,当企业发展进入正轨、运营平稳,利润增加的时候,个人的利益观念就会突显,因此在创建团队时,即使最好的朋友也应该建立一个合理的利益分配制度,并得到合伙人的支持。

2. 技能与优势互补

创业者在公司的管理上不能面面俱到,当有些工作创业者不能完成时,可以由团队成员共同提出解决方案,这种平衡和补充的作用可以保证新创的企业健康的发展。

3. 重视计划与沟通

创业团队组建时,首先应制定一份计划,团队成员应做好充分的准备,当业务开展遇到障碍时,团队成员应加强有效沟通,开诚布公的沟通可以让团队成员之间了解彼此的想法、增加信任,通过沟通也可以了解团队成员的技能优势和思想状态,提前决策。

4. 寻找相同或相似背景的伙伴

团队成员之间有共同的理想,相似的背景会创造更多的行为、决策默契,在个人利益与集体利益发生冲突时,会很好沟通,有利于问题的解决。因此在组建团队时,应当有完整的团队建设方案,并注重人员的搭配。

【思考题】

1. 如何避免创业目标不明确的误区?

2. 列举初创企业可能会遇到的困难,并谈一谈你打算如何克服创业路上的重重困难?

3. 如何组建自己的创业团队?

【阅读延伸】

一、谁应该作为创始人?[①]

这个问题听起来简单,实际上却棘手。创始人身份很明确,但是实情却经常模糊复杂。最简单的方法是:创始人是承担了某种风险的人。通常而言,公司的发展可以分为三个阶段:

创立:在这个阶段,公司的资金都是创始人投入的,没有什么融资。公司很可能会失败,投入的钱很可能会损失掉,也会因为创业而失去工作,失去工资,最后公司失败了还得再找工作。

启动:公司有钱了,可能是投资人投资的,也可能是产生的一些营收。这些资金让你每个月都能有一点收入。当然,你的工资比你在大公司里工作要少。在这个阶段,50%的公司会失败,然后需要再找一份工作。这样的情况下,不仅失去了一份工作,而且因为你之前的工资低于大公司的正常工资水平,所以你其实工资上也会有损失。

正常运行:你获得了跟求职市场差不多水平的工资。公司应该不会失败,即使失败了,你也只是像正常的"失业"那样,而不会有更多的损失。

所以,确定谁是创始人的方法是:如果你为一家公司工作,这家公司很初创,以至

[①] 资料来源:徐俊祥,徐焕然.创未来——大学生创业基础知能训练教程[M].北京:现代教育出版社,2017.

于都不能付工资给你,那么你就应该是创始人。如果你从一开始就领工资,那么你就不是创始人。

二、创始人的身价如何确定?

创始人的定义是,为公司服务、但公司无力支付工资的人。创始人的主要工作,就是为公司创造收入——或者是投资,或者是营收。所以,创始人的价值由两个因素决定:他们的贡献、市场的认可。第一项反映了公平性的原则,第二项则反映了经济因素。现在,让我们来建立股权分配的公式。当然,这个公式可能不那么正确,但是应该错的不离谱:

1. 初始(每人均分100份股权)

我们给每个人创始人100份股权。有些初创企业从一开始就在迅速发展,所有的创始人一开始就加入了公司。假如公司现在有三个合伙人,那么一开始他们的股权为100/100/100。

2. 召集人(股权增加5%)

如果某些初创企业的联合创始人都是某个合伙人(召集人)牵头召集起来的。尽管这个合伙人可能是CEO、也可能不是CEO,但如果是他召集了大家一起来创业,他就应该多获得5%股权。那么,现在的股权结构为105/100/100。

3. 创业点子很重要,但执行更重要(股权增加5%)

"点子毫无价值,执行才是根本"这个说法虽然不那么正确,但是跟实际情况也差不多。如果创始人提供了最初的创业点子,那么他的股权可以增加5%(如果你之前是105,那增加5%之后就是110)。注意,如果创业点子最后没有执行下来,或者没有形成有价值的技术专利,或者潜在地发挥作用,那么,实际上你不应该得到这个股权。

4. 迈出第一步最难(股权增加5%~25%)

为创业项目开辟一个难以复制的滩头阵地,可以为公司探索出发展的方向、建立市场的信誉,这些都有利于公司争取投资或贷款。如果某个创始人提出的概念已经着手实施,比如已经开始申请专利、已经有一个演示原型、已经有一个产品的早期版本,或者其他对吸引投资或贷款有利的事情,那么这个创始人额外可以得到的股权,从5%到25%不等。这个比例,取决于"创始人的贡献对公司争取投资或贷款有多大的作用"。

5. CEO应该持股更多(股权增加5%)

通常大家都认为,如果股权五五对分,那么实际上公司无人控制。如果某个创始人不信任CEO,不能接受他持有多数股份,那么这个创始人就不应该和他一起创业。一个好的CEO对公司市场价值的作用,要大于一个好的CTO,所以担任CEO职务的人股权应该多一点点。虽然这样可能并不公平,因为CTO的工作并不见得比

CEO更轻松,但是在对公司市场价值的作用上,CEO确实更重要。

6. 全职创业是最有价值的(股权增加200%)

如果有的创始人全职工作,而有的联合创始人兼职工作,那么全职创始人更有价值。因为全职创始人工作量更大,而且项目失败的情况下冒的风险也更大。此外,在融资时,投资人很可能不喜欢有兼职工作的联合创始人。这可能导致你在融资上遇到障碍。所以,所有全职工作的创始人都应当增加200%的股权。

7. 信誉是最重要的资产(股权增加50%~500%)

如果你的目标是获得投资,那么创始人里有某些人的话,可能会使融资更容易。如果创始人是第一次创业,而他的合伙人里有人曾经参与过风险投资成功了的项目,那么这个合伙人比创始人更有投资价值。在某些极端情况下,某些创始人会让投资人觉得非常值得投资,如果他参与创业、为创业项目做背书,那么就会成为投资成功的保障。(这种人很容易找到,可以直接问投资人,这些人的项目你无论在什么情况下都愿意投资吗?如果投资人说"是",那么这些人就值得招募过来作为合伙人)。这些超级合伙人基本上消除了"创办阶段"的所有风险,所以最好让他们在这个阶段获得最多的股权。

这种做法可能并不适用于所有的团队。不过,如果存在这种情况,那么这些超级合伙人应当增加50%~500%的股权,甚至可以更多。这个增加的比例取决于他的信誉比其他联合创始人高多少。

8. 现金投入参照投资人投资

先设定一个理想的情况,即每个合伙人都投入等量的资金到公司,然后加上他们投入的人力,构成了最初的平均分配的"创始人股份"。但是,很可能是某个合伙人投入的资金相对而言多得多。这样的投资应该获较多的股权,因为最早期的投资,风险也往往最大,所以应该获得更多的股权。这样的投资应该获得多少股权呢?可以参照通常投资的估值算法,找一个好的创业企业律师来帮助你计算。例如,如果公司融资时的合理估值是五十万美元,那么投资五万美元可以额外获得10%股权。

9. 持股比例的确定

现在,如果最后计算的三个创始人的股份是为200/150/250,那么将他们的股份数相加(即为600份)作为总数,再计算他们每个人的持股比例:33%/25%/42%。

第三节 行为误区

【本节要点】

大学生创业在面对市场、面对利润、面对困难时总是难免会产生急功近利、画饼充饥等误区，本节分析了大学生创业者的创业行为误区，并针对该误区提出了应对措施。

【案例导入】

小店铺支撑大舞台——隋洁

未曾清贫难成人，不经打击老天真。她叫隋洁，是南京信息工程大学科学技术史专业2015届硕士毕业生。2008北京奥运会那年，刚好是她第一次走出山东来南京上学的第一年。本来清闲安逸的家庭环境突然被一系列的厄运打破，经济状况急转直下，就这样，带着从家乡办理的贷款证明来到了陌生的地方。命运的曲折难测，让人饱经苦楚，却也给人以志气和经验增长的回报。

2011年过完春节不久，她买了出生以来的第一个笔记本电脑，牌子是联想的，本意是支持国产的同时，更因为它低廉的价格。那时手里没钱，生活费要精打细算，这样的情况迫使她想到靠电脑赚钱。同学经常网购的行为让她萌生了开网店的想法。"我从淘宝上随意搜索了一个产品，月销售数量让我惊叹"，她说道。北方人的豪爽总是说干就干，于是她就和另一个好朋友积极筹备起来。互联网从90年代开始兴盛，马云的电子商务则在进入新千年后风生水起，2011年更是进入成熟阶段。可此时的她手里没钱，更没有半分开网店的经验，甚至对于电脑最基本的使用都用的很蹩脚。在百度和淘宝搜索了N遍之后他们大致知道，那时开店需要先通过一个叫作"捷易通"的软件。这是一个虚拟的充值软件，可以让店铺在短时期内快速积累好评提升信誉。"我记得当时的价格是350元，我手里还有一百多块钱，另一个同学拿了两百多，在反复的商定下拿出几乎全部的家当买了这个软件。"她说，"当时是在卖家的指导下一步步的操作的，连如何确认收货和评价都找了老半天。"兴奋又忐忑地买了软件，2011年3月11日，她开了自己的第一个店铺。现在想来，那个充值软件的最大作用是如何开店的启蒙作用，自己并没有用那个软件卖出几个充值和卡券，只是从里面得到不少开店的流程和经验。一个星期之后，他们转战实物，看到网上女装流行，于是申请了一个女装厂家的分销，开始卖日韩流行女装。那时开店知识匮乏，也没有具体指导，只能自己摸着石头一步步来。先用一个个数据包上传图片，然后编辑宝贝的详情页面，最后定产品的价格。敲定价格之后，就满心期待的等待着买家来买。"呵呵，每天除了上课之外，基本无时无刻不盯着电脑，连吃饭都要守在电脑旁边。因为怕饮料洒在电脑上和频繁上厕所耽误生意，大部分时间都只吃不喝，忍不住了才去喝点水。"可是事实并不遂人愿，一个星期过去，一个买家也没有，俩人都很气馁。可懊恼归懊恼，所有的家当都在这个上面了，不敢这样放弃，于是他们开始总结失败的经验，转换策略，把衣服的价格大批的下调，基本和厂家给的供货价持平了。"当时是怎么也不理解，怎么我们卖的价格这么低了，还是没人买呢？"很简单的道理直到后来才明白，她总结到，"一是没有任何的销量和评价作支持，谁会来买呢？二是虽然我们的价格定的低，但是网上的同款售价比我们更低，我们找的供货商成本价太高。"总结了失败的经验，他们又挑选了一个低价的供货商，同时修饰了图片，详细地作了商品的描述，降低产品的价格。第二天仍旧没有消息，第三天早上一开电脑，顿时有点懵，居然真的有买家拍了两件衣服！尽管加上邮费还赔了两块钱，但心里的兴奋是说不出的。

有了第一次成功卖出的经验，后来的生意就做的顺手多了，因为竞争激烈换了好几个供货商，先卖女装，后来卖品牌运动产品，再后来卖女包。因为物美价廉，接了几个团购的单子，信誉渐渐上来了。2012年4月，已经有一年多经验的他们找到了品牌眼镜的供货商，专门经营欧野（OYEA）品牌太阳镜，店铺的名字也改为了"欧野OYEA眼镜销售处"。由于欧野眼镜的质量过关，加之薄利多销和我们追求完善的服务，店铺从一颗心到一个钻，一个钻到五个钻，五个钻到一个皇冠……遇到过恶意给差评的，也遇到好多买家专门表扬他们服务的，随着店铺信誉的增加，回头客越来越多。现在的店铺已走上正轨，年销售额从原来的几千到几万，再到几十上百万，加上学校提供的场地和政策的扶持，他们有了自己的办公室和仓库，又雇了家庭经济有困难的学生，或多或少的帮助他们解决了部分生活费问题。一路走来，满道的教训和经验，跌跌撞撞中一半是辛苦，一半是幸福。有句话叫"痛并快乐着"，开网店就是这样，每天除了必须要做的事情之外，几乎全天候地守着电脑，守到头疼，守到反胃，可每次听到叮叮咚咚的旺旺声传来的时候，又会满心欢喜地敲起键盘，刚才的头疼早已忘到九霄云外。

隋洁的骑兵营团队一开始做的是太阳眼镜，后来，因为太阳眼镜做的人太多了，市场慢慢饱和，这种市场形势下再加入进去是很难的，于是骑兵营团队就另辟蹊径，开始寻找一些市场竞争比较小的行业。她们开始关注运动眼镜这个行业。从最初摸索着生产一些运动眼镜到拥有属于自己的运动眼镜品牌，从慢慢了解运动眼镜到注册自己的公司，她们走过了6个年头。创业团队的项目划分也越来越细化，她们由一个大的太阳眼镜类目到一个小的骑行眼镜类目，市场做得越细分，企业也越容易生存下去。

隋洁说："其实慢慢做多了，自己也琢磨一些经验，如果我们把注意力放在所有的类目，太阳镜也做，运动眼镜也做，防护类眼镜也做，那么我们公司的存活时间必定是不长的，因为人的精力和资金都是有限的，我们只有把一个小的类目做精通了，才能生存下去，企业才能长久。"人都说失败了就从头再来，不要害怕失败，她却很害怕失败,因为所有的家当都拿出来了,投入的也越来越多,她的每一步都走得很小心。通过骑兵营团队的不懈地努力,格诱品牌从无到有,从一个不知名的创业项目到拥有一定的社会影响力,隋洁说:"感觉自己所付出的一切努力都是值得的。"相信他们的道路会越走越远。

案例分析:创业不是一蹴而就的,必须要付出时间和努力,承担相应的财务的、精神的和社会的风险,面对各种风险和陷阱及时调整运营策略,从而获得金钱的回报、个人的满足、独立自主和实现其社会价值。对于一个真正的创业者,创业过程不但充满了激情、艰辛、挫折、忧虑、痛苦和徘徊,而且还需要付出坚持不懈的努力。

【理论讲解】

一、急功近利

创业者在初步投资时,易受眼前利益驱动,而忽视长远利益,采取急功近利的短期行为,任何盈利都是有规律的,这样做虽然能够使企业一时获利,却丧失了长远发展的后劲。任何事情都需要一个过程,而不是一步到位,立马见效。而很多大学生初创企业者缺少的正是这样一种心态。甚至"八"字还没一"撇",就梦想着如何赶快收回投资并大发其财,规划着有朝一日飞黄腾达后如何如何。

做一件事,应该脚踏实地,一步一个脚印,而不能急功近利。就像创造名牌产品,打造知名企业,在国外这是一个长期的工程,在美国一个名牌每年的广告投放至少需要 3000 万美元,至少需要三到五年的时间,而在我们当前,很少有企业在做名牌时一开始就有这样的认识和心态,似乎做了一段时间,投了那么多的钱,品牌知名度还没达到一定高度,就急不可待,而做出来一定知名度的,往往又是过了不多长时间,就又踪影全无了。投资是一项系统工程,创业者要克服急功近利思想,更不可杀鸡取卵、涸泽而渔。

大学生创业容易拥有技术优势,有的同学已经拥有了自己的专利,就认为专利已经成型,很快就可以创造出商业利润,但是创业是一种商业行为,技术的先进性不同于成熟性。技术型创业有投入周期,技术转变为产品再成为赢利产品是需要时间的,在技术创业之前必须经过周密的市场调研和论证,以及对商业和管理知识的学习与运用。

大凡创业者,谁都想在短期内创成大业,谁都想自己的企业快速发展。但是,创业不是赌钱更不是炒股,刚刚创办的企业都是由小到大逐步成长的。风险投资家有一句古老的格言:柠檬只要两年半就成熟了,但珍珠需要 7~8 年才能孕育成功。几乎没有一家新企业可以在少于 3~4 年的时间里打牢基础。欲速则不达，一口吃不成胖子。市场不相信大话、空话和豪言壮语，贵在求真务实。浙江一大批做大做强的民营企业，大都经历了 20 年的风雨历程，急于求成、急功近利是成不了创业大事的。

【案例导入】

创业者的沉思[①]

在互联网这一中国目前最具创业创新活力的领域，一些业界"大佬"已经提醒过人们要避免急功近利。知名互联网企业 360 董事长周鸿祎曾直言，"很多人就是为融资而融资，以获得多少融资作为衡量成功的标志，这明显是跑偏了。"

2010 年，在武汉举行的一场"0 元创业行动"大赛中，这种急于求成的思想在创业者中表现得非常突出而普遍。比赛初期，这些年轻人表现出了极高的创业积极性，每天天不亮就出门，天黑了才回宿舍。可是因为市场开拓受阻，其中一些人就开始退缩了，他们以经济紧张为由，要求主办方提前投资，这理所应当遭到主办方的拒绝。主办方认为，创业必须有长期受苦的打算，如果是等着钱用，或者要靠这些钱来谋生，那就不适合创业。而按照活动规定，这些学生需要经过三至六个月的考核过程，并且必须达到相关要求才能拿到创业资金。

实际上很少有选手会等到那一天。所以常常看到，许多选手因为缺乏耐心一再修改创业计划。例如，其中有位创业者原来设想用上百万元投资办沼气工程，可是他却说不清沼气的用途。在项目遭到否决之后，又计划投资专门面向农民工的婚姻中介，开办农民工交友会等，可是这样的项目所需的资金依然不小。

案例分析：在"大众创业、万众创新"显示出"速度与激情"的同时，如何加强理性、避免急功近利成为许多创业者思考的内容。这种到处弥漫着的急功近利的思想是创业成功之大敌。创业需要激情，更需要理智。北京御颜医学抗衰老整形中心创始人颜薇认为，"理性的创业需要创业者清楚了解自己创业的目的、愿景，并为之踏实努力。而当前备受热捧的都是估值、融资、数据，项目本身究竟能创造多少价值却少有关注。"

二、画饼充饥

（一）画饼充饥的思想误区

大学生创业的主要障碍和致命缺陷是缺乏对市场的了解，无法有效地捕捉市场

---

① 资料来源：施鹏，闵春红. 创业初期不可急功近利[N]. 楚天都市报，2010-08-03.

机会,缺乏对市场信息的收集,对市场规模把握不准确。大学生创业者没有从事过贴近市场的前沿工作,缺乏有价值的市场一线信息,同时又缺乏市场识别的技术和能力,创业带有很大的盲目性和从众心理,即使最初能够发展为一个新创企业,由于没有成长的基石,也大多夭折在成长期的初期。

部分大学生创业者缺乏对市场的调研,对客户的需要研究不足,对未来市场盲目乐观,对市场规模估计错误,自身预期远大于实际情况,过度乐观的评估往往是创业的杀手,会让创业者准备不足,在遭遇困难时便会自乱阵脚,对于可能的问题不要避讳,认真客观地面对它,并做好可能的准备,可以有效延长企业的生命。

大学生创业者对创业的理解多数还停留在一个美妙想法与概念上。很多人试图用一个自认为很新奇的创意来吸引投资,现在的投资人看重的是你的商业计划真正的技术含量有多高,在多大程度上是不可复制的,以及市场盈利的潜力有多大。而对于这些,你必须有一整套细致周密的可行性论证与实施计划,绝不是仅凭三言两语的一个主意就能让别人掏钱的。

目前创业圈存在一个普遍现象,就是对创业方向的选择不重视,往往是哪个行业热门就往哪个行业奔,认为自己的企业肯定也能像那些成功的企业一样占据市场。举个例子,前段时间外卖行业打得火热,美团、饿了么、派乐趣等外卖 APP 都使出了浑身解数抢夺市场,打车行业滴滴和优步 Uber 之争也呈火热之势。于是很多的创业者就有了这样的一个定位误区:"外卖那么火我要去做外卖,听说打车软件也很火,我去做打车软件,但是二手车市场好像也不错。"这样的创业观念不能全然否定,但是这样的创业方式,没有经过详细的市场评估,也没有找到合适的创业方向,这样的创业成功者定是凤毛麟角。

【案例导入】

把握细分市场 赢得创业先机[①]

小王,2008 年毕业于日本早稻田大学,研究生学历,归国工作一年后,选择了自主创业。他从事服装贸易行业,并注册了自己的商标,消费的目标群体锁定为即将毕业的大学生,主要销售大学生求职面试时所需要的套装等。小王已先后在松江大学城、杨浦区某知名学府开了门店。而小王之所以选择服装行业,与其经历息息相关,其一是家庭成员中有人从事面料行业,其二是在留学时,发现日本、欧洲国家都有专门为大学生面试求职的服装产品。

---

① 资料来源:韩明辉.创业基础[M].北京:科学出版社,2014.

服装行业是个成熟的行业,但同时也是一个充满竞争的行业,而小王选择进军这样一个行业,从表面上看是有很大风险的,但他借鉴了国外的做法,在细分市场中掘金,并试图建立自己的品牌,从而赢得了创业先机。商场如战场,如何定位市场往往决定了最后创业的成与败,因此只有找准市场,抢得先机,才能使自己的创业事半功倍。

案例分析:对市场的分析,从宏观上主要是对经济因素、文化因素的分析;中观上,是对行业需求的分析,创业者必须加以认真考虑;从微观上,潜在的进入者、行业内先有的竞争者、代用品的生产供应者和购买者是主要的竞争力量。因此,通过市场调研对收集的信息进行评价分析,可以帮助大学生创业者识别创业机会,避免盲目创业。

(二)对策分析

1. 充分的市场调研

市场调查的主要内容应包括以下几个方面。

(1)经营环境调查。

① 政策、法律环境调查。调查与你所经营的业务、开展的服务项目有关的政策法律信息,了解国家是鼓励还是限制你所开展的业务,有什么管理措施和手段。当地政府如何执行有关国家法律法规和政策,对你的业务有何有利和不利影响。

② 行业环境调查。调查你所经营的业务,开展的服务项目所属行业的发展状况、发展趋势、行业规则及行业管理措施。"家有家法,行有行规"进入一个新行当,应充分了解和掌握该行业信息,这样,才能有助于你尽快实现从"门外汉"到内行的转变。

③ 宏观经济状况调查。宏观经济状况是否景气,直接影响老百姓的购买力。因此,掌握大气候的信息,是做好小生意的重要参数。经济景气宜采取积极进取型经营方针,经济不景气也有挣钱的行业,也孕育着潜在的市场机遇,关键在你如何把握和判断。因此,了解客观经济形势,掌握经济状况信息,是经营环境调查的一项重要内容。

(2)市场需求调查。如果你要生产或经销某一种或某一系列产品,应对这一产品的市场需求量进行调查。也就是说,通过市场调查,对产品进行市场定位。你应调查一下市场对产品的需求量,有无相同或相类似的产品,市场占有率是多少。如果你提供一项专业的服务项目,你应调查一下居民对这种项目的了解和需求程度,需求量有多大,有无其他人或公司提供相同的服务项目,市场占有率是多少。市场需求调查的另一重要内容是市场需求趋势调查。了解市场对某种产品或服务项目的长期需求态势,了解该产品和服务项目是逐渐被人们认同和接受,需求前景广阔,还是逐渐被人们淘汰,需求萎缩。了解该种产品和服务项目从技术和经营两方面的发展趋势如何等等。

(3)顾客情况调查。这些顾客可以是你原有的客户,也可能是你潜在的顾客。顾客情况调查包括两个方面的内容:一是顾客需求调查,例如购买某种产品(或服务项目)的顾客大都是些什么人(或社会团体、企业),他们希望从中得到那方面的满足和需求(如效用、心理满足、技术、价格、交货期、安全感等),现时好的产品(或服务项目)能够或者为什么能够较好地满足他们某些方面的需要等。二是顾客的分类调查。重点了解顾客的数量、特点及分布,明确你的目标顾客,掌握他们的详细资料,如果是某类企业和单位的话,应了解这些单位的基本状况,如进货渠道、采购管理模式、联系电话、办公地址,某项业务负责人具体情况和授权范围,对某种产品和服务项目的需求程度、购买习惯和特征。如果顾客是消费者个人,应了解消费群体种类,即目标顾客的大致年龄范围、性别、消费特点、用钱标准,对某种产品和服务项目的需求程度,购买动机、购买心理、使用习惯。掌握这些信息,将为你有针对性开展业务做准备。

(4)竞争对手调查。在开放的市场经济条件下,做独家买卖太难了,在你开业前,也许已有人做相同或类似的业务,这些就是你现实的竞争对手。也许你开展的业务是全新的,有独到之处,在你刚开始经营的时候,没有现实的对手;一旦你的生意兴旺,马上就会有许多人学习你的业务,竞相加入你的竞争行列,这些就是你潜在对手。"知己知彼,方能百战不殆",了解竞争对手的情况,包括竞争对手的数量与规模,分布与构成,竞争对手的优缺点及营销策略,做到心中有数,才能在激烈的市场竞争中占据有利位置,有的放矢地采取一些竞争策略,做到人无我有,人有我优,人优我更优。

(5)市场销售策略调查。重点调查了解目前市场上经营某种产品或开展某种服务项目的促销手段、营销策略和销售方式主要有哪些。如销售渠道、销售环节,最短进货距离和最小批发环节,广告宣传方式和重点,价格策略,有哪些促销手段,有奖销售还是折扣销售。

2. 抓住市场机会

学会把握机遇,还应清楚地认识到:

(1)事业对每一个人来说都十分重要,做好一个事情是不容易的。我们做好一件事情,需要有很多的准备工作,不仅仅是具备了知识就可以把事情做好,还要有很多的其他技巧。

(2)在社会上想要有很好的发展,既需要足够的知识储备,也要有一定的实际工作经验。对于有信心想要做一番事业的人,要抓住机遇才可以完成自己的理想。

(3)要想抓住机遇是一件很困难的事情,所以在平时要注意学习知识,掌握专业技术,这样才能得到属于自己的机会,没有专业知识和技术水平是不可能抓住机会的。

(4)机遇是一种可遇不可求的东西,需要我们时刻注意,要想自己有一定的机遇,还需要自己主动的寻找,要善于向别人介绍自己,使别人很快地了解你,有一个很好的人缘是你抓住机遇的最佳方法。

(5)对于很多人来说,有时候机会来的一刻,很多人还会犹豫不决,往往多年以后会后悔,其实机遇来的时候大家要冷静思考,只要这件事情可以做,就一定要坚持做下去,这样才可以把自己的事业牢牢抓住。

三、头脑发热

应该说,对创业充满希望、充满激情是创业者必须具备的一个最基本的素质,是大学生成功创业的精神基础。但仅有创业的激情并不表示创业就能取得成功,在大学生创业的激情后面往往掩盖了大学生创业的种种缺陷,诸如对创业期望值过高,头脑发热,盲目乐观,没有做好充足的心理准备,创业就是心血来潮时的想法等。在创业过程中一旦遇到挫折和失败,往往感到痛苦茫然,甚至沮丧消沉。

大学生创业者往往会仅凭一时之快,产生自己的创业想法,缺乏充分的论证、调研,市场观念淡薄,对创业的理解仅停留在想法与概念上,对产品或项目的市场调查习惯进行理想化的推断,没有一整套细致周密的可行性论证与实施计划。缺乏商业管理等实际创业经验和团队合作精神等。对于这些不足,如果大学生创业者不能理性地加以对待,往往只能成为被市场吞没的"牺牲品"。创业需要理智而不是盲目冲动,创业需要冷静而不是狂热。

市场是生产或生活资料由生产者向消费者转移的一个交易平台。部分大学生创业者在创业时往往缺乏前期市场调查,而随着经济发展,消费者的个性化需求日益明显,如何赢得消费者的反复消费?如何保证消费者的忠诚度?如何让消费者了解自己的产品或服务?很多年轻人凭着创业的冲动,对风险的无知,个人自信心的膨胀,在没有进行市场分析、市场环境扫描、消费市场细分和定位的情况下,只是凭自己的兴趣和想象来决定投资方向,甚至仅凭一时心血来潮做决定,盲目进行原材料采购、机械设备安装、员工招募等一系列企业行为,结果在产出等于零的时候,投入就几乎耗尽了创业团队的现金流,这样的创业一定会碰得头破血流。另外一类情况是创业大学生虽然进行了市场分析,但是分析停留在比较浅薄的层次,没有预见到现金流的重要性、没有精确的市场定位等,结果当然还是不能够走向成功。大学生创业者在创业初期一定要做好市场调研,在了解市场的基础上创业。

创业意味着冒险和付出,也意味着失败和挫折,而不是一时的头脑发热。王选付出了 18 年在实验室里没有节假日的艰辛,才在他所研究的领域中有所成就。比尔·盖茨从 13 岁就开始研究计算机,到从哈佛大学中途退学与朋友创办微软公司,苦熬了 17 年才有今天的成就。大学生创业其中不乏成功者,但肯定经受了种种挫折和考验。大学生往往看到的都是成功的创业史,创业心态自然都是理想主义的。但实际上成功的背后隐含了更多的失败。看到成功,同时也看到失败,才是真正的市场,也只有这样,才能使年轻的创业者们变得更加理智。希望在经历了最初的创业冲动和付出之后,越来越多的大学生能够走向成熟和冷静,并最终走向成功的彼岸。

【案例导入】

王选精神　从未走远[①]

　　王选所主持研究的汉字激光照排系统,使汉字印刷告别铅与火的历史,步入光与电的时代,引发了中国报业和出版印刷业一场深刻的变革。汉字激光照排系统曾经获得国内外二十多项重大奖励,王选教授个人也先后荣获二次国家科技进步一等奖、首届"毕昇奖"、"何梁何利科学与技术进步奖"、"联合国教科文组织科学奖"、"陈嘉庚技术科学奖"、"王丹萍科学奖"等,多次被评为全国先进工作者和北京市劳动模范,并荣获2001年度国家最高科学技术奖。

　　王选教授是北大方正的开创者,他以敏锐的市场判断力致力于技术与市场相结合,远大的学术抱负与追求产业进步相结合,与方正集团的干部员工一道闯出了一条产学研一体化的成功道路,被誉为"当代毕昇"、"汉字激光照排之父"、"中国现代汉字印刷革命的奠基人"、"中国迎接知识经济挑战的先驱"。

　　2001年,中国工程院颁发"二十世纪我国重大工程技术成就"评选结果,"汉字信息处理与印刷革命"仅以一票之差位居"两弹一星"之后,而列次席。这项被称为影响汉字传承乃至中华文明进程的重大科研工程与一个名字紧紧联系在一起,他就是王选。

　　被称为"当代毕昇""汉字激光照排之父",2001年获得国家最高科学技术奖的王选,在20世纪80年代掀起了中国印刷技术的第二次革命。

　　从2006年王选去世至今,已12年。但北京大学计算机研究所多媒体信息处理研究室主任彭宇新却觉得,王选从未走远,他的精神一直影响着北京大学计算机研究所的成长和发展。

　　"科学研究必须要创新,敢于走自己的路,敢于走别人没有走过的路。"

　　1975年前后,不少人认为在西方发达国家科研人员已经先行一大步的情况下,王选的汉字信息压缩和还原方案不可能成功。但王选并没有气馁,他坚信自己的选择,并继续投入更多精力设计完善总体方案。他甚至做了更大的决定:跨过当时流行的二代机和三代机,采用激光输出方案,直接研制世界上尚无商品的第四代激光照排系统。在研发样机的过程中,王选克服身心病痛劳累、骨干人员退出、设备落后、工作条件简陋等种种困难和压力,经过艰苦卓绝的努力,最终与团队一起成功地将原理性样机做了出来,并经过一代一代地改进,最终形成中文电子出版系统推向市场,被国

[①] 资料来源:晋浩天,卢曦雨.王选精神从未走远[EB/OL].(2018-04-28)[2018-10-20].https://baijiahao.baidu.com/s?id=15989520969888160846&wfr=spider&for=pc.

内99%的报社和90%以上的书刊(黑白)印刷厂采用。

"王选能成功得益于他的数学基础,还有他在科研工作中不畏艰难、坚持不懈的精神。一个人要想有所成就,必然要经历极为痛苦、煎熬的时期,这其中可能会有压力、有打击、有挫折、有苦苦的探索甚至是濒临绝望。"北京大学副校长、中国科学院院士田刚今天谈起王选仍然感慨万千,"王选顶住了超乎常人的压力,克服了艰难困苦,最终一鸣惊人。"

"当年,我们做研究时,很多人讽刺我们是'天方夜谭''玩弄骗人的数学游戏',等等,但我们还是坚持了下来。"在王选夫人、北大计算机研究所教授陈堃銶看来,"敢为人先"的精神是王选成功的关键要素之一。"科学研究必须要创新,要走自己的路,敢于走自己的路,敢于走别人没有走过的路。"

王选正直有创造性,同时有坚韧不拔的精神。他本人是一个难得的天才,激光照排技术对整个IT产生了深远的影响。"王选不是一个商人,不是一个企业家。"中国开源软件推进联盟主席陆首群直言,他在肯定了王选对方正做出了极大的贡献的同时,也直言王选"在经营方面可能差了一些"。不过,他表示,王选在把方正创造出来后,选择急流勇退非常明智,很了不起的一位科学家。

【思考题】

创业初期如何开展市场调研?

第四节 资源整合误区

【本节要点】

创业资源的获取和整合伴随于整个创业过程之中,但是仍有部分大学生在创业资源挖掘、整合、管理等方面存在不同程度的误区,本节通过对创业资源整合的误区的分析,提出建议措施,帮助大学生走出误区。

【案例导入】

大学生农村淘宝实现创业梦,3年赢利140万[①]

对于Q来说,开创一条自身的创业之路,是一直以来的梦想。大学结业后,他曾

---

① 资料来源:创业君.在农村实现创业梦3年内销售额达140万[EB/OL].(2016-05-17)[2018-10-23].https://www.cyegushi.com/3089.html.

在北京有不错的工作，决然辞职回到了黑龙江农村创业，他创立的网店在2015年订单已达2万笔，销售额达140万。

创业并不是一帆风顺的事情，Q的创业历程从务农开始。黑龙江是中国的"大粮仓"，有肥沃的黑土地，有绿色、无污染、品质好的农副产品。Q察觉，虽然家里耕地比较多，种的粮食品质也好，但是生产的粮食却"优质不优价"，好东西就这样"憋"在了手里。

Q经常思考如何能既"种得好"，也能"卖得好"。为此，他请教了粮食种植的能人、致富带头人、农业专家，上网查询相关信息，他发现虽然明水县地理位置上的劣势无法改变，但是互联网无边界，加上国家推行的"互联网＋"战略，只要嫁接上"电子商务"一定能走出一条新兴的发展模式。最终，他把目光定位在了淘宝网上。

和客户交好友打开局面，遇困难"团县委"来帮忙

2013年，Q在淘宝网上注册了淘宝店。开始销量并不好，通过促销、免费试吃，网店逐渐打开销售市场。

Q表示，自己的经营理念就是和买家交朋友，通过他们的推广、介绍，扩大销量。小店开张不到一年，就销售出自家生产的大豆、黑豆、大米、小米等农产品5000多公斤，订单量2000多笔，实现销售收入10万元。

创业路上也会遇到一些困难。在Q想采购杂粮、扩大销售规模时，资金周转出现问题。团县委在了解到情况后，主动帮Q与金融部门联系，协调了20万元的创业贷款，解决了货物供应所需资金问题。

"抱团取暖"经营规模扩大，带动农村更多人创业

从年销售额10万到带动11户农民加盟，实现销售额140万，Q只用了一年多的时间。这其中既有Q自身的努力，也和当地大力助推农村电商产业分不开。

在2014年，明水县政府新建了县电商创业园，这里有专业师资力量和培训室、农产品检测检验机构、仓储和物流快递，三年内免费入驻、免费服务，并且创业园每个月都对上个月销售额过5万元的农产品网店给予奖励。通过县团委的帮助，Q和其他电商创业者加入了明水县电子商务协会，实行抱团取暖，降低了物流成本。

2015年，Q与121户农民签订了1400亩杂粮、水稻购销协议，聘请了8名员工，订单量也达到2万笔。

明水县政府与阿里巴巴签署了黑龙江省第一个农村淘宝项目，Q顺利加入。如今，自己的网店在Q看来更像一个创业平台，作为农村淘宝合伙人。"Q们"既能帮助农民在网上购物、销售农产品，还可以帮助他们缴纳电话费、存取款、查询农产品价格、农情信息、办理低保、结婚登记初始登记等便民服务，甚至通过新农贷业务，6个工作日就能为农民办下来2万~50万元的无抵押信用贷款、订单贷款。

随着明水县农村电商的兴起，在当地从日常生活用品到化肥、农药、农机、农具甚至汽车都可以在网上购买。Q认为,在明水县这样的地方创业,电商是最好的平台之一,共青团组织协调创业贷款、提供培训和企业对接等创业资源要用好,电商协会这样的载体让创业人可以"抱团取暖"有效应对市场变化。

由自己干的好转变为带领更多的人致富,Q期待着把自己所在的村建成杂粮专业村,让更多人在广阔的农村天地实现创业梦想。

案例分析:创业过程中,整合资源的能力远胜于拥有所有创业资源。所有创业成功者在新创企业成长的各个阶段,都会做到用尽可能少的资源推进企业往前发展。

【理论讲解】

创业资源的获取和整合伴随于整个创业过程之中,创业者需要有效识别各种创业资源,并且积极借助企业内部的力量对创业资源进行组织和整合,实现企业的核心竞争力,促进企业成长。资源整合是优化配置的决策,是根据企业的发展战略和市场需求对有关的资源进行重新配置,以突显企业的核心竞争力,并寻求资源配置与客户需求的最佳结合点。资源整合的目的是要通过组织制度安排和管理运作协调来争抢企业的竞争优势,提高客户服务水平。

一、创业资源开发不足

创业是不拘泥于当前资源条件的限制下对机会的追求,将不同的资源组合以利用和开发机会并创造价值的过程。

——美国学者 布鲁斯·R·巴格林

创业资源是企业创立以及成长过程中所需要的各种生产要素和支撑条件。创业资源的内涵是指新创企业在创造价值的过程中需要的特定的资产,包括有形与无形的资产,它是新创企业创立和运营的必要条件,主要表现形式为:创业人才、创业资本、创业机会、创业技术和创业管理等。企业的创建、市场的开拓、产品的推介等工作都需要调动社会资源,而大学生在这方面经常会感到非常吃力。这就需要初创企业的大学生积极地对创业资源进行有效的整合。所谓资源整合就是指寻找并有效利用各种创业资源的过程,这一过程应当具备两个特点:尽量多地发现有利的创业资源;以效率最高的方式来配置、开发和使用这些创业资源。有效的资源整合能够帮助创业者明确企业的竞争优势,制定切实可行的战略规划,为新企业成长打下良好的基础。有效的资源整合还有利于形成企业的核心能力。精明的创业者之所以成功就在于能对其创业资源进行有效整合,借助别人的力量为自己所用。

与成熟企业相比,新创企业的创业资源管理过程具有显著差异。对新创企业来说,它们面临着突出的资源约束问题,需要对资源进行有效的管理、整合利用,这是新创企业突破资源不足束缚的重要方法。在进行资源整合的过程中,以下资源是大学生创业者可以充分挖掘的,如金融支持、政府政策、政府项目支持、教育与培训、研究开发转移、商业环境和专业基础设施、国内市场开放程度、有型基础设施、文化与社会规范等方面。

在现实的创业案例中,很大一部分大学生创业者认为自己有很多好的创意,最终一事无成是由于缺少资金,这是有创业想法而没有付诸实践的人的通病。这是思想上的问题,资金根本就不是问题。如今,风险投资不断涌现,为了获得更多利润,投资者也在寻找商机,期望找到合适的项目,只要你的项目符合市场需求,具有市场潜力,资金是水到渠成的事。同时,为鼓励大学生创业,政府和高校出台了一系列的优惠和扶持政策,如大学生创业税费减免、创业证照免费办理、小额担保贷款扶持以及相关的创业奖励。社会上也设立了很多大学生创业扶持基金,为大学生创业者提供资金帮助。作为大学生创业者应充分利用扶持政策,并积极寻找多方面的融资途径。大学生创业者可以利用自身的优势,凭借个人创新的想法积极挖掘资源,为企业争取更大的生存发展空间。

在融资的过程中,有些大学生创业者会存在这样的误区,例如,急于得到企业启动或周转资金,给小钱让大股份,贱卖技术或创意,对风险投资不负责任地使用,烧别人的钱圆自己的梦等。资金作为公司的血脉,必不可少,因此大学生们要想凭借自己的技术或创意获得应有回报,就必须解决好融资问题。

针对上述误区,创业者在融资的过程中需要做好以下工作。

(1)在制订融资方案之前要准确评估自己的有形和无形资产的价值。千万不要妄自菲薄,低估了自己的价值。网易公司经过多轮融资和上市,目前丁磊还拥有超过60%的股份,这说明丁磊在每轮融资的过程中用了少量的股份就达到了自己的目标,是我们学习的榜样。

(2)在融资过程中要做好融资方案的选择。尽管国内的融资渠道还不是很健全,但方式比较多,主要是:合资、合作、外资企业融资渠道;银行及金融机构贷款;政府贷款;风险投资;发行债券;发行股票;转让经营权;BOT融资。多渠道的比较与选择可以有效降低融资成本,提高效率。通过上述途径得到的发展资金可以分为两类:资本金和债务资金。债务资金(如银行贷款等)不会稀释创业者股权,而且可以有效分担创业者的投资风险,推荐优先使用。

(3)如果采用出让股权的方式进行融资,则必须做好投资人的选择。只有同自己经营理念相近,其业务或能力能够为投资项目提供渠道或指导的投资人才能有效支撑企业的成长。目前的关键问题是,大学生很难找到融资对象,找到一个就像发现了救命稻草一样,根本就没有讨价还价的余地,这样的融资肯定会给后续工作带来很多麻烦。出现这种问题的主要原因是信息不对称,因此创业者一定要加强对融资市场的信息收集与整理,在掌握大量的情报资料的前提下做出最优的选择。

二、创业资源管理不当

霍华德·史蒂文森曾经说过,创业者在企业成长的各个阶段都会努力争取用尽量少的资源来推进企业的发展,他们需要的不是拥有资源,而是要控制这些资源。

(一)创业资源管理不当

资源管理就是指对企业所拥有的内部、外部资源进行优化、整合,以获取最大化资源效应。在创办的企业中,人、财、物,甚至是信息都是你可以把握的资源。创业失败者,很多都是在资源的管理方面出现了问题,其中包括信息不同、理念不清、患得患失、用人不当等。尤其对大学生创业者而言,知识单一、经验不足、资金实力和心理素质明显不足,更会增加在资源管理上的风险。

以人力资源流失为例,一些研发、生产或经营性企业需要面向市场,大量的高素质专业人才或业务队伍是这类企业成长的重要基础。防止专业人才及业务骨干流失应当是创业者时刻注意的问题,在那些依靠某种技术或专利创业的企业中,拥有或掌握关键技术的业务骨干的流失是创业失败的最主要风险。

【案例导入】

研究生开面馆扬言 5 年后 20 家连锁,却惨痛失败[①]

自古君子远庖厨。一所高校 6 名研究生声称自筹资金 20 万元,在成都著名景观——琴台故径边上开起了"六味面馆"。

第一家店还未开张,6 位股东已经把目光放到了 5 年之后,一说到今后的打算,他们 6 位异口同声地说:"当然是开分店啦!今年先把第一家店搞好,积累经验,再谈发展。我们准备两年内在成都开 20 家连锁店,到时候跟肯德基、麦当劳较量较量!"

而目前,由于面馆长时间处于无人管理和经营欠佳的状况,投资人已准备公开转让。这家当初在成都号称"第一研究生面馆"的餐馆仅仅经营了 4 个多月,就不得不草草收场。原本想以"研究生"之名来制造广告轰动效应,但事情的发展却出人预料。"研究生面馆"开业不久,6 名研究生就一个个被学校领导找去谈话,要他们在学业和面馆之间做出选择:要么退出,要么退学。

失败原因分析:

[①] 资料来源:徐俊祥,徐焕然.创未来——大学生创业基础知能训练教程[M].北京:现代教育出版社,2017.

1. 生意不红火,管理上也出现混乱,6位研究生称功课繁忙,店堂内经常无人管理。
2. 对市场和消费者需求认识不甚明朗,缺乏详尽的企业规划和安排。

(二)对策分析

创业成功并不需要100%拥有所有资源,整合资源的能力远胜于拥有所有创业资源。也就是说,资源的所有权并不是关键,关键的是对其他人的资源的控制、影响程度。"创业的精髓在于使用外部资源的能力和意愿。"不管资源准备如何充分,我们也不可能预见创业后所有的问题。任何一个创业者都不可能在想出了所有问题的答案后再创业。讨论资源重要性的目的不是给立志创业者泼冷水,也不是建议大家坐等"万事俱备"。对于创办一个小企业来说,并不需要多少资本。创业者与创业之初所控制的资源多少关系不大。很多人在初次创业的时候,都是资源十分欠缺的。对于大学生创业者创业资源获取与管理可以采取以下策略:

1. 人力资源获取与管理

企业的人力资源,在企业内部,通常包括职业经理人、员工,而在企业外部则包括顾问、律师、会计师事务所等。首先的一个问题是,如何寻找经理人?

人力资源获取可以通过人力资源招募和聘用渠道获得。招募(recruitment)是聘用的基础与前提;通过宣传来扩大影响、树立企业形象,达到吸引人应征的目的。聘用(selection)是招募的目的和结果;聘用是使用各种技术测评与选拔方法,挑选合格员工的过程。人力资源招募的途径包括人才交流市场、猎头公司、熟人介绍等方式。

2. 技术资源获取与管理

技术资源的获取途径包括:吸引技术持有者加入创业团队;购买他人的成熟技术,并进行技术市场寿命分析等;购买他人的前景型技术,再通过后续的完善开发,使之达到商业化要求;同时购买技术和技术持有者;自己研发,但这种方式需要时间长、耗资大;技术外包等。

3. 财务资源获取与管理

创业融资策略主要包括:自筹资金、家人资助、国家资助/扶持、银行借款、创业投资、天使投资、风险投资、发行股票等。

【思考题】

1. 大学生的创业资源有哪些?
2. 如何有效整合创业资源?
3. 实战练习:

(1)SWOT模型分析法,就是将与研究对象密切相关的各种主要内部优势、劣势和外部的机会和威胁等,通过调查列举出来,然后用系统分析的方法,把各种因素相互匹配起来加以分析,从中得出一系列相应的结论,该结论通常带有一定的决策性。S(strengths)是优势、W(weaknesses)是劣势、O(opportunities)是机会、T(threats)是威胁。请利用SWOT分析法,分析自己创业选择的优势与劣势,并提出相应的策略与应对办法。

(2)挖掘资源:在美国某著名学府的一堂创业实践课上,老师给三个团队布置了一项任务:给每个团队10美元的创业启动资金,以不从事非法活动、不继续筹募资金为前提,看看哪个团队能在三天时间内赚取最高的利润。最终,老师会给获得最高利润的团队10分钟的课堂宣讲机会作为奖励。第一个团队买了一些修车工具,帮助校内师生有偿维修自行车;第二个团队未动用任何成本,以提供代替排队服务赚取利润;第三个团队则将被允许在该著名学府课堂上进行10分钟宣讲的机会卖给了一家大型公司,获得的利润远远超过其他两支队伍。最终胜出。假设给你的团队100元人民币在2个小时内讨论设计出一个可行的、能够用创造高额利润的行动方案,你的方案将会如何帮助你实现"白手起家"?请设计出你们团队的行动方案,并和同学们分享你的创意。

【阅读延伸】

南京市实施青年大学生"宁聚计划"若干政策措施[①]

一、调整优化落户政策。研究生以上学历及40周岁以下的本科学历人才,凭毕业证书办理落户手续;技术、技能型人才,凭高级工及以上职业资格证书办理落户手续。

二、提供住房安居保障。研究生以上学历及40周岁以下的本科学历人才和技术、技能型人才办理落户手续后,可申请享受相应的住房政策。全日制普通高校(含海外留学)毕业并取得学士及以上学位的毕业生(含港澳台毕业生),全日制职业院校毕业并取得高级工及以上职业资格证书的毕业生,在本市就业创业并缴纳企业职工养老保险且无住房的(或与父母共有家庭唯一一套住房),最长可申领3年住房租赁补贴,其中学士(含高级工及以上)每人每月600元,硕士每人每月800元,博士每人每月1000元。符合条件的可申购共有产权房。

三、核发一次性面试补贴。对非市域范围全日制普通高校(含海外留学)的应届毕业生(含港澳台毕业生)来我市市域范围内登记注册并纳税的各类企业、民办非企业单位和社会团体求职面试的,经核定给予每人1000元的一次性面试(交通和住宿)

---

① 资料来源:南京市人力资源和社会保障局.南京市实施青年大学生"宁聚计划"若干政策措施[EB/OL].(2018-08-13)[2018-10-23].http://www.nanjing.gov.cn/xxgk/qzf/qhq/qhqrlzyhshbzjgwyj_28561/201808/t20180815_5691985.html.

补贴。

四、积极引进海外留学人才。持续办好海外高层次人才交流活动和系列创新创业大赛，加强获奖项目对接落地服务，打造区域性国际人才交流与合作平台，加强海外宣传推介，促进海外留学人才来宁就业创业，同等享受"宁聚"计划各项政策及资助。

五、提供职业技能训练和见习。运用技工院校、高技能人才公共实训基地、企业培训中心等职业技能培训平台，每年提供不少于10万人次的青年大学生职业技能训练机会。推进见习实训基地建设，对参加见习实训的青年大学生按规定给予3—6个月见习生活补贴，补贴标准提高到本市最低工资标准的70%。对见习实训期满留岗就业率高的基地或单位，按规定给予一次性奖励。

六、多渠道开发就业岗位。围绕构建现代化经济体系，聚焦主导产业，积极拓展新领域、发展新业态，开发更多适合青年大学生的就业岗位。鼓励青年大学生到基层社区（村）就业，加大政府购买基层公益性岗位力度，吸纳青年大学生到街道、社区从事公共管理和社会服务。公务员、事业单位工作人员招录时，在基层岗位服务并符合规定条件的大学生可定向招录。

七、鼓励用人单位吸纳就业。鼓励我市市域内科研项目单位吸纳高校毕业生参研，按规定将社会保险补助纳入劳务费列支，劳务费不设比例限制。在我市登记注册的小微企业，新招用毕业1年内的高校毕业生以及技工院校高级工、技师班（预备技师班）和特殊教育院校职业教育类毕业生，签订1年以上劳动合同并缴纳社会保险的，按企业实际缴费金额给予1年的社会保险补贴，并按每人2000元给予一次性奖励补贴。

八、降低创业运营成本。青年大学生在我市实现首次创业，领取营业执照后，给予一次性2000元的开业补贴；正常经营纳税6个月以上的，再给予一次性4000元的创业成功奖励；吸纳本市户籍失业人员就业，签订1年以上劳动合同并缴纳社会保险的，按吸纳就业人数给予每人2000元的一次性带动就业补贴；对在工商部门首次注册登记起3年内的创业者，企业注销后登记失业并以个人身份缴纳社会保险费6个月以上的，按照其纳税总额的50%、最高不超过1万元的标准从就业资金中给予一次性补贴用于个人缴纳社会保险费。

九、提供创业场地扶持。符合条件的青年大学生初创企业，入驻政府举办或认定创业载体的，可提供30平方米免费场地或给予场租补贴；在创业载体外租用经营场地创业的，给予每月不超过800元的场租补贴；利用自有房产创业的，给予每月300元的基本运营综合补贴；所需经费由创业实体纳税所在区负责。对创业服务功能强，创业孵化企业数多，孵化成功率高，带动就业明显的大学生创业载体经评审给予最高20万元的一次性奖励。

十、拓宽创业融资渠道。将创业担保绿色通道范围覆盖到我市中职院校,符合规定经授权的免除反担保要求。初创项目3年内获得风险投资的,可按单个项目融资总额的10%、最高不超过30万元给予配套支持。加大对优秀大学生创业项目的遴选资助,在现有20万~50万元的资助等次基础上,向下增设10万元的资助等次,扩大优秀项目遴选资助范围和覆盖面。对获得国家、省级创业大赛获奖项目并落地我市发展的,按赛事层级及获得奖项给予配套奖励。

十一、加强就业创业指导服务。在高校聚集区开设人才服务分中心,为离校毕业生提供一条龙就业创业服务。取消高校毕业生来我市就业协议书鉴证手续、省内就业调整手续、就业报到手续。建设"互联网+"公共就业创业服务平台,以政府服务网站、政务微博微信等平台建设为载体,为青年大学生提供实时推送、动态跟踪的就业创业网上服务。2018年实现在宁高校就业创业指导站全覆盖和常态化运行,对开展就业创业指导成效显著的每年经核定给予奖励。完善"创业导师进高校"工作,加大经费保障支持力度。每年组织"百家名优企业、百场招聘、百场宣讲进高校"活动。在驻宁高校门户网站首页和"我的南京"手机APP客户端设立"宁聚计划"专栏,实时推送我市相关就业创业政策、就业岗位发布、相关活动、动态等内容,并接受相应网上申报。

十二、营造就业创业良好环境。加大我市吸引青年大学生就业创业政策宣传力度,大力选树青年大学生在宁就业创业典型。推行青年大学生志愿者实名注册制度,常态化组织青年大学生进企业、进园区、进社区开展社会实践等活动,实施"宁聚青春·大学生感知南京"行动计划,通过开展系列活动,促进大学生深入了解和感知南京,留得住、发展好。每年四月下旬至"五四"期间举办"南京大学生双创节",组织在宁高校师生积极参与"赢在南京"系列创新创业活动,持续打造青年大学生创业大赛暨"互联网+"科技创业大赛品牌,组织开展多种形式、创新场景体验的系列活动和服务,促进人才、项目对接落地,进一步营造南京爱才、引才、用才的良好环境。

【本章小结】

创业绝非一条平坦大道,对于大学生创业者而言,创业的失败总是有这样那样的原因,在创业的初期阶段,创业者应充分把握个人或团队在创业过程中可能会遇到的认知或行为误区,规避创业陷阱,进而取得创业成功。

第六章　走向创业成功

【教学目的】

通过本章知识的学习，帮助创业者了解创业前的准备，知道创办企业的流程和其中的关键要素，把握好相关政策法规，选择适合的创业模式，做好相应的风险管理，以顺利走向创业成功。

【知识点】

1. 创业环境；
2. 创业项目；
3. 创业模式；
4. 创业能力；
5. 创办企业程序；
6. 创业风险。

【重点和难点】

1. 创业准备；
2. 创办企业；
3. 创业风险。

【本章要点】

创业需要借助一定的创业形式开展创业活动。绝大多数创业者是以创办企业的形式开展创业活动。通过本章知识的学习，旨在让创业者充分做好创业前的准备，详细了解如何创建企业，进一步熟悉企业创业的程序和其中的关键要素，掌握相关政策法规，做好风险管理，最终走向创业成功。

【案例导入】

从微店到公司

日前,"微信营销"是年轻人创业、兼职的潮流。很多大学生也在尝试流行的"O2O"线上销售模式,不用租房子、不用注册公司,且不像淘宝那样需保证金和层层认证的流程,只需手机号、身份证号就能快速开店。

送餐、送水果、送零食……大学城里一股"微信营销"风蔚然兴起。中山大学W同学和一个老乡合伙开始了广州大学城第一家微信水果商城"果姑娘";福建农林大学L同学用微信卖水果最高纪录月收入超3万元;重庆邮电大学J同学和他的合作人创办了水果配送品牌"菜小二",做网站、APP、微信平台的技术研发、运作,在校外租了80多平方米的套间作创业基地;在武汉商学院,三个学生组成"三分度"创业团队,通过微信卖红枣、电脑耗材、运动文具等,引起某上市公司关注,对方授权他们建起首个校园代理店。

【理论讲解】

你可以像马云一样去创业,但是,收获马云那样辉煌或是"浮云"。不是每一个创业者都能成为马云,与此同时,并不是每一个创业者都不能超越马云。需要特别提醒的是,创业者要有马云般的勇气——"其实最大的决心并不是我对互联网有很大的信心,而是我觉得做一件事,经历就是成功,你去闯一闯,不行你还可以调头,但是如果你不做,就像你晚上想想千条路,早上起来走原路,一样的道理。"马云提起当初,赞赏的是自己的勇气而不是眼光。

其实创业本身一点都不神秘,而是充满了判断,充满了抉择,需要机遇,需要勇气,需要果断。

——百度公司总裁 李彦宏

第一节 创业准备

【本节要点】

走向创业成功,必须从一开始就做好充分的创业准备。本节重点介绍了创业项目的选择中需要注意把握的创业环境,需要了解的创业模式以及需要具备的创业能力。

【案例导入】

一大学生高调开公司 9 天即告"破产"①

S 同学从西安某大学毕业,找了一家待遇不错的公司。但他并不想替别人打工。2008 年初,他和他的朋友集资,创办了陕西某科技有限公司、公司主管域名注册、网络建设等项目,同时还取得了一种环保产品的陕西总代理。

公司先招聘了 20 多名员工,多数为刚毕业的大学生,9 天后,公司就陷入了困境,资金短缺。S 同学去银行贷款,但没有房子、汽车做抵押,也没有公司担保,没有银行贷款给他。在此种种困境之中他们无奈宣告破产,公司从成立到破产,仅仅生存了 9 天。

S 的创业失败告诉我们,创业需要有足够的准备,需要深思熟虑,需要反复评估后再行动,需要具备创业者所应有的能力和素质。

【理论讲解】

只要肯动脑筋,充分运用自己的专长和本事,想创业其实并不难。难就难在要创什么业,而这就是回归自己的兴趣和专长。

——程欣乔《成功创业八方案》

欲望是创业的最大推动力,创业始于自信,成于诚信。

——冯仑(万科)

创业的成功案例一直像磁铁似的吸引着大众,于是越来越多的人开始走上创业之路。但创业路是一条漫长的道路,中间会经过各种各样的困难与问题。有的人成功了,接到了鲜花与掌声,但往往还有很大一部分人就以失败告终了。人人都可以创业,但不是每个人都能成功。但创业前你必须打有准备的仗。创业前到底需要做好哪些准备工作才能保证事半功倍的效果呢?

一、了解创业环境

对于创业者来讲,创业成功与否,与创业环境有着非常重要的关系。

在我们看来,创业环境是指围绕创业者的创业和发展的变化,并足以影响或制约创业行为的一切外部条件的总称,既指影响人们开展创业活动的所有政治、经济、社会文化诸要素;又指获取创业帮助和支持的可能性。它既包括自然环境也包括社会

---

① 资料来源:朱丽亚. 一大学生高调开公司 9 天即告"破产"[N]. 中国青年报,2008-05-12.

环境。具体来说,考虑创业环境,主要从以下几个方面:

(一)影响创业的自然环境

在创业之初,创业者就要充分考虑自然环境对创业的影响。这包括气候环境、地理环境、水源环境、土地资源环境、地形地貌环境、空气环境、生产原料资源环境等。比如,生产矿泉水,要求水源环境要符合标准,天然的高质量的矿泉水不仅可以降低生产成本,还可以提高产品的品位,选择水源环境对于生产矿泉水的企业就至关重要。

此外,特别要提醒的是,在我国,人口众多,拥有广阔的市场,而大学生创业多选在较为繁华的大都市或省会城市,市场潜力巨大。但受到开采技术、传统资源观等因素的影响,我国如今面临资源短缺、环境污染严重、能源资源成本上升的难题。因此,在创业的过程中,我们需要充分考虑自然环境,实行生态营销、绿色管理,提高自然资源利用效率。

(二)影响创业的社会环境

社会环境包括政治和法律环境、经济环境、文化环境、技术环境、市场环境、人力资源环境等方面的因素。具体来说:

1. 经济环境

经济环境是指构成企业生存和发展的社会经济状况以及国家和地区的经济政策。影响创业的经济因素包括经济结构、经济体制、经济发展水平、国民收入、资本市场、宏观经济政策等要素。

经过40年的改革开放,我国对外开放程度进一步加深,与世界进一步接轨;随着社会经济发展,科技进步,为广大创业者带来了巨大商机。对于大学生来说,此时创业无疑是合适的。

2. 文化环境

影响创业的文化环境因素包括社会结构、生活方式、城乡差别、就业状况、道德风气、社会风俗和习惯、信仰和价值观念、教育文化水平、行为规范、生活方式、文化传统等。

在"大众创业、万众创新"的时代大背景下,更多社会力量参与到创业中来,创业已成中国社会的一部分。高校和社会越来越注重大学生的创业。例如,通过"挑战杯"大学生创业大赛、"赢在中国"等活动和节目,都在为大学生创业积累或寻求相关支持,希望通过多方努力能够更好地培育创新意识、孕育创新技术。

3. 政治和法律环境

政治和法律环境是指制约和影响创业的政治、政策和法律系统。政治环境因素包括国家的政治制度、政党和政党制度、政治团体及国家的政策方针和政治形势。法律环境因素包括国家制定的法律、法规、法令以及国家的执法机构等因素。政策环境因素包括国家制定的政策持续性分析、信贷政策、税收政策、财政补贴技术创新政策等。

政府对大学生自主创业提供各方面的保障。例如,简化不必要的程序;建立自主创业教育培训中心免费为大学生提供项目风险评估和指导;落实国家相关针对大学生创业的税收减免的优惠政策;大学生创办的企业被认定为青年就业见习基地的,就可以享受有关补贴;对大学生创业失败经机构审查非人为故意的,可免除所贷资金利息等。高校毕业生(含大学生专科、大学本科、研究生)从事个体经营的,自工商行政管理机关批准经营之日起,一年内免交个体工商户登记注册费、管理费、集贸市场管理费、经济合同签证费、经济合同示范文本工本费。此外,如果成立非正规企业,只需到所在区县街道进行登记,可免税3年。自主创业的大学生向银行申请开业贷款担保额度最高可为7万元,并享受贷款贴息。

对于创业者来讲,了解、熟悉国家法律规定和相关政策,甚为重要。允许建立什么行业,不允许建立什么行业;国家对什么行业给予鼓励政策,又对什么行业限制发展;国家对于创办特殊行业有哪些规定、要求等。这些法律规定和相关政策对创业有着巨大影响,甚至起到决定性的作用。毕竟,创办企业是在相关法律规定的前提下进行的。

4. 技术环境

科技发展对经济发展有巨大影响,可以说是第一生产力。当前世界,生产的增长越来越依赖科技进步。大学生应紧跟科技发展的步伐,更多地应用尖端技术,以适应知识经济时代的发展。影响创业的技术因素包括国家对科技开发的投资和支持重点、该领域技术发展动态和研究开发费用总额、技术转移和技术商品化速度、专利及其保护情况等。

5. 市场环境

市场的需求是企业发展的根本,不了解市场需求,盲目创建企业,最终结果是走向失败。因此,创业者在创业之前要广泛深入地调查市场情况。

6. 人力资源环境

对于创业者来讲,人力资源环境最重要的有两条:一是人力资源市场能够提供可用的人力资源,包括是否能够满足企业对人力资源在健康程度、性别、技术能力等方面的要求,二是人力资源在劳动报酬方面的要求。这两方面直接关系人力资源的劳动生产率和人力资源的使用成本,解决不好势必影响企业的生存和发展。

总的来说,社会环境对创业的影响是多方面的,创业者要全面考虑。能利用的社会环境充分利用,不能违反的要严格遵守。创业者对社会环境利用得越好,创业者成功的可能性就越大。

二、选定创业项目

创业项目的选定是创业准备中相当重要的一环,直接关系到成败。通过关注政策变化、搜索市场空白、发挥技能专长、利用自然和社会资源、改变经营模式、关注外围经营项目等方面的努力,我们可以发现到自己的创业项目。

在选择创业项目时,我们会受到诸多因素的影响。

1. 个人兴趣与特长

正在艰难选择项目的创业者,最好选择自己感兴趣的行业和项目进行创业活动。因为兴趣是最好的老师。只有选择了喜欢做而又有能力做的事情,才会自觉地、全身心地投入;有了兴趣,才可能在遇到困难和挫折时,百折不挠、千方百计地克服困难。可见,个人兴趣与特长是影响创业者项目选择的最重要个体因素。

2. 对所选择行业的熟悉度

对选择行业的熟悉度是影响项目选择的重要因素。在自己熟悉的行业里选择创业项目,能增加成功的把握。熟悉的行业和项目有两层含义:一是自己所学专业领域的项目,大学生已掌握一定的专业知识和专业技能,选择属于自己的专业领域的项目,就省去了重新学习的时间,能尽快地投入工作;二是对所选项目或产品比较熟悉,平时关注多,研究较为深入,可以避免走弯路。大量经验证明,许多工作需要的是熟悉,如开饭店、开茶馆、经营服装鞋帽、开办文化娱乐业等。在深入了解、熟悉行业的过程中,总结出行业的规律,找到生财的窍门,再加上勤奋和信心就能取得创业成功。

3. 市场机会及其利用能力

调查分析拟选项目是否有市场机会以及创业者本人是否有能力利用这个市场机会,是影响创业者项目选择的决定性因素。一方面,项目本身是否科学、可行是创业成败的关键,如果项目本身不科学、不可行,即使付出再大的努力最终肯定是失败。只有查阅大量资料,开展广泛的市场调查,然后加以对比研究,才能确定市场机会的价值。另一方面,客观存在着的市场机会并不一定会成为创业机会。只有创业者具有利用该机会的资源能力和技术能力,并且利用该机会足以实现其经营目标,这一机会才是属于你的市场机会。

4. 能够承受的风险

创业过程中存在着不可控制的因素,一旦把资金投入进去,谁也不保证一定能够成功。因此,在选择创业项目时,无论怎样,都必须考虑"未来最坏的情况可能是什么,最坏的情况发生时,能不能承受"的问题。如果答案是明确和肯定的,那么,只要项目的预期报酬率符合预期目标,就可以选定。

5. 国家相关政策与法律

国家会出台经济发展相关问题的政策与法律,一方面会禁止或限制某些行业或项目的发展,另一方面又会鼓励和支持某些行业或项目的发展。因此,创业者选择项目时候,一定要选择国家政策鼓励和支持并有发展前景的行业或项目。

创业项目选择是一项非常复杂的系统工程。选择项目时,除了充分考虑上述因素以外,还要做好大量技术性工作,如进行市场调查、市场预测及项目的评估,毕竟市场对项目产品的需求才是创业能否成功的根本。

通过分析市场供求差异、调查顾客的抱怨和困难、分析热销商品背后隐藏的商机、进行市场细分、分析自身能力和经验等途径,我们可以选择自己的创业项目。在选择创业项目时,我们可以运用专家评价法、基于行业标准的项目评价法、层次分析法、模糊综合评价法、数理统计法等方法。不管是哪种途径或方法,我们整体上都要遵循以下几个原则。

1. 知己知彼原则

从某种意义上讲,创业活动不亚于一场惊心动魄的战斗。为取得胜利,须做到知己知彼。"知己",就是创业者对自己的状况有清楚的认识和判断;越"知己"越容易找到扬长避短并适合自己的项目,越能提高创业成功效率。"知彼"就是要了解创业所在地的社会经济环境、当地市场的竞争强度等,便于开阔创业视野、捕捉市场机会,增加项目选择的合理性。

2. 自有资源优先原则

在创业环境分析的过程中,需要选择出重点利用和开发的资源。要优先选择创业者本人拥有的或自己可以直接控制的资源,既包括专有技术、行业从业经验,也包括经营管理能力、个人社会关系,这些资源在利用过程中容易使得成本较低且容易使创业者在市场竞争中占据主动。

3. 量入为出原则

量入为出是创业者必须切实遵循的原则。在创业行动之前,要考虑项目启动资金量是否可以承受,后续资金投入能否跟上,项目投入时固定部分和流动部分的比例如何安排等问题。创业时必须考虑的财务问题,要统筹规划,量入为出,不能顾此失彼。

4. 短平快原则

由于先天条件不足,创业者在创业之前普遍缺乏资金、客户等资源,为尽快脱离创业"初始危险期",使项目运作进入良性循环,在同等条件下,应优先考虑那些"短平快"项目。这样,一方面可以迅速收回投资,降低投资风险;另一方面,即便项目后期成长性不好，创业者也可以选择维持经营或主动退出，利用掘到的"第一桶金"另寻出路。

三、选择创业模式

经过深入细致的市场分析和调查进而确定创业项目之后，应当选择适合的创业模式。创业模式主要包括创业组织形式、创业行业以及创业方式等，是创业者为保障自身权益、实现创业理想，而对各种创业要素的合理组合。

创业模式在一定时期内是相对稳定的，但随着技术发展和社会变迁，成熟、稳定的创业模式必然或遭淘汰或改造更新，并为新的模式所取代。因此，创业模式具有明显的时代性。

(一) 常见的创业模式

目前，我们常见的创业模式主要有：

1. 项目小组

一般情况下，创业公司将新业务按职能专长进行分解。例如，将新项目的技术工作交给研发部门，营销工作交给市场部门。这种方式下，新业务的整体性差，成功系数大大降低，或错失了创业机会。

项目小组则是采用项目的方式，以任务为导向，按照公司战略规划和部署，从技术和理念等方面进行创新和改进。以项目小组的形式开展新业务，一般具有以下几个特点：第一，它与现有业务紧密相关，服务于公司的整体战略构想；第二，它有明确目标，有预期的产品或成果；第三，公司全部承担资金投入，各部门相互协作，并充分利用公司各种资源；第四，有具体的时间计划和成本预算。相比之下，项目小组的形式更有利于调集管理资源，协调各部门的力量，集中开发新业务。

然而，从大量的企业实践中发现，若全部在公司内部进行新项目，均由内部解决所有的资金投入，很可能出现"软预算约束"问题。即公司内部的新项目启动后，资金需求会突破原先预算，而公司又无力对项目进程进行调整，使项目费用保持在预算之内。项目一旦启动便具有一定的刚性，同时由于新业务前景的不确定性，即使项目进行中费用超支，公司决策层也很难忍痛割爱去终止项目，因为这意味着彻底放弃了成功的希望，使前期投入变成了沉没成本。

2. 创业孵化器

我们将"通过提供一系列新创企业发展所需的管理支持和资源网络，帮助和促进其成长的创业运作形式"称作创业孵化器。孵化器通过提供场地和设施、培训和咨询、融资和市场推广等方面的支持，降低新创企业的创业风险和创业成本，提高成功率。公司通过独立的孵化器来开展新业务，主要目的是引入创新和创业的思维，为未来发展做战略业务储备。进入孵化器的新业务都是以独立的新创实体的形式出现的,公司除了提供有偿的硬件和软件支持外,不过多地参与新创实体的经营管理,所以对新创事业的控制相对较松。公司在利用自身丰富的管理经验和市场运作经验为新创事业提供支持的同时,也时刻在用战略的眼光审视被孵企业,选择符合自己战略发展的企业或团队作为未来的业务整合对象。

特别提醒的是,时间、精力和资金等资源是有限的,创业孵化器不可能擅长所有的业务,在以创业孵化器的方式进行运作时,创业企业需要集聚在某一个或者某几个相关的业务领域,找到自己的核心优势。只有这样,公司才能逐步登上业务增长的阶梯。

3. 风险投资

对于初创企业来说,吸引风险投资商对自身进行投资是最常用的一种创业模式,往往是新兴、快速成长、有巨大竞争潜力的企业或项目,以追求高额回报为其投资目的。也就是说,这是由职业金融家将风险资本投向新兴的、迅速成长的、有巨大竞争潜力的未上市公司(主要是高科技公司),在承担很大风险的基础上为融资人提供长期股权资本和增值服务,培育企业快速成长,数年后通过上市、并购或其他股权转让方式撤出投资并取得高额投资回报的一种投资方式。

风险投资的基本特征主要有:一是它不是一种借贷资本,而是一种权益资本,着眼点不在于投资对象当前的盈亏,而在于他们的发展前景和资产的增值;二是它是一种无担保、有高风险的投资,主要用于支持刚刚起步或尚未起步的高技术企业或高技术产品;三是它是一种流动性较小的中长期投资,往往在风险企业初创的时候就投入资金,一般需要 3~8 年才能取得收益;四是它是一种高专业化和程序化的组合投资,通常投资于项目群,利用成功项目所取得的高回报来弥补失败项目的损失并获得收益;五是它是一种投资人积极参与的投资,投资人介入其经营管理,提供相应咨询,参与重大问题决策,尽力帮助企业获得成功;六是它是以追求超额利润回报为主要目的的财务性投资。

风险投资的基本要素包括风险资本、风险投资人、风险企业和资本市场。风险资本指的是由专业投资人提供、投向快速成长并具有很大升值潜力的新兴公司的一种资本。风险投资人是风险资本的运作者,是风险投资流程的中心环节,其工作职能是辨认、发现机会,筛选投资项目,决定投资,促进风险企业迅速成长或退出。如果说风险投资家的职能是价值发现的话,风险企业的职能是价值创造。风险企业家是新技术、新发明、新思路的发明者或拥有者,他们在其发明、创新进行到一定程度时,由于缺乏后续资金而寻求风险投资家的帮助。除了缺乏资金,他们往往缺乏管理的经验和技能,这也需要风险投资家提供帮助。资本市场是风险投资实现增值变现的必经之路，没有发达完善的资本市场，就不可能使风险投资获得超额回报，从而使风险投资人丧失了进行风险投资的原动力。

4. 天使投资

天使投资在创业企业发展中发挥着不可替代的作用，可谓是创业企业股权融资的"伯乐"。完善的天使投资市场对风险资本市场的繁荣至关重要，随着良好天使投资氛围的形成，更多的创业企业将破土而出、茁壮成长。

此外，对于海外留学人员，还有一种新的创业模式——各地开辟的专门的海外留学归国人员创业园，来吸引、支持和帮助海归人员创业。另外，在美国硅谷等风险投资活跃的地区，EIR(Entrepreneur In Residence)成为行业新宠。即指已有成功创业及运营经验的创业家，他们被风险投资公司吸收进入初创企业成为一名全职工作人员，从风险投资公司获得薪水和其他工作条件、必要的资源支持。在通常为几个月到一年的任期内，这些创业家与风险投资家合作，寻求和识别新的商业机会，以规划新的创业事业，并担任最高管理者，领导新创公司的发展。除了具备创业者的一般素质外，成为风险投资公司心目中理想的入驻创业家还必须具有成功的企业运营或创业经验、优秀的综合素质、深刻的行业远见。这种模式具有优化项目筛选、规避代理风险、整合创业资源的优势。

(二)当前大学生的主要创业模式

1. 个人独资(个体经营)和合伙经营的小店面

这是一种最为常见的大学生创业模式，主要是指大学生个人或几个人创办的"工作室型小企业"，或选择一些企业，凭借他们的品牌和产品开展业务。选择此模式的大学生创业者主要有以下几种情况：①立足于校园及周边市场，为广大的学生消费群体服务。这些创业者来源于学生，服务于学生，基于自身对学生消费需求的了解，更好地挖掘学生这个特殊的消费市场。②迫于生计，勤工俭学。不少贫困大学生通过这种创业模式获得更多的经济来源。③由于自身条件包括资金、时间、学业压力、心理压力等限制，这种低投入、低风险的创业模式更容易为大学生创业者所接受。

这种创业模式具有以下特点：①涉及行业很多，选择自由灵活。创业者可以抓住学生消费群体特点来确定行业，在各个领域进行创业。②启动资金少，大大降低了创业风险。③需要较多的精力投入，创业者要花大量的时间来经营店面，对于在读的大学生而言，有可能影响学业。

2. 法人股份制的小型公司

这是指大学生以股份形式合资从事的创业活动，多数由家长亲戚作为后盾，提供资金支持。这种创业模式广泛存在于大学高年级或刚毕业的大学生创业团队中。在高年级学生中意识到就业的压力,更多的学生会选择合作创办企业解决自己的工作问题。他们往往选择较高科技含量的行业开展业务。

这种创业模式的特点有:①企业组织等模式相对稳定。②资金投入较多,风险较大,直接面对市场的机遇和挑战。③大学生创业者缺少管理、人事、财务等方面的经验,不够了解各项政策法规。④技术人员少,思维能力有限,其产品技术含量较低,多数属于低层次竞争。⑤信息流通慢,辨别能力差,对于市场上的情况较难做出迅速反应。⑥研发资金投资周期长,不利于初创型企业发展。

3. 依托公司,利用关系创业

这种模式主要是把一些公司的客源当作自己创业企业的客户从而扩大自身业务量,建立协作关系,拓展自身市场。社会上一些成功的民营企业将自己的创业经验、管理方法等传授给大学生创业者,帮扶其创业就属于这种创业模式的范畴。随着经济发展,这种创业模式已成为一种最具潜力的创业模式,也是新经济时代主流的创业模式,是合作竞争、快者生存的新经济时代的必然产物。

相比较而言,这种创业模式具有以下特点:①创业效率以及创业成功率高。②企业成长周期短。③创业者需具有良好的知识、技术和素质。④创业者个人风险小。⑤销售网络通畅,资金回笼快。

4. 创业园创业

这是利用国家的优惠政策,凭借自身专业技术或完善的创业计划在国家兴建的创业园区进行创业的方式。不少大学生创业者利用这一创业模式已迈出了成功的第一步。

自1998年清华大学首届大学生创业大赛成功举办以来,我国大学生创业计划大赛逐年涌现,国家不断出台关于大学生创业的优惠政策,各地的创业园区相继兴建,大学生创业得到了政府和社会各界前所未有的关注、认可和支持。这就有利于大学生创业者发挥自己的专业特长,凭借自己的兴趣和技术创业,通过详细的商业计划书吸引风险投资商。

通常,这一创业模式呈现出以下特点:①得到政府政策的支持和创业园区的各项帮助。②风险小,但各个细节要考虑周密。③凭借专业创业,使理论联系实际,加速知识向生产力转换。④受地方政府保护。⑤信息来源好,流通快。

每种创业模式都有自己的特点,大学生需要带着自己的技术创业,在学以致用中体现自己的价值,为实现国家富强、民族振兴贡献力量。

四、提升创业能力

我们将创业能力概括为影响创业实践活动效率、促使创业活动顺利进行,并能够创立和发展一项或多项事业的主体心理条件。虽然与其先天带来的某种性格、气质有关，但这种主体心理条件主要靠后天的学习、锻炼，特别是要靠教育和培养来获得，是具有较强综合性和创造性的心理机能，是知识、经验、技能经过类比、概括而形成的并在创业实践中表现出来的复杂而协调的行为活动。

联合国教科文组织亚太地区办事处于1989年在曼谷会议上正式提出了具备创业素质的人才应具有的能力：①创造力和创造精神；②学习能力；③技术能力；④团队合作精神；⑤解决问题的能力；⑥信息收集能力；⑦敏锐的洞察力；⑧研究和完成项目的能力；⑨环境适应能力；⑩献身精神。我国学者彭刚把创业能力划分为专业职业能力、经营管理能力和综合性能力；学者郭先根认为创业能力由决策能力、经营管理能力、创新与自信能力、交往协调能力组成。

我们认为，创业能力由创业认知能力、创业自主能力、专业职业能力、竞聘能力、社会能力等组成，是一种综合性的能力，具有创造性、智能性、综合性、个体制约性、社会实践性等特征。其中，创业认知能力是创业能力的核心因素，主要包括认识环境能力、认识自我能力和解读信息能力三个要素；创业自主能力主要包括计划能力、自学能力、控制能力、奉献精神四个要素；专业职业能力主要包括专业知识技能、分析决策、解决问题的能力和应变能力四个要素；竞聘能力主要由竞争意识与能力、自我推销能力、沟通能力、自信心和表达能力等要素构成；社会能力主要包括社会适应能力（忍耐力、抗挫与抗压力、心理调适能力）和社会实践能力（社交与合作能力、谈判能力、社会洞察力、组织指挥力）。作为创业者，应该具备"具有理想、能够忍耐、眼界开阔、辨明形势、商业敏感、善于交友、胸怀谋略、敢于冒险、懂得分享、不断反省"等十个方面的素质。对于创业能力的养成，我们这里借鉴陈永秀学者的观点，即从专业能力、方法能力和社会能力三个方面来谈创业能力。

1. 专业能力

专业能力是指与创业密切相关的主要岗位或岗位群所要求的能力。创业者应具备的专业能力主要体现在以下3个方面：①创业组织中主要职业岗位的必备从业能力；②接受和理解与所创业经营方向有关的新技术的能力；③把环保、能源、质量、安全、经济、劳动等相关的知识和法律，运用于本行业实际的能力。

2. 方法能力

方法能力是指创业者在创业过程中所需要的工作方法，是创业的基础能力，主要体现在以下方面：接收和处理信息的能力；捕捉市场机会的能力；分析与决策的能力；联想、迁移和创造的能力；申办企业的能力；确定企业布局的能力；发现和使用人才的能力；理财能力；控制和调节的能力。

3. 社会能力

社会能力与情商有很多共同点，指创业过程中所需要的行为能力，是创业成功的重要保证,是创业的核心能力,主要体现在以下方面:人际交往能力、谈判能力、策划能力、合作能力、自我约束能力、适应变化和承受挫折的能力。

这些不是彼此对立和割裂的,而是相辅相成的,要充分挖掘和培养大学生的智商和情商,使得他们的创业基本素质与综合能力更趋完善,为他们的人生未来夯实成功基础;同时,创业者本人也要有不断提高自身素质的自觉性和实际行动,通过不断的学习和改造,促进自身综合素质的不断提高。哈佛大学拉克教授讲过这样一段话:"创业对大多数人而言是一件极具诱惑的事,同时也是一件极具挑战的事。不是人人都能成功,也并非想象中那么困难。但任何一个梦想成功的人,倘若他知道创业需要策划、技术及创意的观念,那么成功已离他不远了。"

【思考题】

1. 如何确定创业项目?
2. 创业模式有哪些?
3. 大学生在校期间如何培养创业者的基本素质和能力?

【阅读延伸】

大学生自主创业,活鸡摊+鸡汤馆模式让他年入百万①

大学毕业后,阿南摆摊卖衣服、摆烧烤摊等,没觉得有啥前途,心灰意冷之际,他去一个亲戚家吃饭。吃饭时,亲戚说:阿南,城里的鸡都没有鸡味道,下次你回老家带几只土鸡给我呀。就是这简单的一句话,改变了阿南的一生。

阿南想把老家的土鸡卖到城里。说干就干,他立马跑回老家,用手机拍了很多农村散养土鸡的照片,打印出来几本彩色资料。阿南开始跑重庆的餐馆,1个多月下来,跑了50多家餐馆,只有5家小餐馆答应试试,一试,发觉真正的农村土鸡是不一样,于是答应长期要阿南的货。

由于给餐馆送土鸡卖不上价,还得给人家送货上门,阿南决定去重庆的高端小区菜市场里卖土鸡。他一次拿了10只土鸡,找了菜市场一家卖鸡的寄卖,阿南还当场杀了一只,把整个菜市场里的买菜的都招过来了。10只土鸡,3小时卖完9只,1只给煮着吃了,但是一算总账,阿南赚了90块。阿南决定自己盘一个摊位专门来卖鸡,每天杀一只活土鸡煮着吃,然后卖土鸡、土鸡蛋,还有农村的腊肉什么的。

---

① 资料来源:创业家. 大学生自主创业,活鸡摊+鸡汤馆模式让他年入百万[EB/OL]. (2018-07-27) [2018-10-23]. http://sh.qihoo.com/pc/9e617021053bdbf7e? cota=1&sign=360_e39369d1.

他要打出土鸡品牌,开个小的鸡汤馆,主营土鸡汤,还有鸡杂煲等一系列土鸡系列菜。每天中午或者晚上,阿南就在门口煮一锅土鸡汤,过路的人随便喝随便吃,当然不能带走。很多客人想把土鸡带回家自己煲,阿南就要客户留下送货地址,然后去他菜市场的摊位杀活鸡,杀好后连他祖传的配料一起送给客户。活鸡摊+鸡汤馆的模式,阿南一年轻松赚100万。

第二节　创办企业

【本节要点】

开展创业活动,必须借助于某种创业的组织类型,具备一定的法人资格。因此,了解建立企业的一般程序与要求是创业者进入市场前开展创业活动必须要准备并完成的重要工作内容。

通过本节内容的学习,旨在让创业者了解创业的程序,让企业在法律上、伦理上具有相应的效力,进而获得社会认同。

【案例导入】

俩大学生合伙创业　年销售额超 500 万[①]

有的学生,毕业了还没找到工作;有的学生,没毕业就当了"老板"。郑州某大学,有两位大学生在家乡经营家庭农场,发展苗木经济,创业一年多,销售额达 500 多万元。

首次创业:刚进大学校门　这俩人就琢磨着创业

郑州某大学这两位创业的大学生,W 和 N,从进大学校门开始,关系就很铁。W 受到家人熏陶,很有经济头脑。入学不到一个月,W 和 N 就合伙在校园里开始了第一次创业。

第一次创业,他们选择在学校卖化妆品。当时,全校一共有约 40 栋宿舍楼,他们雇了 40 多人做销售,起初经营状况不错,每天能赚两三百块钱。但由于他们经营的都是低价化妆品,供货渠道减少,加上学校商店化妆品专柜的竞争,两人最终选择放弃。

---

① 资料来源:创业家.郑州两在校大学生合伙创业,年销售额超 500 万[EB/OL].(2015-10-16)[2018-10-23].http://www.sohu.com/a/35953560_239435.

二次创业：进军苗木种植行业　首笔订单 10 多万元

对第一次创业的失败，W 和 N 归结为对化妆品行业不了解。第二次创业，两人选择了家里有人从事的"苗木种植"行业。2013 年初，两人通过银行贷款 10 万元，承包了 100 多亩土地，主要通过网络寻找求购树苗的信息，推销树苗。刚开始，订购者寥寥无几，经过不懈努力最终接到了第一笔订单：河北沧州一个客户定购 1400 棵树苗。这笔生意，让他们收入 10 多万元。此后，两人种植的苗木逐渐打开销路，收入也逐渐增加。

创业升级：扩大种植规模　发展立体式生态农业

如今，他们经营着家庭农场，主要种植楸树、紫叶李、嫁接金叶榆等苗木品种。后来，拿到了营业执照，正式成立了公司，采取"公司＋农户＋销售"的经营模式，研发新品种，养殖家禽，发展立体式生态农业。

【理论讲解】

由于大学生缺乏创业经验，社会阅历较少，创办企业的手续和过程并不清楚，往往带来不少麻烦，造成不小的损失。这里，我们将重点介绍创办企业的流程和注意事项，使广大创业大学生对创办企业有初步的了解。

当确定了一定的创业项目以后，创业活动就进入到了实质阶段。创业活动由于创业的背景、条件、途径不同，创业企业的创立方式也不尽相同。多数创业者是以独立创业的形式开始创业活动的，也有的是以合伙形式或设立有限公司的形式进行的。不同的企业类型，具有不同的特长和优势，也有不同的缺点和不足。创业者要根据自身的情况来确定采取哪一种创业的形式。

一、申报企业的流程

（一）了解企业的类型

企业是依法设立的经济组织，可以从事生产、流通、服务活动以其生产的产品或提供的服务满足社会需求，以获取盈利。企业是经济的基本单位，根据不同标准可划分为不同类型。依据经营性质不同，可以将企业分为工业企业、商业企业、农业企业、金融保险企业、交通运输企业、邮电企业、房地产开发企业、旅游服务企业、餐饮服务企业、中介服务企业等；根据企业组织形式不同，可以将企业分为个体企业、合伙制企业、股份制企业；鉴于经济成分不同，可以将企业分为国有企业、集体企业和私营企业；按照资源密集程度不同，可将企业分为劳动密集型企业、资金密集型企业、技术密集型企业；参照企业规模大小不同，可将企业划分为小型企业、中型企业、大型企业。

(二)确定企业法人名称

1. 法人、企业法人的含义

法人是指具有民事权利能力和民事行为能力,依法独立享有民事权利和承担民事义务的组织。根据我国《民法通则》的规定,法人必须具备四项条件:依法成立;有必要的财产或经费;有自己的名称、组织机构和场所;能够承担民事责任。从法人的设立性质上讲,通常的法人主要包括企业法人、民事法人、机关法人等。

企业法人是具有国家规定的独立财产,有健全的组织机构,组织章程和固定场所,能够独立承担民事责任、享有民事权利和承担民事义务的经济组织。

2. 企业法人名称构成

名称一般由字号(商号)、所属行业(经营特点)、组织形式三部分组成,前面可以是所在地区行政区域名称。

(1)行政区划

行政区划指本企业所在地县级以上行政区域的名称或地名。

(2)字号

企业名称中的字号应当由两个以上汉字组成,行政区域名称不得用作字号,但县以上行政区域地名具有其他含义的除外。企业名称可以使用自然人投资人的姓名作字号。

(3)行业

企业名称中的行业表述应当是反映企业经济活动性质所属国民经济行业或企业经营特点的用语。名称中的行业特点应与主营行业相一致。企业经营活动性质分别属于国民经济行业不同大类的,应当选择主要经济活动性质所属国民经济行业类别用于表述企业名称中的行业。

企业名称中不使用国民经济行业类别用于表述企业所从事行业的,应当符合以下条件。

① 企业经济活动性质分别处于国民经济行业5个以上大类;

② 企业注册资本(或注册资金)1亿人民币以上或者是企业集团的母公司;

③ 与同一工商行政管理机关核准或者登记注册的企业名称中字号不相同;

④ 企业为反映其经营特点,可以在名称中的字号之后使用国家(地区)名称或者县级以上行政区域的地名,以下地名不视为企业名称中的行政区域;

⑤ 企业名称不应当有或者暗示有超越其经营范围的业务。

(4)组织形式

依据《中华人民共和国公司法》、《中华人民共和国中外合资经营企业法》、《中华人民共和国中外合作经营企业法》、《中华人民共和国外资企业法》申请登记的企业名称,其组织形式为有限公司(有限责任公司)或者股份有限公司;依据其他法律、法规申请登记的企业名称(如合伙企业、个人独资企业等),组织形式不得申请为"有限公司(有限责任公司)"或"股份有限公司",非公司制企业可以申请用"厂"、"店"、"部"等作为企业名称的组织形式。

命名企业应注意以下几点:公司的名字必须是自己喜欢的;要给人们正确的印象;不应有消极的影响;应为员工所喜欢和接受;尽量避免字母和数字,名字的字数不应太多,应易读易写,不要过于专业化,要适合公众的文化程度。

(三)确定企业法律形式

在市场经济条件下,企业是法律上和经济上独立的经济实体,我们要依法建立企业。创建企业之时,面临企业的法律形式选择问题。企业的法律形式有多种,主要包括个体工商户、个人独资企业、合伙企业、中外合作企业、外商投资企业、国有独资企业、无限责任公司、有限责任公司、股份有限公司等对于大学生创业、登记注册的企业法律形式基本上以个体工商户、个人独资企业、合伙企业、有限责任公司四种最为常见。个体工商户是指公民在法律允许的范围内,依法经核准登记,从事工商业活动。个人独资企业是指依照《个人独资企业法》,在中国境内设立,有一个自然人投资,财产为投资人个人所有,投资人以其个人财产对企业债务承担无限责任的经营实体。合伙企业是指依照《中华人民共和国合伙企业法》在中国境内设立的,由各合伙人订立合伙协议,共同出资,合伙经营,共享收益、共担风险,并对合伙企业债务承担无限连带责任的营利性组织。有限责任公司是指股东以其出资额为限对公司承担责任,公司以其全部财产对公司的债务承担责任的法人企业。

(四)确定经营场所

公民的住所地是指公民的户籍所在地,法人或者其他组织的住所地是指法人或者其他组织的主要办事机构所在地。主要办事机构是指首脑机构或主要管理机构。经营场所指企业法人主要业务活动、经营活动的处所。企业法人住所和经营场所的法律意义是不同的,但实际工作中,企业法人住所和经营场所往往是同一地点。

住所和经营场所作为企业法人的主要登记事项,是构成企业法人的基本条件,也是企业法人进行民事活动不可缺少的条件,没有住所和经营场所的企业是不允许存在的。企业只有具备固定住所才能使业务活动正常进行。企业法人住所是企业法人承担民事责任的前提条件。一旦需承担经济和法律责任时,如无固定住所,就可能找不到企业在什么地方,企业也就无法承担经济责任和法律责任。这不但损害第三者的利益,而且给经济秩序和监督管理工作造成混乱。企业住所也是确定登记主管机关和司法机关管辖的依据及企业开展诉讼的需要。经营场所是企业进行生产、经营、服务的基本条件,厂房、店堂的大小是确定企业经营规模的依据之一,所以必须把住所和经营场所作为企业法人的主要登记事项。住所使用证明包括产权证明、房屋租赁协议。房屋租赁的期限必须在1年以上。公司住所证明是指能够证明公司对其住所享有使用权的文件,公司住所和经营场所是租赁房的,需提交《房屋产权登记证》的复印件或有关房屋产权归属的证明文件、使用人与房屋产权所有人直接签订的房屋租赁协议书或合同。公司的住所是股东作为出资投入并为公司所使用的,则提交股东的《房屋产权登记证》或有关房屋产权证明的文件及该股东出具的证明文件。

(五)确定经营范围

经营范围指国家允许企业法人生产和经营的商品类别、品种及服务项目,反映企业法人业务活动的内容和生产经营方向,是企业法人业务活动范围的法律界限,体现企业法人民事权利能力和行为能力的核心内容。《民法通则》规定:"企业法人应当在核准登记的经营范围内从事经营。"这就从法律上规定了企业法人的经营活动范围。经营范围一经核准登记,企业就具有了在这个范围内的权利能力,企业同时承担不得超越范围经营的义务,一旦超越,不仅不受法律保护,而且要受到处罚。核定的企业经营范围是区别企业合法经营与非法经营的法律界限。根据《公司法》的规定,对公司的经营范围有以下要求:公司的经营范围由公司的章程规定,公司不能超越章程规定的经营范围申请登记注册。公司的经营范围必须进行依法登记,公司的经营范围以登记注册机关核准的为准。

(六)撰写公司章程

公司章程是关于公司组织和行为的基本规范。公司章程不仅是公司的自治法规,而且是国家管理公司的重要依据。公司章程具有以下作用。

(1)公司章程是公司设立的最主要条件和最重要的文件。公司的设立程序以订立公司章程开始,以设立登记结束。我国《公司法》明确规定,订立公司章程是设立公司的条件之一,审批机关和登记机关要对公司章程进行审查,以决定是否给予批准或者给予登记。公司没有公司章程,不能获得批准;公司没有公司章程,也不能获得登记。

(2)公司章程是确定公司权利、义务关系的基本法律文件。公司章程一经有关部门批准,并经公司登记机关核准即对外产生法律效力,公司依公司章程,享有各项权利,并承担各项义务,符合公司章程的行为受国家法律的保护,违反章程的行为,有关机关有权对其进行干预和处罚。

(3)公司章程是公司对外进行经营交往的基本法律依据。由于公司章程规定了公司的组织和活动原则及其细则,包括经营目的、财产状况、权利与义务关系等,为投资者、债权人和第三人与该公司的进行经济交往提供了条件和资信依据。凡依公司章程而与公司经济进行交往的所有人，依法可以得到有效的保护。

鉴于上述作用，公司章程的法律效力必须强化，这是公司活动本身需要，也是市场经济健康发展的需要。公司章程与《公司法》一样，共同肩负调整公司活动的责任。这就要求，公司的股东和发起人在制定公司章程时，必须考虑周全，规定得明确详细，不能做各种各样的理解。公司登记机关必须严格把关，使公司章程做到规范化，从国家管理的角度，监督公司的设立，保证公司设立后能进行正常运行，有限责任公司章程由股东共同制定，经全体股东一致同意，由股东在公司章程上签名盖章。修改公司章程，必须经代表三分之二以上表决权的股东通过。有限责任公司的章程，必须载明以下事项：公司名称和住所；公司经营范围；公司注册资本；股东的姓名和名称；股东的权利和义务；股东的出资方式和出资额；股东转让出资的条件；公司机构的产生办法、职权、议事规则；公司的法定代表人；公司的解散事由与清算方法；股东认为需要规定的其他事项。股份有限公司章程中应载明以下主要事项：公司名称和住所；公司经营范围；公司设立方式；公司股份总数，每股金额和注册资本；发起人和姓名或名称、认购的股份数；股东的权利和义务；董事会的组成、职权、任期和议事规则；公司的法定代表人；监事会的组成、职权、任期和议事规则；公司利润分配方法；公司的解散事由与清算方法；公司的通知和公告办法；股东大会认为需要规定的其他事项。股份有限公司章程由发起人制定，经出席股东大会的股东所持表决权的三分之二以上通过。公司章程缺少上述必备事项或章程内容违背国家法律法规规定的，公司登记机关应要求申请人进行修改；申请人拒绝修改的，应驳回公司登记申请。

（七）开具验资证明

验资证明是会计师事务所或审计师事务所及其他具有验资资格的机构出具的证明资金真实性的文件。依照《公司法》规定，公司的注册资本必须经法定的验资机构出具验资证明，验资机构出具的验资证明是表明公司注册资本数额的合法证明。依照国家有关法律，行政法规的规定，法定验资机构是会计师事务所和审计师事务所，具体由在会计师事务所工作的注册会计师或在审计师事务所工作的经依法认定为具有注册会计师资格的注册审计师担任。

委托人委托验资机构验资需按规定办理委托手续，填写委托书。并提交下列文件：

① 公司章程；

② 公司名称预先核准通知书；

③ 投资单位上月末资产负债表；

④ 投资人的合法身份证明；

⑤ 各类资金到位证明，包括以货币出资的应提交银行进账单；以非货币出资的，应提交经有法定评估资格的机构评估的报告书和财产转移手续；以新建或新购入的实物作为投资的，也可以不经过评估，但要提供合理作价证明；建筑物以工程决算书为依据，新购物品以发票上的金额为出资额；

⑥ 验资机构要求提交的其他文件。

验资后，验资机构应出具验资报告，连同验资证明材料及其他附件，一并交与委托人，作为申请注册资本的依据。

(八) 办理营业执照

营业执照是指工商行政管理机关发给工商企业、个体工商户的准许从事某项生产经营活动的凭证。其格式由国家工商行政管理局统一规定，主要包括企业名称、企业地址、负责人姓名、筹建或开业日期、经营性质、生产经营范围、生产经营方式等。没有营业执照的工商企业或个体工商户一律不许开业，不得刻制公章、签订合同、注册商标、刊登广告，银行不予开立账户。根据创办企业不同的法律形态，企业的营业执照分别为《个体工商户营业执照》、《个体独资企业营业执照》、《合伙企业营业执照》、《企业法人营业执照》等。

办理《个体工商户营业执照》的程序和相关准备材料包括以下内容。

① 办理个体工商户营业执照的程序

申请个体工商户（含个体摊商）营业执照的人员需按照以下步骤办理相关手续：持本人职业状况证明、身份证到经营所在地工商所办理名称预先核准；领取个体工商户开业登记申请，并准备相关登记材料；申请登记注册；领取营业执照。

② 办理个体工商户营业执照应提交相关证明材料

个体工商户开业登记申请书；个体经营者的身份证明（身份证或户口簿）；经营场所证明；名称预先核准通知书；个人合伙协议（个人合伙的个体工商户提交）；委托代理人申请设立登记的，应提交指定（委托）书；法律法规规定须报经有关部门审批的，应提交有关部门的批准文件。

(九) 刻制印章

① 公司刻制印章包括公章和法定代表人章。公章指刻有单位名称、一经加盖即代表单位名义的印章。

② 我国法律法规还规定任何机关、组织、社会团体、企事业单位、公司及其他法人等刻制公章，必须经主管部门同意，凭有关证明文件向当地公安机关申请，经公安机关审查同意后，到指定的刻制单位刻制。完成后，还应在公安机关及相应的主管部

门进行印鉴备案,方可正式使用。

③ 刻制印章的程序。领取并如实填写《申请刻制印章审批表》,统一报公安机关审批,公安机关审批同意后,由工商局指定刻字公司承刻,刻制完成后进行印鉴留存备案。

(十)办理组织机构代码证

组织机构代码是指根据国家有关代码编制原则编制,由质量技术监督部门赋予本地区域内的组织机构在全国范围内唯一的、始终不变的法定代码标识,我们经常比喻为单位的身份证,如何方便快捷办理组织机构代码证呢?下面从批准成立、注意事项、具体应用等四个方面予以说明:

① 批准成立

国家机关,事业单位要经县级以上机构编制行政管理部门批准成立。企业,个体户要经企业登记行政管理部门核准登记。社会团体要经民政等社会团体登记行政管理部门核准登记。其他依法设立的组织机构。

② 注意事项

组织机构代码办理需在相关部门登记批准成立后十五天内办理(在质监局代码办办理)。组织机构代码证需在每年七月前年检。组织机构代码登记事项如有变更需在相关证件变更后一月内变更。组织机构代码证需在有效期满一月内换证。组织机构代码依法终止的,应在终止前 30 日内持有关证明办理注销手续。代码证书遗失或者毁损的,应当在 15 日内申请补办代码证书。

③ 具体应用

身份确认,组织机构代码证相当于单位的身份证,在网上交易,电子信息监管等方面有确认身份的作用。税务登记,组织机构代码常作为税务登记证编码组成部分。代码 IC 卡提高了信息录入的效率,减少了录入错误,保证基本信息的一致性,同时可以有效防止假代码证书。

④ 组织机构代码证办理程序

A. 申请。申请人向质检窗口提交申请材料。

B. 申请受理(1 个工作日)。窗口对申请材料初审。材料不齐或不符合规章规定的,一次性告知申请人需补的全部内容;材料齐全,符合规章规定的,窗口向申请人发送《组织机构代码受理通知书》。

C. 审核、办理(1 个工作日)。窗口对申请材料审核合格后,数据录入、上报,省中心核准,数据接收处理,制证。

D. 盖章。组织机构代码证书加盖年审合格章。

E. 证书颁发。申请人登记、签字,领取《组织机构代码证》正、副本。

(十一) 建立银行账户

银行账户是各单位为办理结算和申请贷款在银行开立的户头,也是单位委托银行办理信贷和转账结算以及现金收付业务的工具,它具有监督和反映国民经济各部门、各单位活动的作用。根据《银行账户管理办法》,银行账户分为基本存款账户、一般存款账户、临时存款账户和专用存款账户,各类账户均有不同的设置和开户条件。

开立银行账户的程序包括以下内容。向中国人民银行办理银行开户许可手续,取得银行开户许可证。企业应选定开户银行,向该银行领取开户申请书,如实填写并由主管部门审核盖章后,并附银行开户许可证、营业执照正本,企业代码证正本及复印件,交开户银行审核。银行同意开户后,送交预留印鉴,包括企业财务专用章、法人代表章,领取银行账号后,可刻印账号章。按结算要求,企业只能开设一个基本账户。购领结算凭证,企业根据结算业务的需要,向开户银行购领有关结算凭证,如现金缴款单、支票等,所需款项可用现金支付,也可由银行转账。购领支票,则须提交预留印鉴。

(十二) 办理国税、地税登记证

从事生产、经营活动的企业单位和个人,自领取营业执照或有关部门批准成立之日起30日内,持以下证件和资料向办税服务厅"税务登记"窗口提出申请办理税务登记:营业执照复印件;法人代码证复印件;公司章程复印件;验资报告复印件;开户许可证复印件;法人身份证复印件;会计从业资格证书复印件;开业申请书;从业人员名单;注册地和经营地场所使用证明,其中包括自有房屋需附房屋产权或使用权证明;租用房屋须房屋租赁协议;《税务登记表》一式三份;税务机关要求提供的其他有关证件和资料。

税务登记机关核准后,发给《税务登记证》,企业持《税务登记证》和税务机关的专用介绍信刻制发票专业章。《税务登记证》用于申请减免退税、购领发票、办理外出经营活动证明等税务事项。

(十三) 纳税申报

企业无论有无经营收入、无论是否享受税收减免,都应在规定的申报期限内办理纳税申报。企业办税人员在规定的期限内,持有关报表及其他纳税资料,向主管税务机关办理纳税申报。税务机关申报处经审核无误后,加盖"已申报"戳记,退回申报表一联给企业留存。实行电脑开票的企业,可利用软件中的纳税模块,将以录入的开票数据及录入的扣税数据,自动生成纳税申报表及其他申报资料,并将其复制到申报数据软盘一并上报税务机关,为提高效率,企业可以向税务机关申请网上申报,通过网络,经签字及数据加密后,直接将申报数据发送给税务机关的纳税数据接收系统。企业必须依法接收税务机关的税务检查,准备好有关证件、凭证、账册、报表及其他纳税资料,如实反映情况并给予税务检查必要的协助与配合。

二、新企业的社会认同

(一)新企业的法理问题

我国社会主义市场经济法律体系的建构已提前完成。创业者须按照市场规则来运作,创业过程中需要具备法律意识和法律理性,需要了解和掌握与其创业相关的法律法规,这关系到创业的成败。创办企业中的每个环节都有受到相关法律法规的调整。在企业初创时,了解相关法律法规,会给创业带来诸多便利。

具体来说,创建新企业需要了解的重要法律法规如下。

1. 专利与《专利法》

专利包括发明、实用新型、外观设计三种。发明是指对产品、方法或者其改进所提出的新的技术方案;实用新型是指对产品的形状、构造或者其结合所提出的适于实用的新的技术方案;外观设计是指对产品的形状、图案或者两者的结合,以及色彩与形状、图案的结合所作出的富有美感并适于工业应用的新设计。

专利权的获得需要申请人向国家专利局递交申请,专利局通过形式审查、公开申请文件、实质审查等一系列程序之后,对通过审核的申请人颁发专利证书授予专利权,专利权人在法律规定的期限内,对制造、使用、销售享有专有权。

2. 商标与《商标法》

作为区别商品和服务的不同来源的商业性标志,商标由文字、图形、字母、数字、三维标志、颜色组合或者上述要素的组合构成。商标权是指商标主管机关依法授予商标所有人对其注册商标享有受国家法律保护的专有权。

我国《商标法》规定,商标必须经商标局核准注册方受法律保护,即所谓的注册商标。注册商标包括商品商标、服务商标、集体商标和证明商标,有效期为10年,到期后可申请延续,每次续展注册的有效期也为10年。

3. 著作权与《著作权法》

著作权即版权,是指自然人、法人或者其他组织对文学、艺术或科学作品依法享有的财产权利和人身权利的总称。

我国《著作权法》中规定著作权分为两类:著作人身权和著作财产权。著作人身权是指作者通过创作表现个人风格的作品依法享有获得名誉、声望和维护作品完整性的权利。

该权利由作者终身享有,不可转让、剥夺和限制。著作财产权是指作者及传播者通过某种形式使用作品,从而依法获得经济报酬的权利,包括了复制权、发行权、出租权、展览权、表演权、放映权、广播权、网络信息传播权等多项权利。

4.《合同法》

合同是指平等主体的双方或多方当事人(自然人或法人)关于建立、变更、终止民事法律关系的协议。我国于1999年颁布和实施了《中华人民共和国合同法》。《合同法》规定,合同是双方的法律行为,双方当事人意思表示需达成协议,合同以发生、变更、终止民事法律关系为目的,是当事人在符合法律规范要求的条件下达成的协议。

合同一经成立即具有法律效力,在双方当事人之间就发生了权利、义务关系;或者使原有的民事法律关系发生变更或消灭。当事人一方或双方未按合同履行义务的,就要依照合同或法律承担违约责任。

5.《劳动法》

《劳动法》是国家为了保护劳动者的合法权益,调整劳动关系,建立和维护适应社会主义市场经济的劳动制度,促进经济发展和社会进步,根据宪法而制定的法律。因为创业型企业一出世,面临的竞争难度就超越其他企业,这些企业首先面临的不是赚钱的问题,而是能否生存下来和生存多久的问题,因此很多人呼吁《劳动法》应对处于婴儿期的创业型企业予以特殊的保护。

(二)新企业的伦理问题

在创业过程中,伦理决策对公司的成功与社会声誉具有重要意义。伦理决策往往把行为的社会结果作为判断框架,即什么样的工作或管理行为是符合伦理的。对伦理问题的解决,直接影响到企业的道德规范,最终影响到创业绩效。总的来说,新创企业的伦理问题包括以下几个方面。

1. 创业者与原雇主之间的伦理问题

大部分新企业仍是由曾经从事传统职业的人们所创建。在辞职进行创业后,一些创业者出乎意料地发现,自己置身于和前雇主公司敌对的境地。以下是辞职时必须遵循的两个最重要的原则:

(1)职业化行事。"职业化"就是按职业的标准化、规范化、制度化的要求塑造自己,即在合适的时间、合适的地点,用合适的方式,说合适的话,做合适的事。职业化行事就是根据社会伦理和组织所要求的行为规范做事,坚守正确的形式规范,是职业化素质成熟的表现。

(2)尊重所有雇佣协议。对准备创业的雇员来说,充分知晓并尊重其曾签署的雇佣协议至关重要。在一般情况下,关键雇员都签署了保密协议和非竞争协议。

2. 创业团队成员之间的伦理问题

在处理创业团队成员之间的伦理问题时,易犯的错误就是因沉迷于开办企业的兴奋之中而忘记订立有关企业所有权分配的最初协议。因而"创建者协议"是处理企业创建者间相对的权益分割、创建者个人如何因投入企业"血汗股权"或现金而获得补偿、创建者必须持有企业股份多长时间才能被完全授权等事务的重要书面文件。

创业团队成员之间的伦理问题主要体现在以下几个方面：①未来业务的实质；②简要的商业计划；③创建者的身份和职位头衔；④企业所有权的法律形式；⑤股份分配方案；⑥各创建者持有股份或所有权的支付方式；⑦明确创建者签署确认归企业所有的任何知识产权；⑧初始运营资本描述；⑨回购条款，明确当某位创建者逝世、打算退出或法院传票逼迫其出售股份时的处理方案。

3. 创业者和其他利益相关者之间的伦理问题

创业者和其他利益相关者之间的伦理问题涉及以下方面。

(1) 人事伦理问题。即需要公正公平对待现有员工和未来员工。不符合伦理的行为范围非常广泛，从招聘面试中询问不恰当问题到不公平对待员工的方方面面，其根源可能是因为他们在性别、肤色、宗教等方面有所不同。

(2) 利益冲突。利益冲突的问题与那些挑战雇员忠诚的情景相关。例如，如果公司员工出于私人关系以非正当理由将合同交给其朋友或家庭成员，这就是不恰当的行动。

(3) 顾客欺诈。顾客欺诈的问题通常出现在公司忽视对顾客的尊重或公众安全的时候，如误导性广告、销售明知不安全的产品等。

(三) 新企业的道德困境

目前，在创业者面临的道德困境主要有以下四个方面。

1. 个性特点

创业过程中，企业家表现出三种主要的个性特征，即风险承担倾向、自主化愿望、内部聚焦。企业家具有高度的自主愿望与巨大的内部控制聚焦倾向，往往会表现出更多伦理决策行为。但只有这些企业家也处在更高的道德认知阶段才能体现得更加明显，这两种个性特点强调道德认知与企业创业过程中的伦理决策之间的积极关系。

2. 利益冲突

利益的最直接表现形式就是金钱。在竞争激烈的现代社会，不追求利益的话，不但谈不上发展，就连生存都无法保证。而道德是生存的底线，代表着社会的正面价值取向。现时人们的道德准则在不断模糊，商海中拼搏的企业家、创业者更是站在道德与利益冲突的火线上。

3. 开放程度

一个文化不开放的企业应该被称为封闭型的组织，其中少数管理者掌握道德的解释权。这些人一旦掌握了道德的解释权,就会轻而易举地掌握整个企业的发展走向,从而形成普遍的低效率和不公平,造成企业内部员工的不满。而一个文化开放的企业,道德观念会与之共同进步,从而使更多道德问题得到解决。

4. 社会责任

企业社会责任是指企业在创造利润、对股东利益负责的同时,还要承担起企业利益相关者的责任,保护其权益,以获得在经济、社会、环境等多个领域的可持续发展能力。利益相关者是指企业的员工、消费者、供应商、社区和政府等。企业得以可持续经营,不能仅仅考虑经济因素上对股东负责,还要考虑环境和社会因素,承担起相应的环境责任和社会责任。因此,企业要获得认同,除遵纪守法外,还需符合道德标准,主动承担社会责任。

【思考题】

1. 了解一下当地对大学生创业的优惠政策有哪些?
2. 你觉得当前大学生创业最大的障碍是什么?
3. 企业在利润和社会责任之间应该如何抉择?

【阅读延伸】

推动基层青年大学生创业　打造全省乡村振兴的新引擎①

习近平总书记在党的十九大报告中提出实施乡村振兴战略,强调要培养造就一支"三农"工作队伍。对于青年人才创业,总书记在十九大报告中深情寄语年轻一代"青年兴则国家兴,青年强则国家强",强调要关心和爱护青年,为他们实现人生出彩搭建舞台。

江苏是我国著名的鱼米之乡,农村现代化起步较早、发展较快,去年更是启动建设特色田园乡村,吸引人口、资源、技术等要素向乡村回流,提升乡村内生活力。当前,江苏农村发展进入全面转型的新阶段,必须深入贯彻落实党的十九大精神和习近平新时代人才思想,聚焦"三支一扶"计划、"苏北计划"等基层服务项目,不断探索基层青年大学生的引进、培养、服务新模式,为他们搭建人生出彩的舞台,让基层青年大学生成为推动全省乡村振兴的新引擎。

一是创新人才管理模式,激发青年大学生创业动力。对于我省"三支一扶"等基

---

① 资料来源:周文魁. 推动基层青年大学生创业　打造全省乡村振兴的新引擎[EB/OL]. (2018-04-02) [2018-10-23]. http://jsnews.jschina.com.cn/jsyw/201804/t20180402_1498175.shtml.

层服务项目的青年大学生,关键是能让其下得去、留得住、用得上。要创新基层服务项目的人才引进、培养、考核等管理模式,制定创业类基层青年人才聘用考核办法,并将其纳入乡土人才进行培养奖励。设立基层创业专项资金,鼓励和扶持青年大学生在基层创业,形成覆盖县、镇、村三级的青年大学生创业资助体系。开辟基层青年大学生职称评审"绿色通道",创业突出的优秀人才可破格参加高级职称评审,并优先推荐担任各级代表委员,增强其获得感和成就感,激发其工作和学习动力。

二是推动专业技能传播,释放青年大学生创业活力。我省"苏北计划"等基层服务项目的青年大学生,长期扎根在基层农村,是具有较强专业技能和政治素质的宝贵人才。要根据市场需求和人才特长,针对基层青年大学生制定人才发展专项规划,并按照农学、医学、教育、文化等专业分类,定期组织青年人才参加基层创业培训和乡村技能大赛,不断拓宽专业视野、增强实践素养。鼓励基层青年大学生精于技艺、勇于创新、扎根基层、自强不息,强化使命意识,在创业过程中将专业技能带进基层生活、服务基层大众,让青年人才的创造活力在推动乡村振兴中充分释放。

三是强化人才金融支撑,挖掘青年大学生创业潜力。推动各类基层服务项目与金融信贷相结合,可以挖掘和撬动基层青年大学生的创业潜力。要整合全省各类涉农资金、人才资金、产业资金,推动设区市和县(区)分别成立基层青年大学生创业担保基金,鼓励社会资本投资建设"三农"青年创业园、乡镇创业"一条街"、"乡村版"众创空间等基层创业平台。发挥人才金融的引领效应,鼓励金融机构针对基层青年大学生开发青年创业小额贷、青年大学生消费贷、青年大学生信用卡等人才金融产品,为其扎根基层创业提供资金保障,将人才潜力股转变为乡村振兴的致富经。

第三节　企业风险管理

【本节要点】

创业时要从最坏处打算,产品开发风险、市场风险、资金回笼风险、材料供应风险等风险可能会时刻围绕,需要时刻保持清醒的头脑。通过本节内容的学习,旨在让创业者了解创业风险的来源、懂得识别创业过程中不同发展时期的风险情况,掌握规避风险的相应原则。

【案例导入】

两位大学生创业名人创业初期的境遇

1.马云,中国电子商务网站的开拓者,阿里巴巴集团主席兼首席执行官。被著名的世界经济论坛评选为"未来领袖",是50年来第一位成为福布斯封面人物的中国企业家。在杭州师范学院外语系毕业后,1991年,马云初涉商海,和几个朋友成立海博翻译社,结果第一个月收入700元,房租要付2000元,遭到一片讥笑。1995年,首次接触互联网对电脑一窍不通的马云,却敏锐地意识到:互联网必将改变世界。于是梦想着要用互联网来开办公司下海赢利,当时也遭到许多亲朋好友的强烈反对,但他毅然做出了坚定的选择。马云的创业事业从此起步。

2. 史玉柱,巨人集团创始人,1984年从浙江大学数学系毕业,被分配到安徽省统计局。1989年,在深圳大学获得软件科学硕士学位后,带着自己开发的一种桌面文字处理系统,以4000元承包下天津大学深圳电脑部,第一场人生创业由此开始。

【理论讲解】

大学生在校期间创业,不能完全以赚钱为目的,创业的项目最好是结合自身兴趣,把创业当作拓宽视野、丰富人生经历的社会实践。大学生在创业时,一定要明确创业方向,保持一个良好心态,对自己所做的工作拥有激情、勇气和信心;在此过程中如何把控风险,如何在挫折和失败中重新振作,这对创业成功与否至关重要。

由于创业是一种极具风险性、挑战性的社会创造活动,需要对创业者自身智慧、能力、胆识气魄等进行全方位的考验,对于毫无经验和社会资源的大学生而言,要想创业谈何容易。因此有人认为创业并不适合年轻的大学生群体。这是真的吗?

一、企业风险来源

大多数创业者在开始时都是只抱有乐观的一面,公司只要开张,几个月内如何赢利、如何收回成本等。往往对风险的出现缺乏一定的思想准备。一位成功的创业者曾说过,创业时要从最坏处打算,比如公司能承担多大的损失、支撑多长的时间、如何应对创业瓶颈阶段、如何应对业务和财务风险等,这才是最重要的。

(一)什么是风险

什么是风险?美国学者A·H·威雷特认为:"风险是关于不愿发生的时间发生的不确定性的客观体现。"通俗地说,风险是指在一定环境、一定时间段内,影响决策目标实现的不确定性,或是某种损失发生的可能性。风险的存在意味着创业目标实现的可能会遇到预料之外的事。

要创业就一定要在风险和收益之间进行抉择和权衡,既不能为了收益而不顾风险的大小,也不能因害怕风险而错失良机。在明确认识了风险之后,创业者就要认真地分析自己创业过程中可能会遇到哪些风险,哪些是可控的,哪些是不可控的,哪些需要极力避免,一旦这些风险出现,应该如何应对和化解?并且特别需要注意研究的是，一定要明白最大的风险是什么？最大的损失可能有多大？这些情况如果发生，自己是否有能力承担并渡过难关？

（二）企业风险来源

1. 资金

在创业初期，来自资金方面的风险会一直伴随着创业者，是否有足够的资金创办企业是创业者遇到的首要问题。企业创办起来后，能否有足够的资金支持企业的日常运作也是一个重要的问题。对于初创企业而言，几个月内连续入不敷出或因其他原因导致企业的现金流中断，都会带来致命的威胁。

2. 竞争

若所选择的行业是竞争非常激烈的领域，那在创业之初极有可能受到同行的强烈排挤。一些行业内的大企业为了能把同行中的中小企业吞并或挤垮，常会采用低价销售的手段。对于大企业来说，由于规模效益或实力雄厚，降低价格并不会在短期内对它造成致命伤害，但对于初创者来说，低价则可能意味着彻底的毁灭。因此，考虑好如何应对来自同行的残酷竞争是创业企业生存的必要前提。

3. 信息和信任

在创业企业存在两种不同类型的人：一种是技术专家；一种是管理者（投资者）。他们往往有着不同的专业背景，对创业有着不同的预期、信息来源和表达方式。技术专家知道哪些内容在科学上是正确的，哪些内容在技术层面上是可行的，哪些内容是根本无法实现的。在失败的创业案例中，技术专家承担的风险一般表现为学术上、声誉上受到影响，以及没有金钱回报。管理者（投资者）通常比较了解市场和将产品引入市场的程序，当涉及具体项目的技术部分时，他们不得不相信技术专家，可以说管理者是在拿别人的钱冒险。如果技术专家和管理者（投资者）之间不能充分信任，或者不能够进行有效的交流，将会带来很大的风险。

4. 团队分歧

创业企业在诞生或成长过程中最主要的力量一般都是源自创业团队。一个优秀的创业团队能使企业迅速地发展起来。但与此同时，风险也蕴藏其中，团队的力量越大，产生的风险就越大。一旦创业团队的核心成员在某些问题上产生分歧，极有可能会对企业造成强震。

5. 业务骨干

一些生产或经营性企业需要面向市场，大量的高素质业务骨干队伍是企业成长的重要基础。创业者应该时刻注意如何防止业务骨干的流失。而在那些依靠某种技术或专利创业的企业中，拥有或掌握这一关键技术的业务骨干的流失更是创业失败的主要风险源。

6. 资源

没有创业所必需的资源,创业者将一筹莫展。在大多数情况下,创业者不一定也不可能拥有所需的全部资源。这就形成了资源风险。如果创业者没有能力弥补相应的资源缺口,那么创业要么无法起步,要么在创业中受制于人。

7. 市场

新的技术在商品化的环节上,由于某些市场上的不确定因素而导致技术失败。市场风险主要表现在三个方面,即市场需求量的不确定性、市场接受时间与扩散速度的不确定性和市场竞争能力的不确定性。

8. 管理

创业者并不一定是出色的企业家,也不一定具备出色的管理才能。进行创业活动主要源于两种情况:一是创业者利用所掌握的某新技术进行创业,他可能是技术方面的专业人才,但却不一定具有专业的管理才能,从而形成管理缺口;二是创业者往往有某种"奇思妙想",可能是新的商业机会,也可能是新颖的营销模式,但在战略规划上往往不具备出色的管理才能,或不擅长管理具体的事务,从而形成管理缺口或者风险。

除上述风险来源外,创业企业在发展过程中还伴随着许多的其他风险。如政策风险、知识产权风险、内部协调风险、人力资源风险及成长风险等,同样需要引起创业者的高度警惕。

(三)如何看待企业风险

市场如战场,风云变幻。选择创业,就意味着将命运紧紧抓在自己的手上,一切重担都落了在你的身上。因而,创业者在创业之初,一定不能因为有风险就畏缩不前,而是要去管理风险、控制风险、规避风险,这才是创业者对待风险的正确态度。

如果要创建持续性发展的企业,需不断投资以获得可持续竞争的优势,这就必须做好冒大风险、做长期努力的准备。因为,创业者可能不得不通过一系列广告来创立品牌,这样就需要支付大笔广告费用;创业者还必须将利润再投资,接受股份合伙人或个人担保贷款;为了培养企业中坚力量,创业者还必须授权,委托经验可能不足的雇员来做重大决策等,这些都具有极大的风险。

经营小型或生活方式型企业的创业者,面临的风险和压力可能较小。一般有能力的员工是不会到没有认股权或个人发展机会的公司去工作的,因此,创业者自己长时间工作的状况可能永远都不会改变。个人专营店很难出售,并且要求业主每天都得露面,创业者很可能会被业务纠缠得无法脱身,一旦精疲力竭或生病,就可能遇到财务困难。但总的说来经营与发展的风险要小得多。

如果创业者是把创办企业作为他终生奋斗的事业,那么他就需要加倍谨慎从事。

因为他是拿自己的一生做抵押,期望通过不断的努力使自己得到最大的回报,因此对风险的管理就需要加倍用心,创业初期绝对不能急于求成。对企业核心竞争力的培育与关键资源的掌握也是不容忽略的,合理控制企业的风险与发展速度,做到最优配比,是创业者很难把握的事情。但是,绝不能为了控制风险而放弃目标。创业者要想成功就必须在目标和风险之间权衡取舍。

二、大学生创业风险

(一)创业风险的含义

创业过程中存在的风险,是指由于创业环境的不确定性,创业机会和创业企业的复杂性,创业者、创业团队与创业投资者的能力与实力的有限性,而导致创业活动偏离目标的可能性及其后果。

创业风险无处不在,但是没有任何创业者会因为风险的存在而放弃创业。大学生在创业过程中不仅应该认识到风险的存在,而且要学会合理利用或克服风险。

(二)创业风险的特点

1. 客观性

事物发展具有不确定性,这是客观存在的特性。在创业过程中,创业风险也是客观存在的。这要求我们采取正确的态度承认和正视创业风险,并积极对待创业风险。当然,并不否认创业风险也有主观的一面。

2. 不确定性

在创业过程中,创业者面临多种多样的不确定因素,既包括已有市场竞争对手的排斥,进入市场面临着需求的不确定性,也包括新技术难以转化为生产力,面临技术上的不确定性,还包括创业初期投入远远大于产出,创业企业发展过程中的资金不确定性等。影响创业的各种因素是不断变化和难以预知的,这种难以预知造成了创业风险的不确定性。

3. 相关性

创业者面临的风险与其行为及决策紧密相连。创业风险对于创业收益有负面的影响,但如果能正确认识并能充分利用创业风险,反而会使收益有很大程度的增加。同一风险事件对于不同的创业者会产生不同的风险,同一创业者由于其决策或采取的策略不同,会面临不同的风险结果。

4. 可变性

创业风险不是固定不变的,当创业的内部与外部环境发生变化时,必然会引起创业风险的变化。这种变化主要表现在风险性质的变化、风险后果的变化以及出现新的创业风险三个方面。

(三)大学生创业风险的类型

按照风险的内容划分,创业风险分为机会风险、技术风险、管理风险和市场风险等。

1. 机会风险

机会风险是指创业者选择了创业也就放弃了自己原先所从事的职业,丧失了其他选择。任何一个创业者在创业过程中总会产生或大或小的机会成本,放弃一项职业去从事创业活动,而创业失败的可能性很大,一旦创业失败,便发生了机会风险,因此,大学生在选择创业时,一定要考虑自己的机会风险,做好周密计划,确保创业成功,以降低机会风险。

2. 技术风险

创业中的技术风险是指由于技术的不确定性而导致创业失败的可能。主要表现在四个方面:一是技术上成功的不确定性。主要表现为技术在研发前很难确定研发过程能否成功,技术研发成功后无法确定是否能够顺利投产,这两方面的不确定性决定了技术创新固有的不确定性。二是技术前景的不确定性。在研发过程中,新的技术可能很成功,但创业者或研究人员往往没有考虑到技术的前景。比如,替代品的上市和政府的限制等因素。这种状况表明技术前景存在很大的不确定性,其中任何一种可能性出现都会导致创业出现技术风险。三是技术寿命的不确定性。当今科技发展迅速,产品换代日益加快,产品生命周期逐渐缩短。如果企业在技术投入使用初期没有及时将技术初始投资收回,将时刻面临着亏损的危险。四是配套技术的不确定性。在使用过程中,一项新的产品可能需要某种配套的产品支持,如果配套设施总是难以得到解决,或是速度很慢,新创企业同样会面临失败的危险。

3. 管理风险

创业过程中的管理风险是指创业过程中由于管理不善导致企业失败的风险。决定创业企业管理风险的因素主要有四个方面:一是创业者素质。如果企业家只是专心提高自身专业技能,而不注重管理素质等综合素质的提高,企业势必存在较大的风险。二是决策风险。新的技术是否应用需要决策、企业选址需要决策、企业选人需要决策等,决策贯穿在企业发展的每一环节。可以说,决策的正确与否直接影响着企业的发展。三是组织风险。在企业发展壮大的过程中,如果不能适时调整组织结构,出现企业组织管理混乱,没有明确的任务说明,势必造成企业发展停滞,甚至使创业失败。四是财务风险。即新创企业由于资金不足而导致的创业失败的可能性。

4. 市场风险

创业的市场风险是指新的技术在商品化的环节上,即投放市场时,由于某些市场上的不确定因素而导致的技术失败的可能性。

5. 家庭风险

无论是选择毕业后即创业还是选择在职创业的大学毕业生,所面临的家庭风险是必须要考虑的:第一,创业者需要投入多少本金,需要和家人商量;第二,原本固定的收入没有了,如何维持家庭的日常开支是应考虑的;第三,开始创业后,不可避免地把时间和精力过多地投入企业中去,对家人势必照顾不周,处理不好,会造成家庭危机;第四,创业者怎样不冷落子女,时时关心他们,疼爱他们,使他们走上正确的人生道路,这是创业者不可忽略的问题。

家庭问题应是创业者放在重要地位的大事。如果没有和睦美满的家庭,创业者就无法集中精力做事业,事业再发达也没有太大的意义。

三、创业风险管理

对于初创的企业来说,做好风险管理是相当重要的一项工作内容。依据"生存第一"、"现金为王"、"分工协作"、"事必躬亲"等原则,可以在一定程度上规避创业风险。

具体来说,在创业过程中,需要做到以下几方面。

(一)健全组织架构,做到规范决策

创业过程中,如果创业者和企业只是对各种市场机会做出反应,而不是有计划、有组织、定位明确地开发利用自己所创造的未来机会,那么,创业者会被环境左右、被机会所驱使。如此一来,企业的行为会是被动的。创业者常常会依习惯直接给下属安排工作,而不会依照作流程行事,为了更好地发展,企业创业成功后,必须建立完善的组织架构来有效地执行决策,有计划地完成企业的既定目标。

在组织架构问题上,创业者不要期望一劳永逸。通常的做法是,创业者或企业委托外部咨询公司,或者聘请具备丰富管理经验的职业经理人来帮助搭建组织架构。最稳妥的方式是先健全、完善辅助管理部门(如行政部门、财务部门和服务部门等部门)的组织设计与调整,然后是价值增值部门的组织调整(如生产部门和营销部门等),以在最大程度上稳定企业的经营。

设计企业组织架构时,创业者可以运用一些非常规的小技巧,例如,多设置几个管理岗位,但并不安排人员,这样,对员工是种吸引力,会起到正面激励员工的作用;把三级销售组织结构调整成五级,效果会非常明显。当然创业者还需要明白,在管理体系完善之后又应重视简化企业的管理层级,防止官僚管理的出现。此外,不仅仅是简单地设计企业的组织架构,同步需要进行的工作是完善、健全企业的管理制度和规章。

(二)建立激励机制,吸引杰出人才

创业过程中,创业者与员工承担着巨大的风险,需要彼此风雨同舟,共渡难关。创业成功后,创业者关注的是未来的更大回报,而员工更关注现在的既得利益。如果处理不当,创业者会受到指责,"同患难易共富贵难"会承受巨大的情感压力,有时甚至会感慨"没钱容易有钱难"。如果企业是合伙建立或几个人共同创立的,有时难免会因为利益分配而出现企业的裂变,给企业造成伤害。如果合伙关系出于家庭或家族内部,亲情关系的矛盾更是难以逾越的障碍。另外,随着企业的扩大,新员不断加入,他们更多的是一种职业选择,创业者需要考虑建立有效的机制来维系企业所需要的更多优秀员工。

人才是企业发展的关键,人力资本是企业的核心资本。因此,创业者应该考虑建立一整套有效的激励机制,既能保障老员工或合伙人的既得利益,又能真正凝聚更多的优秀人才,使企业得以稳步发展。设计激励机制时,创业者要与员工达成有效的沟通,尽量做到一视同仁,要让员工理解和接受。当然,"老人老办法、新人新制度"是创业者常常需要遵循的原则。创业者不能仅关注激励机制的内容,更要关注激励的过程和结果。激励制度要严格执行,及时奖惩,让员工感到激励机制确实是有效的承诺和强大的奋斗动力。这样,无论是期权等制度安排,还是金钱等物质刺激,都能发挥应有的作用。

除了激励机制以外,企业前景对于优秀人才也具有很强的吸引力和凝聚力,这就需要在这个阶段维持或提升企业的经营业绩,规划好企业的未来发展。

创业成功后,无论创业者如何处置企业,如何选择自我的命运,规避和解决企业这个阶段所出现的管理危机问题,无疑需要创业者认真对待。创业者不仅应该注重创业历程和创业后的自我命运,更应该在创业成功后,通过提升管理水平、制定正确的发展战略来为企业未来的发展奠定基础。以上三点亟须创业者在创业成功后着手实施,当然,创业者也要更多地关心家庭,并经常与家人沟通,以获得他们的支持,这也至关重要。

(三)学会授权,从事务性工作中解脱

创业过程中,创业者主要是通过集权来实施管理。创业成功后,创业者需要授权,但不要分权。所谓授权是指在企业内由上向下分派任务,并让员工对所要完成的任务产生义务感的过程。所分派的任务可能是制定决策,也可能是执行决策。当所分派的任务是实施一项已经制定的决策,并且所授予的权力本质上对全局没有影响时,称其为"授权"。但如果所分派的任务就是制定决策,也就是说,让员工决定应该实施的内容,则称为"分权"。分权容易产生离心力,员工会自作主张,而企业此时所

需要的是向心力，否则创业者就会失去对企业的控制。当然，从集权到授权，创业者往往会感到胆战心惊，害怕失去对企业的控制，所以，创业者授权实际上准确的含义是："只准你们做我自己才会做的那种决定。"

最有效的授权是由创业者拟订哪些问题由自己来决策，哪些工作可以授权给员工去完成，哪些工作需要员工定期汇报，哪些工作可以放手不管。一般而言，创业者需要审批销售计划、财务预算、生产计划等工作，至于销售人员的行为管理、客户拜访计划、销售汇报、车间作业计划、生产排班、加班申请等就可授权给中层管理人员负责。当然，财务报账签字和人事安排等重要业务，创业者还是应该由自己来掌控，以防止费用的上涨以及人事矛盾的出现。这里，创业者也可以向一些管理人员授予一定额度的签字权。通过把一些日常性的、非核心的工作授权给中层管理人员，创业者就可以把自己从繁重的事务工作中解脱出来，把更多的精力集中在战略性问题的思考上。

【思考题】

1. 创业风险主要来自哪些方面？
2. 创业风险分为哪几种类型？
3. 如何规避创业风险？

【阅读延伸】

大学生创业失败案例分享，法律风险需重视[①]

秦某，在上海读大四时，通过熟人与中国联通上海分公司一级代理商上海某工程设备有限公司取得联系，并得知该公司正准备推广CDMA校园卡业务。秦某认为可以发动老师、同学购买，赢利几乎唾手可得。

由于该公司要求必须与公司为主体来签协议，秦某和几个同学在家长的帮助下，注册了科技咨询有限公司，与该工程设备有限公司签署了《CDMA校园卡集团用户销售协议书》。

在同学和老师的宣传下，秦某的生意很红火，一共发展了4196名用户，可从该工程设备有限公司获得10余万元的回报。但是该工程设备有限公司给秦某支付了2万元钱后，发现秦某他们递交的客户资料中有几百份是虚假的，有一部分根本不是校

---

① 资料来源：大学生创业失败案例分享，法律风险需重视[EB/OL].（2018-02-09）[2018-10-23]. http://www.cnrencai.com/goldjob/others/136161.html.

园用户，有的是冒用别人的身份证，最终形成了大量欠费。

该工程设备有限公司为此得赔偿联通442户不良用户的欠费52万余元，联通还扣减该公司406部虚假用户和不良用户的手机补贴款36万余元。为此，该工程设备有限公司将秦某及其公司起诉到法院，要求秦某他们承担100万元左右的上述赔偿款项和损失。

经过一审和二审，法院认定秦某借用公司名义与该工程设备有限公司签订销售协议，协议书上是秦某及其公司的签名和公章，并无秦某公司的其他人员参与，故秦某与其公司共同承担100万元的赔偿责任。

由于秦某注册的公司本来就是为这项业务成立的公司，加上经营亏损，已被吊销营业执照，秦某成了债务承担人。一分钱没挣到的秦某反背上了100多万元的债务。

通过此案例，大学生必须警惕在创业期间可能涉及的各种共性法律问题，主要包括：

第一：在初选创业项目时，必须规避国家法律明令禁止的类型。

第二：创业初始阶段的资金、设备场地以及办公场所等相关法律问题。

由于学生的特殊身份，普遍没有财产可供抵押，又无银行个人信用记录，导致贷款困难。此时学生应多寻求行政干预和支持，换言之，要特别注意各地针对高校自主创业的学生所出台的优惠政策，例如在工商注册、小额担保贷款、税费减免等方面的优惠政策。

此外，一些企业经营类的创业计划经常会涉及到在校外租店面及办公场所，这就需要了解《合同法》中关于房屋租赁的相关法律规定。

第三：创业拓展阶段关于设立经营实体，进行行政审批的相关法律问题。

对于创业经济组织的具体责任形式，我国《个人独资企业法》、《公司法》、《中外合资经营企业法》以及《中外合作经营企业法》等一系列法规都有不同的规定，制定了多种企业组织形式。

2005年《公司法》中增加的一人有限责任公司以及2006年《合伙企业法》新增加的有限合伙企业的法律规定对学生创业有很好的辅助作用，可部分解决大学生创业存在的资金规模较小、筹措资金困难等问题。同时学生创业需要依据《企业登记管理条例》、《公司登记管理条例》以及消防、卫生等行政审批程序的一些具体规定办理相关手续。

第四：创业经营阶段涉及的市场交易及管理的相关法律问题。

创业经营必然涉及市场主体间的各种交易行为，无论是从合同的订立到合同的履行，还是违约责任的承担，都与《合同法》关系密切。同时应了解《产品质量法》、《劳动法》、《票据法》、《保险法》、《反不正当竞争法》等法律中与自身创业有关的法律规定。

第五：创业经营阶段涉及知识产权的相关法律问题。

创业经营阶段应该在法律允许的范围内使用他人的知识产权。目前我国已经建立了一个比较完备的知识产权法律保护体系。主要包括《商标法》、《著作权法》、《专利法》等法律法规。

大学生创业之初可以利用专利先行公开的特点，合理利用现有专利给自己的创业提供技术开发的思路和可行性支持，同时又要保证不侵犯他人的专利权。具体经营中如何合法使用商标专利等知识产权都是创业法律教育必须深入细致讲解的内容。

第六：创业过程中纠纷解决的相关法律问题。

要了解《民事诉讼法》、《行政诉讼法》、《仲裁法》中规定的具体诉讼程序，要具有积极收集证据的法律意识，面对交易金额较大、商品较多的经济往来要多采用书面合同文本形式。

【本章小结】

开展创业活动，必须借助于某种创业的组织类型，具备一定的法人资格。大学生创业前需要详细了解创办企业的流程和注意事项。初创期企业的关键在于求得生存。从某种意义上说，市场拓展危机是初创期企业面临的最大风险。对于初创业的大学生来说，需要懂得评估创业风险的方法，把握规避创业风险的原则。

第七章　双创赛事解读

【教学目的】

本章将列举当前我国高校大学生创新创业四大主体赛事,对相关赛事进行解读并配以相关案例,以便帮助大学生能够理解和掌握创新创业比赛的要点、流程以及计划等。

【知识点】

四大主体赛事的内容以及相关案例的要点解析。

【重点和难点】

学生需要认真阅读相关赛事要求并结合自身专业与实践进行分析,掌握比赛内容和流程是参加相关创新创业比赛的前提和基础。

"大众创业、万众创新"已经成为我国经济社会发展的一种常态。高等教育,更要义不容辞地承担起我国大学生创业教育的责任。当前,我国创新创业比赛类型和种类繁多,各级政府和社会组织根据其运营内容进行相应的创新创业比赛设计与运行。本章将根据主办单位、举办次数以及当前社会影响力等要素重点罗列高校大学生参加的四类创新创业比赛,并进行解读和分析。每类比赛解读后都会选取相应比赛中具有一定代表性的作品项目进行案例解读,以期呈现给大家一个立体性的赛事图景。

第一节　中国"互联网＋"大学生创新创业大赛

一、赛事解读

(一)赛事简介

中国"互联网＋"大学生创新创业大赛是由教育部发起,面向全国范围内的创新创业竞赛,每年都会举办一次。由教育部、中央网络安全和信息化领导小组办公室、国家发展和改革委员会、工业和信息化部、人力资源和社会保障部、环境保护部、农业部、国家知识产权局、国务院侨务办公室、中国科学院、中国工程院、国务院扶贫开发领导小组办公室、共青团中央和福建省人民政府共同主办。

该赛事旨在深化高等教育综合改革,激发大学生的创造力,培养造就"大众创业、万众创新"生力军;鼓励广大青年扎根中国大地了解国情民情,在创新创业中增长智慧才干,在艰苦奋斗中锤炼意志品质,把激昂的青春梦融入伟大的中国梦。

"互联网+"赛事重在把大赛作为深化创新创业教育改革的重要抓手,引导各地各高校主动服务国家战略和区域发展,积极开展教育教学改革探索,切实提高高校学生的创新精神、创业意识和创新创业能力。推动创新创业教育与思想政治教育紧密结合、与专业教育深度融合,促进学生全面发展,努力成为德才兼备的有为人才。推动赛事成果转化和产学研用紧密结合,促进"互联网+"新业态形成,服务经济高质量发展。以创新引领创业、以创业带动就业,努力形成高校毕业生更高质量创业就业的新局面。

(二)作品要求

需要参赛项目能够将移动互联网、云计算、大数据、人工智能、物联网等新一代信息技术与经济社会各领域紧密结合,培育新产品、新服务、新业态、新模式;发挥互联网在促进产业升级以及信息化和工业化深度融合中的作用,促进制造业、农业、能源、环保等产业转型升级;发挥互联网在社会服务中的作用,创新网络化服务模式,促进互联网与教育、医疗、交通、金融、消费生活等深度融合。参赛项目主要包括以下类型。

(1)"互联网+"现代农业,包括农林牧渔等;

(2)"互联网+"制造业,包括智能硬件、先进制造、工业自动化、生物医药、节能环保、新材料、军工等;

(3)"互联网+"信息技术服务,包括人工智能技术、物联网技术、网络空间安全技术、大数据、云计算、工具软件、社交网络、媒体门户、企业服务等;

(4)"互联网+"文化创意服务,包括广播影视、设计服务、文化艺术、旅游休闲、艺术品交易、广告会展、动漫娱乐、体育竞技等;

(5)"互联网+"社会服务,包括电子商务、消费生活、金融、财经法务、房产家居、高效物流、教育培训、医疗健康、交通、人力资源服务等;

(6)"互联网+"公益创业,以社会价值为导向的非盈利性创业。

参赛项目不只限于"互联网+"项目,鼓励各类创新创业项目参赛,根据行业背景选择相应类型。以上各类项目可自主选择参加"青年红色筑梦之旅"活动。

参赛项目须真实、健康、合法,无任何不良信息,项目立意应弘扬正能量,践行社会主义核心价值观。参赛项目不得侵犯他人知识产权;所涉及的发明创造、专利技术、资源等必须拥有清晰合法的知识产权或物权;抄袭、盗用、提供虚假材料或违反相关法律法规一经发现即刻丧失参赛相关权利并自负一切法律责任。

参赛项目涉及他人知识产权的,报名时需提交完整的具有法律效力的所有人书面授权许可书、专利证书等;已完成工商登记注册的创业项目,报名时需提交单位概况、法定代表人情况、股权结构、组织机构代码复印件等。参赛项目可提供当前财务数据、已获投资情况、带动就业情况等相关证明材料。

(三)比赛流程

(1)参赛报名(3—5月):各学校在前期项目作品准备基础上开始组织报名,需要在官方系统中进行报备录入,具体事宜由各学校自行组织。

(2)初赛复赛(6—9月):初赛复赛的比赛环节、评审方式等由各高校、各省(区、市)自行决定。各省(区、市)在9月15日前完成省级复赛,遴选参加全国总决赛的候选项目(推荐项目应有名次排序,供全国总决赛参考)。

(3)全国总决赛(10月中下旬):大赛评审委员会对入围全国总决赛项目进行网上评审,择优选拔项目进行现场比赛,决出金、银、铜奖。

以上内容仅供参考,具体时间安排每年都会有所变动。

(四)注意事项

根据参赛项目所处的创业阶段、已获投资情况和项目特点,大赛分为创意组、初创组、成长组、就业型创业组。具体参赛条件如下:

(1)创意组。参赛项目具有较好的创意和较为成型的产品原型或服务模式,参赛申报人须为团队负责人,须为普通高等学校在校生(可为本专科生、研究生,不含在职生)。

(2)初创组。参赛项目工商登记注册未满3年,且获机构或个人股权投资不超过1轮次。参赛申报人须为初创企业法人代表,须为普通高等学校在校生(可为本专科生、研究生,不含在职生),或毕业5年以内的毕业生(可为本专科生、研究生,不含在职生)。企业法人在大赛通知发布之日后进行变更的不予认可。

(3)成长组。参赛项目工商登记注册3年以上;或工商登记注册未满3年,且获机构或个人股权投资2轮次以上(含2轮次)。参赛申报人须为企业法人代表,须为普通高等学校在校生(可为本专科生、研究生,不含在职生),或毕业5年以内的毕业生(可为本专科生、研究生,不含在职生)。企业法人在大赛通知发布之日后进行变更的不予认可。

(4)就业型创业组。参赛项目能有效提升大学生就业数量与就业质量,主要面向高职高专院校的创新创业项目(高职高专院校也可申报其他符合条件的组别),其他高校也可申报本组。若参赛项目在当年组委会指定时间前尚未完成工商登记注册,参赛申报人须为团队负责人,须为普通高等学校在校生(可为本专科生、研究生,不含在职生)。若参赛项目在当年组委会指定时间前已完成工商登记注册,参赛申报人须为企业法人代表,须为普通高等学校在校生(可为本专科生、研究生,不含在职生),或毕业5年以内的毕业生(可为本专科生、研究生,不含在职生)。企业法人在大赛通知发布之日后进行变更的不予认可。

以团队为单位报名参赛。允许跨校组建团队,每个团队的参赛成员不少于3人,须为项目的实际成员。参赛团队所报参赛创业项目,须为本团队策划或经营的项目,不可借用他人项目参赛。已获往届中国"互联网+"大学生创新创业大赛全国总决赛金奖和银奖的项目,不再报名参赛。

初创组、成长组、就业型创业组已完成工商登记注册参赛项目的股权结构中,参赛成员合计不得少于1/3。

高校教师科技成果转化的师生共创项目不能参加创意组,允许将拥有科研成果的教师的股权合并计算,合并计算的股权不得少于50%(其中参赛成员合计不得少于15%)。

各省、自治区、直辖市教育厅(教委),新疆生产建设兵团教育局,各高等学校负责审核参赛对象资格。

二、赛事案例分析

(一)案例概述

1. 作品名称与竞赛获奖

作品名称《南京维果网络科技有限公司》,首届"互联网+"全国大学生创业大赛金奖。

2. 故事分享

恰同学少年,千里始足下

九月凌霄花盛放,迎接着莘莘学子踏入象牙塔,平凡和不平凡的大学生活都在蝉鸣中揭开篇章。或许这时很多人还在迷茫,但总有人早早地探明了心中热爱所在,并勇往直前。譬如宁梓傲。

刚入大学,宁梓傲就开始积极尝试各种兼职,无论是摆地摊还是售卖打折卡,他沉浸其中,自得其乐,不知不觉,他竟尝试了40多种不同兼职,在每个兼职的背后,都有他专注的探索和认真的沉淀。与此同时,宁梓傲也开始带领团队做盈利项目。大二时宁梓傲和朋友注册公司,成功为公司带来30万元的风险投资,并成为第17届义乌国际小商品博览会采购商代表。之后,他又加入学校赛扶创行团队,其"微金融·微动力"小微企业助力计划战略合作项目,通过调研一百多家小微企业,与国内经济学教授一起制定出7本帮扶企业管理的小册子,在全国范围内免费推广发放。

少年锋芒,初露端倪

"微果驿站"这个创业项目脱胎于宁梓傲参加的公益项目菌原液,多少让人感到惊讶,但这也正印证了那句话"机会是留给有准备的人"。宁梓傲当时参与的公益项目——菌原液改进计划,主要是将一些廉价原材料做成有机肥,免费提供给盘城镇葡萄园的农户使用。

在菌原液项目的实施过程中,一次次和葡萄园农民的交流沟通让宁梓傲对水果产业产生了浓厚的兴趣。菌原液项目进展良好,施上了有机肥的葡萄长势喜人,不出意料地获得了丰收,本应画上一个圆满句号的公益项目,因为这个年轻人的强烈的责任心转成令人咂舌的感叹号。事情是这样的,尽管葡萄获得了丰收,但由于当年水热条件较有利于葡萄生长,市场上葡萄供给量相较往年大大增加,果农的葡萄滞销了。葡萄滞销,这样的情况落在了一般实践团队上可能也就只是扼腕叹息,与果农闲聊中道几声安慰,然后在繁忙的学业中淡忘这与自己并不相干的事情。不过,这次是宁梓傲,可让遗憾落笔生繁花。此时的宁梓傲已经是一个有着丰富的商业知识和实战经验的创业者了,葡萄滞销正是一个良好的契机,宁梓傲在几经研究中构思出了"微果",将水果与牛奶相结合,可为用户提供送货上门的服务,进一步帮助农民建立产品销售渠道。于是,"微果"以水果酸奶、水果拼盘、水果套餐为主打产品,采用"O2O"的模式,提供送货上门服务的基本方案就敲定下来。

借东风,鹏可直起九万里

一个好的项目,需要平台的推广,一个团队,也需要共同的目标加以激励。在"微果"刚刚起步时,遇到了首届中国"互联网+"大学生创新创业大赛,这是"微果项目"的一个重要转折点。

"从学校的单选一直到不断地省选,我们都在不断努力,不敢有一丝松懈,包括文案、PPT前前后后都修改了几十遍,没有一个人想过要放弃。每一次的修改都是一次创新,但是创新点很难找,突破固有思维是个艰难而又痛苦的过程。在国赛答辩之前,我们团队针对项目准备了300多个问题,几乎囊括了项目所有评委可能问到的问题。在团队精心准备下,答辩团队显得信心十足。好的项目,优秀的团队,高效的执行力,遇到了合适的机会,自然迸发出强大的力量,这股力量将'微果'推出南信大,推出南京,推到了全国人民的面前,甚至使宁梓傲得到了副总理的接见。"

宁梓傲与他的"微果"项目不仅参加了南京市的优秀创业项目,获得了唯一一个特等奖,而且在中国首届"互联网+"创业大赛中从57320个团队中脱颖而出获得了全国金奖。

一次又一次的突出重围,一次又一次的绽放光芒,这中间不仅浸润着宁梓傲与他的团队的辛勤汗水,更是这些年他的坚持与拼搏,怀揣着最初的梦想,带着曾经一起许过的诺言,永不言弃。

少年一入江湖,排万难勇往征途

学生时代的结束意味着变动的开端,对个人如此,对团体亦然,在参加各类比赛与"微果"实际运营的基础上,临毕业的时候,宁梓傲的这支团队已经有二三十个人了。毕业之后,取舍为何?宁梓傲凭借着他强大的个人魅力给了团队信心,大多数人毫不犹豫地选择了一路同行。毕业即是一场无声的蜕变与成长,团队成员们更加努力,全身心投入到"微果驿站"的建设中去,不让之前做的努力付诸东流,也不让自己后悔,整个团队士气高涨,大家选择蒙着头继续做下去。

然而从学校到社会的这个过程就像蜕皮一样一定会很痛苦,"微果"项目在毕业后运行的一年多中,团队成员们面对着、克服着一个又一个问题,但初入社会,创业这条路荆棘丛生,面对未知和风险,团队之间慢慢开始有摩擦,原先的默契似乎也在慢慢消逝,渐渐地开始有团队成员退了出来,到最后就只剩下宁梓傲和另一个合伙人在继续奋斗。

面对初始团队成员一一离开,宁梓傲更多的还是几分坦然,他回忆起这段时间,说道:"在企业后期的分家这件事情上是很痛苦的经历,我一直觉得在创业这条路上,不是所有人都能够坚持下来能够做起来的。当初在学校选择的合伙人,只是大家理念相同,做了一些一样的事,但是没有经历从学校到社会的这一过程。所以在分家之后,我和徐康(另一位合伙人)又去做了对应的战略调整。将'微果'项目由 c 端转到了 b 端,做渠道供应这一块。"

创业这件事,不就是痛过、哭过、迷茫过仍咬牙坚持吗?宁梓傲和他的"微果"不知走过多少风雨,也依旧在前行,面对市场、顾客、竞争者,没有永远的胜者,让我们且看"微果",未来如何硕果!

(二)要点解析

"互联网+"全国大学生创业大赛是由教育部主办的目前国内最高规格的双创比赛之一。"互联网+"比赛强调将互联网技术和思维运用到传统行业中,加速传统行业革新与发展,以实现我国经济发展模式的变革和创新。"互联网+"比赛并不是要求所有参赛项目都要紧密结合"互联网",而是要求参赛项目能够基于信息技术发展的优势创新产品和服务模式。"互联网+"比赛已经举办好几届了,越来越多的项目在其舞台上展示和推广。"微果"项目虽然技术创新程度有限,但是其模式创新得到了评委的一致认可。在模式创新背后,还有着这个案例传递的以下几点启示。

1. 实践是积累双创经验的最好方式

很多双创竞赛评委在评价参赛大学生时，喜欢用"天真"、"瞎想"以及"缺乏经验"等关键词。这一定程度上折射了当前我国大学生参赛双创比赛时的基本情况。双创比赛与其他学科竞赛或考试不太一样，它是实践性、社会性和经验性比赛，需要大学生具备较强的实践经验。我们在参加双创比赛之前需要通过一系列有意识的实践活动来增加自己的双创经验。案例中的宁梓傲在参赛双创竞赛之前一直从事各种兼职活动。不同领域的兼职活动对于他来说都是相关领域经验积累的过程。也正是基于这样的经验积累，才保证了他后期双创比赛和实践的成功率。大学生可以利用每年暑期社会实践机会去针对性地参与创新创业相关领域的工作，也可以利用第一课堂之外的时间开展相关实践活动。高校各类实践活动不是"应试项目"，也不是"走过场"，他是学生将专业知识融入社会发展的重要举措。大学生可以在实践中发现问题、思考问题和总结问题。很多双创项目创意都是在实践中迸发出来并开花结果的。实践，永远是积累双创经验的最好方式。

2. 创新是双创参赛项目的秘密武器

就案例来看，很多学生可能觉得水果加牛奶的产品模式很普通。我们在看待相关产品或服务时，要用历史视角来分析。在 2011 年初时，水果和牛奶相结合的产品还相对较少。当宁梓傲推出这款产品时，立马得到了校园学生的热烈欢迎。市场往往就是因为一个创新而改变。对于双创比赛来说，创新是主要话题和永恒旋律。对于大学生来说，创新并不是天翻地覆的变革，它有时候只是简单的一个小改动。我们大学生在创新训练时，眼中只有前人伟大的创新实践，而忽视了细微的创新变动。对于产品或服务创新来说，基于现有产品和服务功能基础上的一个功能添加或改变都是创新范畴，都能够满足市场需求，从而实现双创的成功。各类双创比赛对于创新都是包容与欢迎的，不管是体量大的创新还是微不足道的细微创新。在参加双创比赛时，我们需要把产品和服务的创新作为项目的核心武器，敢于亮相，勇于实践。

3. 答辩是双创团队战斗力的直接体现

所有双创竞赛基本都包含两个过程，首先是作品文本审核，然后是答辩展示环节。作品文本审核是双创竞赛第一环节，主要是通过文字、图标等来评审作品逻辑关系、研究路径以及研究内容等。在创意、创新以及文本撰写方面比较突出的项目将入选下一轮，即现场答辩展示环节。答辩展示环节是需要团队代表利用路演形式向评委或观众介绍项目特点以及研究成果等。这个环节是需要通过语言、肢体动作配以PPT或海报形式呈现。由于答辩环节要考验团队成员对项目的熟悉度，对相关领域的研究以及语言表达能力、临场反应能力等，使得答辩环节更加锻炼人。从评委角度看，他们更加欣赏熟练、自然、自信以及流畅的答辩团队或个人。为了更好进行项目展示和答辩,团队不仅需要准备 PPT 等辅助材料,更需要换位思考,以评委视角准备答辩可能出现的各种情况并提出解决方案。此外,答辩环节还强调团队成员的协同合作能力,能够在答辩环节相互配合,有序且准确回答评委针对项目的提问。

第二节 "挑战杯"全国大学生课外学术科技作品竞赛

一、赛事解读

(一)赛事简介

"挑战杯"全国大学生系列科技学术竞赛,是大学生课外学术科技活动中一项具有导向性、示范性和群众性的竞赛活动,每两年举办一届,被誉为中国大学生科技"奥林匹克",由共青团中央、中国科协、教育部和全国学联共同主办。竞赛的宗旨是崇尚科学、追求真知、勤奋学习、锐意创新、迎接挑战。竞赛的目的在于引导和激励高校学生实事求是、刻苦钻研、勇于创新、多出成果、提高素质,培养学生创新精神和实践能力,并在此基础上促进高校学生课外学术科技活动的蓬勃开展,发现和培养一批在学术科技上有作为、有潜力的优秀人才。

(二)作品要求

申报参赛的作品分为自然科学类学术论文、哲学社会科学类社会调查报告和学术论文、科技发明制作三类。自然科学类学术论文作者限本专科生。哲学社会科学类社会调查报告和学术论文限定在哲学、经济、社会、法律、教育、管理 6 个学科内。科技发明制作类分为 A、B 两类:A 类指科技含量较高、制作投入较大的作品;B 类指投入较少,且为生产技术或社会生活带来便利的小发明、小制作等。

(1)自然科学类学术论文:包括学术论文、科技建议。要求论证严密、文字简洁、有说服力,经得起理论推敲和实践检验。根据作品的科学性、创新性和应用性进行综合评定;

(2)哲学社会科学类社会调查报告和学术论文:包括学术论文、调查报告、咨询报告。主要从成果的思想性、理论性、学术性、规范性、应用性、研究方法、语言逻辑以及社会反响等方面进行综合考评;

(3)科技发明制作类:包括科技发明和技术开发。又分为两类,A 类指科技含量较高、制作投入较大的作品;B 类指制作投入较小,对生产技术或社会生活带来便利的小发明、小制作。根据其新颖性、创造性、先进性、实用性等方面进行综合评定。

参赛作品涉及下列内容时,必须由申报者提供有关部门的证明材料,否则不予评审。

(1)动植物新品种的发现或培育,须有省级以上农科部门或科研院所开具证明。

(2)对国家保护动植物的研究,须有省级以上林业部门开具证明,证明该项研究的过程中对所研究的动植物繁衍、生长未产生不利的影响。

(3)新药物的研究须有卫生行政部门授权机构的鉴定证明。

(4)医疗卫生研究须通过专家鉴定,并最好附有在公开发行的专业性杂志上发表过的文章。

(5)涉及燃气用具等与人民生命财产安全有关用具的研究,须有国家相应行政部门授权机构的认定证明。

(6)参赛作品必须由两名具有高级专业技术职称的指导教师(或教研组)推荐,经本校学籍管理、教务、科研管理部门审核确认。

凡在举办竞赛终审决赛的当年7月1日以前正式注册的全日制非成人教育的各类高等院校在校专科生、本科生、硕士研究生和博士研究生(均不含在职研究生)都可申报作品参赛。

申报参赛的作品必须是距竞赛终审决赛当年7月1日前两年内完成的学生课外学术科技或社会实践活动成果,可分为个人作品和集体作品。申报个人作品的,申报者必须承担申报作品60%以上的研究工作,作品鉴定证书、专利证书及发表的有关作品上的署名均应为第一作者,合作者必须是学生且不得超过2人;凡作者超过3人的项目或者不超过3人,但无法区分第一作者的项目,均须申报集体作品。集体作品的作者必须均为学生。凡有合作者的个人作品或集体作品,均按学历最高的作者划分至本专科生、硕士研究生或博士研究生类进行评审。

增加作品自查环节申报学校签订承诺书,承诺作品符合"挑战杯"竞赛申报作品的要求,接受竞赛组委会抽查。一旦发现不符合申报要求的作品,将取消参赛资格,该学校不得补报作品。经核实有舞弊、抄袭、作假等的作品,从该参赛学校总分中扣除相当于三等奖分值的双倍分数,同时取消该学校参评集体奖项的资格。

(三)比赛流程

(1)省级初评和组织申报阶段(3月—6月):4月,各校按"挑战杯"章程有关规定举办本校的竞赛活动,并择优推出本校参赛作品;5月底前,各省(区、市)组织协调委员会完成对本地申报作品的初评。

(2)全国复赛和参赛准备阶段(7月—10月):9月上旬至10月做好参评参展的各项物资技术准备和组团组队准备。

(3)全国决赛和表彰阶段(10月):各校参赛队到主办高校报到、布展。

全国评审委员会对参赛作品进行终审,对参展作品作者进行问辩。

公布获奖情况,并向获奖单位及个人颁发奖杯、证书,举行承办高校交接仪式。以上内容仅供参考,具体时间安排每年都会有所变动。

(四) 注意事项

本校硕博连读生(直博生)若在决赛当年7月1日以前未通过博士资格考试的,按硕士生学历申报作品;若通过,则按博士生学历申报作品。没有实行资格考试制度的学校,按照前两年为硕士、后续为博士学历申报作品。医学等本硕博连读生,按照四年、二年及后续分别对应本、硕、博申报。

毕业设计和课程设计(论文)、学年论文和学位论文、国际竞赛中获奖的作品、获国家级奖励成果(含本竞赛主办单位参与举办的其他全国性竞赛的获奖作品)等均不在申报范围之列。

每个学校选送参加竞赛的作品总数不得超过6件,每人限报1件,作品中研究生的作品不得超过作品总数的1/2,其中博士研究生的作品不得超过1件。参赛作品须经过本省(自治区、直辖市)组织协调委员会进行资格及形式审查和本省(自治区、直辖市)评审委员会初步评定,方可上报全国组委会办公室。各省(自治区、直辖市)选送全国竞赛的作品数额由主办单位统一确定。每所发起学校可直接报送3件作品(含在6件作品之中)参加全国竞赛。

竞赛结束后,对获奖作品保留一个月的质疑投诉期。若收到投诉,竞赛领导小组将委托主办单位有关部门进行调查。经调查,如确认该作品资格不符者,取消该作品获得的奖励,重新计算作者所在学校团体总分及名次,取消该校、该省所获的优秀组织奖,通报全国组织委员会成员单位;并视情节轻重,分别给予所在学校取消下届联合发起单位资格或参赛资格的处罚。

二、赛事案例分析

(一) 案例概述

1. 作品名称与竞赛获奖

作品名称《中心城市大气污染治理体制改革与创新——基于南京市的纵向案例调研》,第十五届"挑战杯"中国银行全国大学生课外学术科技作品竞赛全国特等奖。

2. 故事分享

选题"百转千回",终满意

选题是一个艰巨的任务,经历过"百转千回",最终确定主题《中心城市大气污染治理体制改革与创新》。光是这个题目,就已经足够"重磅"了。指导老师曾维和副教授告诉记者,选定这个题目可谓"百转千回"。"挑战杯"国赛每两年举办一次,早在 2015 年,团队就瞄准了特等奖。寻觅合适的选题是当务之急,第一个选题"气象灾害群体脆弱性研究",虽然学术性较强,但具体操作起来有难度,与社会热点关联度也不高;第二个选题"大气污染防治能力研究"已经完成了 5 万字的指标设计,但由于需要很强的理工科基础,一群文科生无奈放弃。

几经辗转,目标选题的"模样"越来越清晰,"与特色学科结合、与社会热点结合、充分体现技术含金量。"去年 9 月,中办、国办印发了《关于省以下环保机构监测监察执法垂直管理制度改革试点工作的指导意见》。该文件一出,队员们惊呼"题目有了!"。选题确定后,队员们咨询了大量专家,中国人民大学长江学者张康之教授、南京审计大学长江学者金太军教授、中国气象局发展研究中心常务副主任张洪广研究员、中国社科院城市发展与环境研究所所长潘家华教授……不胜枚举。

指导老师、南京信息工程大学曾维和副教授说,"项目选择了大气污染治理这一当下的热点话题"。学生历经两年跟踪调研发现,2016 年 9 月前,南京等城市大气污染出现了"治理失灵"的困境,究其原因和环保部门属于地方政府管理有关,地方政府为了经济利益,对于环保部门的环保举措"不当回事"。2016 年 9 月,江苏等 12 个省份试点环保部门由省环保厅垂直管理,"改革后,环保部门不管是在监管方面还是治理方面,都取得了不错的效果。"曾维和老师说,学生们调研认为,这一模式值得向全国推广。

调研"多方解锁",打基础

严谨的课题研究与论证总是基于海量的调研数据。定下这个选题后,每隔 1-2 周,队员们就走出校门实地走访,与政府领导、社会组织、高校专家和普通市民等开展深度访谈。

探访中常会碰到闭门羹,不过最后都被一一攻克了。队员们走出校门之初,像个"小鲜肉",没经验、脸皮又薄,没有曾老师一起采访的时候,遇到政府领导、专家等"大人物"都不敢上前采访。有一次,到了与某环保部门约好的访谈时间,本由曾维和老师带队,但因临时有会,队员们只能硬着头皮"冲锋陷阵"。会议室里,曾维和一连收到十几条短信,"曾老师,门卫不让进""曾老师,要怎么跟局长说啊""曾老师,如果领导对我们的作品不认可怎么办"……曾维和哭笑不得。刚刚研究生毕业的咸鸣霞老师被迫临时担纲,给队员们救了急。有趣的是,自此咸鸣霞也被挑战杯"圈了粉",主动当起"第二导师",也成了队里的大管家和知心姐姐。

走访中有"闭门羹",也有意料之外的惊喜。去年的省气象局开放日,团队全体出动来到省局开展随机抽样社会调查。没想到,选题被参与调研的环保部门一眼"相中",对方赞不绝口,不仅积极提供数据资料,还希望有机会也能参与该研究,后来还和队员们成了"网友"。可以说两年的调研结果显著:南京市与气象、环境相关的政府部门和机构组织大都被他们一一"解锁","遇到实在进不了门的,就在门口守株待兔,逮到一个问一个",调查范围几乎达到了全覆盖。

团队成员在调研过程中锻炼了素质、能力和品格。很多成员感慨,经过这段时间的实践,让自己从一个单纯的学生变成了成熟的"工作者"。从一开始访谈政府工作人员、专家和公众时的害羞到现在已经可以从容地面对工作人员的刁难,收获的是成长;从一开始各做各的到现在队员的一个眼神就能体会的默契,收获的是友谊;从一开始对南京大气污染治理体制理解的一片空白到现在已经可以津津乐道地谈论解决措施,收获的是知识……如今,大三、大四的他们老练了许多,起草问卷逻辑清晰,调查对象一抓一个准。报告完成后,得到了6位厅局级专家领导的签字认可。

作品"千锤百炼",获好评

在校赛第一阶段,这个选题曾排在倒数第二名,评委认为从题目到逻辑、框架都有问题,而且"太深奥了,没人能看懂"。一队员说,"当时作品已经完成了20万字,基本上成稿了,大家都把它当成心肝宝贝,是奔着国赛去的,没想到在校赛中被批得一无是处。"当晚,曾维和连夜召集队员,"如果想继续走下去,就翻盘修改;如果觉得太累了,现在就放弃。"止步校赛?这是大家从来没想过的事。咬咬牙,继续改!15个日夜,团队与指导老师"共处一室",连外卖小哥都熟悉了团队的菜谱。团队按照评委提的一箩筐意见,一条一条全部修改完成。在校赛最后阶段的答辩中,一位评委的点评让全体队员泪如雨下,"我认为这是现场所有作品里最好的一个!请为他们点赞,让他们走下去!"

作品成稿45万字,但废掉的稿子远远超过了45万字。团队每周少则一次、多则三次的组会风雨无阻,大量的积累之后,队员们从不会写,到每周能写出三四千字高质量研究报告,让曾老师感慨这是"看得见的成长"。有时候,几万字甚至十几万字的内容写完,最终发现与主题不贴合,只能忍痛废掉。有时某个队员负责的部分写得不好,为了课题进展,只好换人重新写。曾维和跟他们说,"虽然残酷,但团队的'木桶效应'必须克服,每个人都必须补足短板,绝不能拖后腿。"国赛决赛布展时,项目主持人孙诗雅用衣角轻拭展板的细微动作被同行的队友抓拍下来,被誉为"挑战杯最美的背影"。她告诉记者:"我希望我们的展板不仅看上去一目了然,摸上去也是舒服的,一尘不染的。""追求极致,让优秀成为一种习惯"是曾维和老师的口头禅,也是团队的共同追求。

在此基础上"千锤百炼"完成的作品得到诸多好评。在省赛阶段,省社科院社会学研究所张教授在阅读初稿后评价说,"作品已经超过了985高校硕士毕业论文的水平"。"作品咬准了社会热点,创新度、社会价值、写作水平都达到了较高水准!"决赛评委如是评价。

团队"无懈可击",欢迎您

"云"团队全称是"公共管理学院精英学子创新团队",最初起源于2010年底由曾维和博士创建的"云趣创新队",多年来坚持"精英、国际、技能"的人才培养导向。"云"团队的领队导师是曾维和教授,在他的悉心教导下,每一届精英学子创新团队团队都熠熠生辉。

团队这片沃土中,经过勤奋的汗水灌溉后,创新创造的树木蓬勃生长,智慧的微光闪耀其中,随意采撷下几朵,便是馨香满怀。自去年开始,"云"团队面向全校招聘队员,诚挚欢迎优秀的有想法的你们加入!

(二)要点解析

"挑战杯"大学生课外学术科技作品竞赛是中国大学生创新创业的"奥林匹克"赛事。该项作品能够在竞争激烈的"挑战杯"赛事中获得全国特等奖,足以说明作品质量。优秀的项目背后是优秀的团队以及这个团队坚毅的创新过程。创新创业是一项系统性很强的实践活动。从作品形成到作品打磨,从提交评审到答辩展示,各个环节都需要我们团队认真对待与严格训练。针对此项"挑战杯"特等奖案例,以下几个要点需要我们关注。

1. 选题:契合社会热点问题

目前我国各类双创比赛和"挑战杯"大学生课外学术科技作品竞赛一样,都高度重视参赛项目的社会应用价值。所谓社会应用价值,即作品能够关注到社会发展的需求,能够基于社会需求开展针对性的问题分析和方案解决的整体设计。这就突出双创比赛的一个核心点,即选题。选题的重要性源于两个层面:首先是大学生的双创实践活动必须要站在社会发展的角度去进行,从而具有社会意义和实践意义;其次是各类双创比赛的竞赛规则和评审标准中都明确了选题前沿性和代表性的要求。结合本案例来看,大气污染是当前世界发展的热点问题,也是我国经济飞速发展所面临的棘手问题。该团队不仅抓住了大气污染的选题方向,更是将其与南京信息工程大学"一流学科"大学科学专业结合起来,使得这个选题不仅具有选题意义上的先进性,更具有产生实际成果的可能性与操作性。我们在进行双创选题时需要结合两个要素来进行。第一,我们要充分了解社会热点或痛点问题,这是需求导向;第二,我们要充分了解自身所掌握的资源和优势,这是基础导向。需求导向和基础导向是选题的两条腿,缺一不可。

2. 团队：打造协同创新团体

一个优秀的双创项目，与其说是作品质量好，不如说是其团队战斗力强。马克思主义哲学强调人才是核心。传统企业管理理论向现代企业管理理论转变的重要标志就是确定了人的中心价值作用。对于双创竞赛或双创实践来说，形成科学合理的团队是这个项目能否坚持并取得成功最关键的要素之一。很多风投在遴选项目时，不是投资项目，而是投资团队。作为高校大学生，在参加双创竞赛时不要"孤军奋战"，一定要"抱团取暖"，这是市场经济发展的内在要求，也是规避市场风险，提高项目竞争力的必然要求。大学生在组建团队时，要避免"叠加"理念，要充分重视"协同创新"机制。所谓"叠加"就是不加选择的人员组合；所谓"协同创新"是指团队成员的技术能力要形成互补，彼此之间要分工明确且具有共同的价值目标。优秀团队的形成也不是一蹴而就，其核心是共同价值观，在共同目标基础上通过协同创新实践来逐步形成具有稳定战斗力的团队。案例中的"云"团队就是具有战斗力的团队。这个团队的形成非"一日之寒"，团队成员在共同发展的目标导向下一起奋斗，在艰苦实践中形成了默契的配合和真挚的情感。

3. 作品：经历千锤百炼完善

从事物发展的规律来看，一个好作品需要不断打磨才能成型；从双创竞赛的基本流程来看，基于校赛—省赛—国赛流程要求，作品需要根据每个阶段的专家意见和实践情况进行完善。因此，一个好项目必须要经历千锤百炼的打磨才能最终呈现相对比较完善的状态。我们从案例中可以看到，全国特等奖的成稿有45万字，这是项目团队进行不断调研、思考而撰写的成果。在比赛的各个阶段，项目作品仍然处于不断完善的状态。我们一些大学生在双创竞赛中容易产生两个不好的倾向。第一是得过且过、一劳永逸的心理状态，对于作品深加工的概念不强；第二是一些大学生心气高，听不进去批评和建议，对于评委的意见容易产生逆反与批判心理。案例中的项目在校赛初赛时被批的一文不值，团队虽然感觉气馁，但尊重评委意见，立马组织修改。也正是在各专家和评委的共同"指导"下，作品才越来越优秀。优秀的作品是持之以恒打磨出来的。

第三节 "创青春"全国大学生创业大赛

一、赛事解读

（一）赛事简介

"创青春"全国大学生创业大赛是由共青团中央、教育部、人力资源和社会保障部、中国科协、全国学联和地方省级人民政府主办,工业和信息化部、国务院国有资产监督管理委员会、中华全国工商业联合会支持的一项具有导向性、示范性和群众性的创业竞赛活动,每两年举办一届(双数年),旨在培养创新意识、启迪创意思维、提升创造能力、造就创业人才。

"创青春"全国大学生创业大赛设大学生创业计划竞赛(即"挑战杯"中国大学生创业计划竞赛)、创业实践挑战赛、公益创业赛等3项主体赛事,同时也设立了MBA专项赛和网络信息经济专项赛。

(二)作品要求

1. 主体赛事材料要求

(1)创业计划竞赛项目材料包括公司/项目创业计划书,创业计划一般包括:执行总结、产业背景、市场调查和分析、公司战略、营销策略、经营管理、理团队、融资与资金运营计划、财务分析与预测、关键的风险和问题等十个方面。

(2)创业实践挑战赛项目材料包括项目运营报告、项目展示介绍视频、项目注册运营证明材料(含单位概况、法定代表人或经营者情况、营业执照复印件、税务登记证复印件、组织机构代码复印件、开户许可证、财务报表等)等。

(3)公益创业赛项目申报材料包括项目计划书、项目展示介绍视频等。

2. 主体赛事条件要求

"创业计划竞赛"参加竞赛项目分为已创业与未创业两类;分为农林、畜牧、食品及相关产业,生物医药,化工技术和环境科学,信息技术和电子商务,材料,机械能源,文化创意和服务咨询等7个组别。实行分类、分组申报。拥有或授权拥有产品或服务,并已在工商、民政等政府部门注册登记为企业、个体工商户、民办非企业单位等组织形式,且法人代表或经营者为符合第十七条规定的在校学生、运营时间在3个月以上(以预赛网络报备时间为截止日期)的项目,可申报已创业类。拥有或授权拥有产品或服务,具有核心团队,具备实施创业的基本条件,但尚未在工商、民政等政府部门注册登记或注册登记时间在3个月以下的项目,可申报未创业类。

"创业实践挑战赛"拥有或授权拥有产品或服务,并已在工商、民政等政府部门注册登记为企业、个体工商户、民办非企业单位等组织形式,且法人代表或经营者符合第十七条规定、运营时间在3个月以上(以预赛网络报备时间为截止日期)的项目,可申报该赛事。申报不区分具体类别、组别。

公益创业赛拥有较强的公益特征(有效解决社会问题,项目收益主要用于进一步扩大项目的范围、规模或水平)、创业特征(通过商业运作的方式,运用前期的少量资源撬动外界更广大的资源来解决社会问题,并形成可自身维持的商业模式)、实践特征(团队须实践其公益创业计划,形成可衡量的项目成果,部分或完全实现其计划的目标成果)的项目,且参赛学生符合第十七条规定,可申报该赛事。申报不区分具体类别、组别。

3. 专项赛

"MBA 专项赛"设有 MBA 专业的学校以创业团队的形式参赛,每所学校只能组成 1 支团队参赛,原则上每个团队人数不超过 10 人,项目进入终审决赛后,参加终审决赛答辩的人员不超过 3 人,且均需为团队核心成员。参赛团队第一负责人必须为当年 7 月 1 日以前正式注册且就读 MBA 专业的在校学生,团队其他成员必须为在当年年 7 月 1 日以前正式注册的全日制非成人教育的高等学校在校学生或毕业未满 3 年的高校毕业生,学历、专业可不作限制。对于跨校组队参赛的项目,各成员须事先协商明确一所学校作为唯一的项目申报单位。

"网络信息专项赛"项目须符合网络信息经济的范围,包括但不限于以下主题:智能硬件、智能制造、移动互联、云计算、大数据运用、电子商务(含跨境电子商务)、其他类网络信息经济等。竞赛分实践类、创意类分别进行比赛,实践类为已经投入实际运营的项目,创意类为还没投入实际运营的项目,同一个项目只能参与其中一类比赛。以创业团队的形式参赛,每所学校两类项目最多共可申报 3 项,原则上每个团队人数不超过 10 人,项目进入终审决赛后,参加终审决赛答辩的人员不超过 3 人,且均需为团队核心成员。

(三)比赛流程

(1)校赛阶段:为保证参赛作品数量和质量,同时响应根据赛事组织要求,校赛过程中项目征集阶段和材料撰写阶段于创青春国赛前一年开展,复赛于国赛当年举办,具体情况如下。

① 项目征集阶段(6 月—9 月):各高校在校内进行宣传、组织与推荐,选拔优秀项目或创意进行备赛准备,以创意或技术为主要标准。

② 材料撰写阶段(9 月—12 月):在确定创意或技术优势的前提下开始撰写项目计划书、答辩 PPT 等材料,项目计划书是比赛初审阶段主要的评分材料。

③ 复赛阶段(一般在开学一个月内):3 月份举行校内决赛,主要考察项目计划书以及团队答辩展示环节,立项省赛项目并进行持续修改和打磨。

(2)省赛阶段:5 月—6 月(各省时间不同,江苏省一般为 5 月末)

省赛分为初审和终审决赛。初审主要是对项目创业计划书进行评审,按照比例选出一定数量优秀作品参加终审决赛,终审决赛分为项目展示和答辩环节,考察参赛学生对于项目熟悉性以及团队展示能力等。

(3)国赛阶段:9—10 月

国赛阶段的流程与省赛流程基本一致。

(四)注意事项

(1)创青春大赛校赛项目征集与撰写时间跨度大,团队在完成征集工作后,应集中精力对项目进行打磨,并与指导老师密切交流,打造高水平、有特色的创新创业项目,积极备战校赛。

(2)参赛团队应熟读《关于组织开展"创青春"全国大学生创业大赛(中国青年创新创业大赛大学生组)的通知》,做好项目准备、申报等工作。

(3)创青春大赛已经举办过很多届,随着社会发展的不断深入,比赛侧重点也在不断变化和更新。目前创青春比赛对于产品或服务的技术要求较高,强调技术创新或模式创新,志于通过比赛选拔优秀项目进行孵化,进而落地产生实际社会价值。

(4)项目计划书规范撰写以及团队协调配合是当前创青春比赛比较关注的内容。优秀项目计划书是比赛的开始,也是最终落地的关键。评委重视项目计划书的内容和规范性,同时也强调项目团队的整体协调性。

二、赛事案例分析

(一)案例概述

1. 作品名称与竞赛获奖

作品名称《南京饭来也网络科技有限公司》,2018年"创青春"江苏省大学生创业大赛金奖。

2. 故事分享

创立"饭来也"

从共享理念到无人便利时代的到来,新零售和消费升级作为一个新兴领域。王耀彬的团队发现一个社会问题——随着现代化社会的快速发展,白领的数量急剧增加,而生活节奏紧凑的他们每天会浪费很多时间在拿外卖上。于是王耀彬团队开始设想,能否在白领办公区放置无人零售餐柜,节约白领用餐时间,为白领提供便利呢。

由于现在无人零售领域处于探索上升期,想要凸显优势并不容易。

面对现在"O2O"市场的激烈竞争,王耀彬的团队打算改变原来的营销模式,创新销售为公司带来更大的盈利。由于目标用户是白领,团队更是奔波于南京市区各个公司大楼,亲自和用户探讨产品,踩点视察,与白领用户面对面的交流,为的是更好地服务他们。

这款集无人值守、便利取餐功能于一体的智能餐柜,被创始人王耀彬命名为"饭来也"。

推敲商业模式,做与众不同的无人零售

王耀彬在创业圈成名已久,近5年的互联网餐饮创业经历,让其对新零售有了深入的研究,今年8月份与合伙人王艺霖开始涉足多渠道合作的共享餐饮模式,在经过多次的商业模式调整,最终呈现出如今的"饭来也"无人便利餐柜的模式。

在市场容量方面,纵观市面上现有的办公室无人便利店,所出售的大部分都是零食、饮料这类容易保存的商品。而"饭来也"提供的是2小时内"即时用餐"服务,同时,结合移动互联网将支付流程转到了线上,购物偏好数据能够沉淀下来。"饭来也"对食物的保存、配送和回收有着严格的要求,为此,"饭来也"团队自主设计了餐柜的外观及功能,并已投入生产。

在用户需求方面,消费升级下人们对时间的敏感度空前提高,多等几分钟外卖都会坐立不安,更别提下楼取餐,对于白领而言,更是变成一个心理门槛。面对这样一个"尴局","饭来也"创造性地整合了每间办公室的前台或茶水间0.25㎡的空间,把精心挑选的美食存放在保温餐柜里,用户通过扫码进行支付后,即可取餐享用美食,全程只需15秒,再也不用苦等外卖,真正做到"离你最近"!在食材供应链方面,"饭来也"本着对用户健康负责的态度,在商品供应链方面进行了大整合,为优选品质打下坚实基础。

创始人王耀彬这样解读"饭来也"的商业模式。在市场开拓方面,"饭来也"于今年8月份在南京起家,经过近4个月的扩张,现已拥有数百个点位,遍布新街口、大行宫、珠江路、河西、万达写字楼等区域核心地标,惠及数万名白领。"饭来也"已经正式落户上海张江区域,在多个写字楼的办公室布局餐柜,为数十万白领提供超级便利的即时用餐服务。

在品牌宣传方面,"饭来也"非常注重用户的体验,在前期用户积累的时候,就十分看重粉丝粘性这个问题,我们一开始和基础用户做朋友,接收他们最真实的反馈,再把这些反馈汇总给运营团队,这样运营团队才能优化每一个细节,才能积累庞大的用户流量。我们坚持用工匠精神,做好自己的同时,用心去对待每一个客户。

初次参赛,修改计划书的不眠夜

商业模式的创新为"饭来也"带来更多的机遇,同时也带来的一定的挑战,在即将到来的创青春大赛上,"饭来也"像一匹黑马,脱颖而出。

"饭来也"团队于2018年5月参加了江苏省创青春决赛,并获得省赛金奖。在这荣誉的背后少不了负责人和团队成员的共同努力,和那些难忘的"不眠夜"。在备战创青春比赛的这一段时间,在得知自己的项目计划书中存在很多漏洞和不规范后,王

耀彬和他的团队成员几乎是日日熬夜，每天对着电脑查阅各种资料，有时会忘记时间。在离决赛最近的一次路演中，评委的问题难住了"饭来也"团队，PPT 的漏洞是致命的，这给"饭来也"团队带来了更大的挑战，面对评委提出的难题，和专家的路演建议。"饭来也"团队又重新整理的参赛 PPT 和资料，面对评委提问环节，"饭来也"的团队成员一起整理了一份"应对方案"。他们把能想到的、会被专家提问到的问题全部写了出来，在进行分类，一个问题一个问题的去研究并解决。直到夜深，还在一遍一遍地模拟决赛现场的路演。甚至在吃饭的时候电脑里还放映着 PPT。天天泡在工作室讨论计划书的细节甚至通宵排练细节，朝夕的相处、"并肩作战"让队员们之间产生了亲如手足的情感，也增添了成员之间的默契程度。经过无数次的排演和计划书的修改挑错，大家的努力付出终究得到了回报，最终他们从比赛中脱颖而出，于 2018 年 5 月获得了江苏省创青春大赛的金奖。"好的项目是经得起推敲和打磨的，细节决定成败。""饭来也"的负责人说道。

成功从来都不是偶然的，它包含着不为人知的努力和汗水。获奖的背后，除了认真、仔细、耐心和坚持，更多的是团队成员之间的信任和配合，每一次的修改，每一次的模拟路演，都少不了成员间的默契和鼓励的眼神。比起获得奖项，这些一起努力奋斗奋斗过的青春才最珍贵！

（二）要点解析

习近平总书记在党的十九大报告中强调：青年兴则国家兴，青年强则国家强。青年发展是国家和民族发展的基础。他曾经也提出：人的一生只有一次青春。现在，青春是用来奋斗的；将来，青春是用来回忆的。奋斗的青春最美丽。大学生一定要在奋斗中锤炼能力，提高素质，为实现自我价值和社会价值的统一而积蓄力量。青年大学生如何奋斗？这是贯彻落实习近平总书记青年思想的关键。在创新创业中进行奋斗，在创新创业中观察社会和改造世界，这是青年大学生应有的理念和作为。在校大学生一定要充分参与实践，积极参加各类创新创业比赛。只有通过实践才能成熟成长，只有经过创新创业比赛和实践才能真正融入社会，认知社会。案例中的团队在创新创业实践基础上参加"创青春"全国大学生创业计划大赛，实践的成果得到了比赛的充分认可，获得省赛金奖。在奖项背后，是团队不断实践的精神写照。

1. 善于观察，用"互联网+"思维来寻找创业项目

具备辨识和把握市场需求的创业实践往往具有可行性和操作性。如何辨识和把握市场需求，从而确定创业项目？这是所有大学生创新创业比赛和实践都必须要考虑和学习的问题。善于观察，这是市场经济对于创业者的基本要求。所谓观察，是指有意识有目的的观察与分析。我们在寻找创业项目时，可以通过报纸、电视和新媒体来寻找；也可以通过实地调研、走访等方式来观察市场需求大或者受欢迎的创业项目。我们在观察时,不仅仅是看,更需要思考。例如我们看到一个产品或服务非常受欢迎,那么我们要思考它为什么受欢迎;在现有的产品和服务功能上是否还有欠缺,是否还有功能增加的空间或可能性。在具备创新创业意识和基本知识前提下,带着思考去观察项目,这是寻找创业项目的一个可行路径。随着社会发展的不断深入,国家和政府倡导我们要用互联网+思维去进行创新创业实践。那么在观察、思考创业项目时还需要用互联网思维去定位和整合。互联网创业思维即用信息技术来融入或创新传统产业,以提高其科技性和创新性,完成传统产业的转换与更新。这类创新创业项目是契合社会发展和需求导向,具有很强的生命力和市场价值。案例中团队在观察市场时准确把握住了写字楼白领餐饮需求,并结合信息技术进行包装,迅速占领了一定的市场。

2. 创新模式,用灵活多变的商业模式创造效益

创新是驱动经济发展的重要动力,创新是发展的生命力。市场经济发展本质上是创新力量的发展。大学生在创新创业过程中需要高度重视创新。大学生创新实践包括两个层面。首先是技术创新,技术创新的最典型表现就是发明创造。人类社会发展就是在不断的发明创造中迈进的。大学生是创新的主力军,是发明创造的潜在人才。大学生发明创造最直观的呈现就是申请专利。具有专利保护的技术往往更加容易产生创业实践活动。现在各类比赛都强调产品或服务的创新性,其创新的根基在于是否有专利等知识产权认定与保护。除了技术创新,就是模式创新。技术创新可能与理工科学生联系比较紧密,但模式创新是适合所有学科的学生群体。在技术创新已经形成相对比较成熟机制的情况下,模式创新显得更加珍贵。大学生在开展创新创业过程中要重视模式创新,尤其是商业模式创新。案例中的项目通过"O2O"模式进行商业拓展,取得了显著的成效。商业模式,本质上就是盈利模式。基于产品或服务,如何更好地进行市场推广与盈利,这是我们大学生需要学习和实践的内容。

3. 精要提炼,用完善的创业计划书打动评委

现在大学生在参加创新创业时撰写项目计划书存在一个误区:把创业计划书当成一个给评委看的作业来完成。产生这种误区的原因是他们不知道创业计划书的真正内涵。创业计划书,顾名思义就是你创业的整个计划呈现,是给投资者看的文字材料。投资者在挑选投资项目时需要看哪些内容,重点关注哪些内容,这是我们大学生在撰写创业计划书时需要重视的内容。因此,一个优秀的创业计划书必须是精要提炼的计划书。我们要避免创业计划书的冗长,因为评委或投资者不会花大量的实践去冗长文字中寻找创新点。当然,一个优秀创业计划书的撰写也并不是一蹴而就。很多优秀创业计划书都是在千百次的修改与打磨中成型的。案例中团队虽然已经开始创业实践活动了,但面对比赛需要的创业计划书,仍然是熬夜加班进行修改完善。撰写创业计划书需要逻辑清晰,文字干练,图表并茂;要突出重点,例如市场、竞争态势、创业团队等。创业计划书的最终价值是打动评委或投资者。

第四节　全国大学生电子商务"创新、创意及创业"挑战赛

一、赛事解读

(一)赛事简介

全国大学生电子商务"创新、创意及创业"挑战赛,简称"三创大赛"是激发大学生兴趣与潜能,培养大学生创新意识、创意思维、创业能力以及团队协同实战精神的学科性竞赛。"三创大赛"为高等学校落实教育部、财政部《关于实施高等学校本科教学质量与教学改革工程的意见》、开展创新教育和实践教学改革、加强产学研之间联系起到积极示范作用。当前,全国大学生电子商务"创新、创意及创业"挑战赛已举办多届,在高校大学生中形成了一定的影响力,也促进了高校创新创业教育的发展。

(二)作品要求

1. 题目来源

大赛题目来源可以为国内外企业、行业出题以及学生自拟题目等,大赛提倡不拘一格选题参赛,鼓励:创新思维、创意设计和创业实施。

2. 原创性

所有参赛作品必须为参赛者未公开发表的原创作品,对于继承创新的作品,一定要有显著的内容创新,如涉及侵权参赛队则要自行承担相应的责任。

(1)参赛作品不能含有色情、暴力因素,不能与中华人民共和国法律相抵触。

(2)参赛者所提交作品必须由参赛团队参与创作,参赛者应确认拥有其作品的著作权,竞赛委员会不承担包括(不限于)肖像权、名誉权、隐私权、著作权、商标权等纠纷而产生的法律责任,其法律责任由参赛者本人承担,全国"三创大赛"竞赛组织委员会保留取消其参赛资格及追回奖项奖品的权利。

(三)比赛流程

大赛分校级、省级和全国级三个级别竞赛,参赛队必需在前一级竞赛中胜出才可获得下一级参赛资格,禁止直接跨级参赛。

(1)校级竞赛(4月—5月):学校内部进行宣传、组织和选拔;

(2)省级选拔赛(6月):通过初评、答辩等环节选拔省级项目并进行颁奖;

(3)全国决赛计划(7月):7月将举行全国总决赛,8月公示完成后,发放电子版证书。

(四)注意事项

(1)参赛作品应在项目计划书中详细且清晰地阐述项目的实用性与创新能力、产品与服务、市场分析、营销策略、方案实现。同时,要求项目背景及现状介绍清楚;团队结构合理,工作努力;商业目的明确、合理;公司市场定位准确;创意、创新、创业理念出色;在现场答辩时对专家提问理解正确、回答流畅、内容准确可信。

(2)全国大学生电子商务"创新、创意及创业"挑战赛有别于其他几项创新创业大赛,此项比赛更加重视大学生的创新和创意意识的培养,立足创新和创意开展创业实践活动,对于"三创"赛事中的每一项都会单独组织评审,鼓励大学生积极参与创新创业比赛和实践活动。

二、赛事案例分析

(一)案例概述

1.作品名称与竞赛获奖

作品名称《可视化网络订餐平台》,第七届全国大学生电子商务"创新、创业、创意"挑战赛江苏赛区选拔赛三等奖。

2.故事分享

选题:从专业到生活

好的开始是成功的一半,选题是一个艰巨而又关键的任务,经历过"百转千回"。"可视化网络订餐平台",其实光是这个题目的确定,就花费了团队相当长的时间。当时作为一群大二的学生,理工科基础和学术水平还相当有限,因此原本关于大气污染方面的选题都因为具体操作难度太大而不得不放弃了。

几经辗转,团队将目标瞄准了社会热点,"与特色学科结合、与社会热点结合、充分体现技术含金量。"近年,中办、国办印发了《关于省以下环保机构监测监察执法垂直管理制度改革试点工作的指导意见》。浏览过该文件,队员们更是坚定了从生活出发,着眼于发展的宗旨。方向大致确定后,队员们浏览了大量的社会新闻和热点话题,试图将这些话题与自身专业、想法相结合。同时也咨询了不少社会科学学科的老师,创业指导老师,请他们帮忙考察课题的可行性。

在创业导师的指导和帮助下,小组最终确立了"可视化网络订餐平台"这一研究课题。队员们通过调研发现，随着生活节奏的加快，网络技术的发展，网上订餐，即外卖，正大规模进入我们的日常生活，而同时，人们生活品质的提高又使得他们对外卖的卫生问题提出了更高的要求。于是，队员们想到将传统外卖软件和现下流行的直播相结合，打造可视化网络订餐平台。"这看起来是个不错的想法，既满足了客户需求，又提升了商家的口碑。"

调研：从网络到现实生活

严谨的课题研究与论证总是基于海量的调研数据。定下这个选题后，队员们就马不停蹄地走出校门实地走访，与商家商户、直播达人、普通市民等开展深度访谈。

走访伊始，一切都不是我们想象的那么顺利，队员们没经验，脸皮薄，通常到了一户商家门口就开始推三阻四，不肯上前，浪费了好多时间。而探访过程中遇到的闭门羹也是家常便饭，不少商家一听说我们只是初出茅庐的大学生，就连连摆手拒绝和我们继续交谈，更别说让我们了解外卖市场出现的问题了。一次次的打击一度让队员们十分灰心，甚至自我怀疑，"我们真的能做好这个课题吗"，不过好在最后大家都坚持下来了。

走访的过程困难重重，但也不乏许多意外之喜。在对路人的街头采访时，团队收获了来自各个群体多种多样的宝贵意见。上班族表示，方便和快捷是他们对于工作餐的第一要求；家庭主妇认为，卫生安全是她为家人选择菜品时首要考虑的因素；而对于上了年纪的老年人而言，相比快捷便利，他们更看重的是营养和品质。与设想不同，大多数路人对我们的想法都表示了极大的友善，也给予了我们很多的意见和鼓励。

同时被"解锁"的还有队员们的实践、调研能力。团队成员从最初的懵懂到一步步以理论与实践来完善自我，体会到了创业的艰辛，也从中获取了大量宝贵的经验；从最开始的害羞到现在已经可以坦然地面对陌生人的拒绝，收获的是成长；从一开始各做各的到现在队员的一个眼神就能体会的默契，收获的是友谊；从一开始对外卖市场和其运营模式的一知半解到现在已经可以津津乐道地谈论解决措施，收获的是知识……

创意：从坚持到执着

在校赛初期，这个选题的反馈并不如人意，评委认为这个项目"可行性不高，因为你们根本无法说清楚项目的盈利模式，没有盈利意味着无法立足"。在这方面，队员们也十分苦恼，他们说，"我们整个团队都是理科生，对于盈利模式，营销方法可谓是一窍不通，这也是我们这个项目最大的问题，我们心知肚明。"当晚，队员们开会讨论，

"如果想继续走下去,就继续修改;如果觉得太累了,现在就放弃。"止步校赛?这是大家从来没想过的事。咬咬牙,继续改!我们请来市场营销专业的指导老师,悉心听取他的指导,按照评委提的一箩筐意见,一条一条全部修改完成。

作品成稿时,版本已到10.0,废掉的稿子却远远不止九份。大量的积累和经验之后,队员们从不会写,到笔走如飞,让人感慨这是"看得见的成长"。有时候完成部分内容修改后,发现主题和比赛要求不太契合时,我们虽不舍,但毅然推翻重改。为了整体的统一和协调性,你所写的内容可能并不会出现在最后的终稿里。这虽然听上去有些残酷,但为了整个团队,大家都没有怨言,因为经过这一次锻炼,所有人都清楚,这就是团队合作的特殊性,必须以大局为重。

经过千百次的修改和折磨的作品最终赢得了评委们的认可。老师们纷纷评价,此次作品咬准了社会热点,创新度、社会价值都是很大的亮点。

(二)要点解析

"三创"比赛顾名思义就是强调创新、创意以及创业三者逻辑关系,他们有机整合为当前我国高校创业教育体系。创新是驱动经济发展的重要动力,是人类社会发展的重要基础。人类社会每次重大进步都是源于创新。大学生只有立足创新才能真正发挥知识与科技的价值和作用,也才能真正有效地体现自身的能力。在所有创新过程中,我们都需要关注和重视创意。相比较创新,创意的范畴要更广。它不仅仅是技术层面的创新,更是模式和价值需求方面的革新。创意本质上是文化内涵概念,但是在创业过程中,我们需要创意来提高产品或服务质量,更需要创意来吸引消费者。创新与创意的土壤是社会需求以及社会痛点。在此基础上进行创新与创意设计,将促进创业实践活动成功的效率。就本案例来看,"三创"需要注重以下几点。

1. 善于结合专业知识进行社会痛点问题的思考

创新、创意以及创业不是凭空进行的行为与实践,它需要一定的知识储备和社会经验。对于绝大多数的大学生来说,最欠缺的就是社会经验。没有社会经验,就需要积累知识储备,用现有的知识框架来支撑创新、创意以及创业行为的发展。大学生在进行三创活动时,首先要重视和结合自己的专业知识。专业知识学习是大学生大学第一要务,也是大学生实现社会价值和个人价值的基础。要充分利用好专业知识的前提是打好专业知识基础,也就是要努力学好专业知识。案例中的团队成员绝大多数都是环境科学或环境工程专业学生。他们在寻找创业项目时就是基于自身的专业知识进行思考和实践,环保成为他们的第一个创意立足点。在多次项目选择失败后,他们瞄准了社会热点问题:外卖的卫生与环保问题。在这个基础上,他们思考如何规避外卖中可能存在的卫生和环保问题。要想更好地让消费者消除消费的忧虑,最好办法就是眼见为实。因此,团队集中研究外卖平台的可视化课题。可视化网络订餐平台在理论上一定程度地解决了外卖发展过程中最重要的问题。

2. 善于从追求面面俱到转变为抓重点

从高校创新创业教育初衷以及当前发展实际来看，培育大学生创新创业意识和能力是高校创新创业教育的最根本的目标。因此，高校创业教育不是单纯培养大学生去创业，而是通过这种素质教育模式来提高大学生的社会适应能力和个人自我发展能力。从创新、创意和创业三个维度来看，能够同时做到这三者的大学生数量相对较少。真正能够进行创新并将创新技术或创意理念付诸到创业实践且获得成功的大学生更少。我们在审视三创比赛，甚至是其他创新创业类比赛时，要厘清一个概念，即我们大学生能够做哪些以及能够得到哪些。从这个概念问题出发，我们认为与其追求创新、创意以及创业三个维度发展，不如首先抓住这三个维度实践中的重点。从上文的逻辑分析来看，创新与创意在大学生职业生涯发展过程中的作用和价值更为凸显。在就业过程中，创新与创意往往能够促进大学生工作实效的提升，从而获得事业发展的肯定。在大部分大学生都走上工作岗位的时代，我们需要关注创新与创意能力的培养。案例中可见，虽然创业计划书没有获得更高的奖项，但是评委认可了团队的创意。可视化网络订餐平台也正是基于当前网络订餐平台的欠缺而酝酿而成。

3. 善于从挫折中汲取经验而逆转取胜

对于绝大部分参加创新创业比赛的大学生来说，挫折和失败是家常便饭。有些学生在挫折后选择放弃；有的学生在挫折失败后汲取经验教训，寻求"东山再起"。从事物发展的角度来看，螺旋式上升是符合马克思主义原理的。因此，挫折和失败对于大学生来说不仅是家常便饭，更是人生历练成长中不可缺少的一部分。创新和创意往往就是一种"破坏性过程"，原有体系的破坏不是一个简单的过程，它本身就需要巨大的能力作为支撑。这种能量是创新与创意的基础，也是大学生成长发展的基础。从案例可以看出，团队在项目发展过程中遇到了很多挫折，但是他们没有放弃。只有在不断的挫折中进行摸索才能促使项目得到更大程度的完善。大学生也只有经历各种挫折和失败，才能真正成长和成熟。我们不惧怕失败，我们惧怕的是失败后放弃的心态。

第八章　双创典型案例

【教学目的】

本章将通过五个创业成功案例和五个创业失败案例进行案例解读和分析,主要是帮助创业大学生能够了解创业过程中应该注意事项以及应该规避的问题。

【知识点】

1. 创业成功的要素;
2. 创业失败的教训。

【重点和难点】

学生需要认真阅读案例内容和要点解析,结合要点解析进行自我分析和总结。

案例教学是创新创业教育的一个重要教学方法和手段。基于前文论述的理论以及相关赛事解读,本章将重点推出案例分析和解读。所有创新创业案例都离不开两个性质,一是成功案例解读,二是失败案例解读。很多教学都是用成功案例来进行教学,以达到激励学生和指导学生的作用。但我们都知道,失败是成功之母,且创业失败结果较为普遍,因此本章也会列举相关失败案例进行解读。

第一节　双创成功案例

一、勇于尝试,在创新创业中锤炼自我

(一)案例概述[①]

在校期间获 10 项专利及各类奖项百余个;2 次休学、8 次创业、6 次失败;参与 3 家公司投资建设,累积创业资产 2000 万元。刚看到这一串数字和行为,大家可能觉

---

① 资料来源:李川."科技怪才"杨成兴:以创新创业绽放青春[EB/OL].(2016-11-05)[2018-10-23]. http://news.youth.cn/wztt/201611/t20161105_8817354_1.htm.

得是一部电影剧本。实际上,这就是发生在我们身边的真人真事。"剧本"中的主角叫杨成兴,毕业于重庆电子工程职业学院机电一体化专业。

在其创新创业传奇事迹之外,他还获得 2011 年重庆市科技创新市长奖,被誉"科技怪才",入选了"百度百科"。2011 年入选重庆市科技创新市长奖,2013 年参加全国大学生创业大赛获得全国百强,2015 年,他又获中国大学生创业英雄 10 强称号。2015 年 1 月,杨成兴荣获国务院刘延东副总理特别批示:"要认真总结杨成兴创新创业结果,积极推广其创新创业精神。"那么,杨成兴的创新创业精神到底是什么?这可以从其自小的兴趣爱好说起。

勇于尝试,不断提高兴趣和能力

"我从小就喜欢在家里捣鼓一些东西。"杨成兴说,五岁起他就动手做些小玩具,还淘气地把天线拆成地线埋在地里。上小学后,杨成兴学习了航模制作,读了爱迪生传记,对发明创造的兴趣更浓了,经常琢磨"身边的电器有什么缺陷,怎么可以改进"。在其他家长眼中淘气的"爱好"逐步增进了他对发明创造的浓厚兴趣。他在拆卸以及发明创造过程中始终保持思考,有什么疑问都会找资料查询或问老师。在老师的眼中,杨成兴不再是那个瞎折腾的学生,而是"正儿八经"研究各类电器的"小科学家"。保持疑问和思考是杨成兴最宝贵的财富。

杨成兴看到手机充电很慢,发明快速充电器的想法。他把阳台当成实验室,地上铺满电板电线,不断试验充电效果。有一天,杨成兴出门办事,等到回家时,看到楼下停了消防车。原来电线裸露在外面,发生短路引起火灾;等消防车到来时,家已烧掉了一半。然而,父亲没有阻止他的"发明创造之路"。一个月后,杨成兴发明的"矫正型课桌"获得重庆市渝中区青少年科技创新大赛一等奖,在市高交会上得到同行赞扬。虽然家差点被自己的创新行为"毁掉",但是他依然坚持去尝试。"初战告捷"后,杨成兴似乎已经找到了发明创造的"敲门砖",越有动力越有想法,在创新思想的驱动下,他不断进行实践和探索,不断遇到新问题,也不断地在解决各种问题。每当遇到难题,杨成兴就会翻阅书籍文献,或与发明爱好者交流,从多个角度寻找解决问题的方法。在发明"多功能保健鞋"的那段时间,杨成兴查阅了不少生物发电等方面的文献,还到鞋厂取经,找中医学习穴位按摩技术。妈妈试穿了"多功能保健鞋",表示"很舒服"。在妈妈的鼓励下,杨成兴申请到了自己的第一个专利。

积极实践,创新驱动创业

随着获得的专利越来越多,不满足于现状的杨成兴决定创业,把发明创造与商业结合起来。在校期间的杨成兴已经明白了创新驱动创业的道理。他认为创业的基础必须是有创新的技术或产品,这是赢得市场最重要的条件。初次创业,杨成兴将中学时获得的专利"自动保湿节水花瓶"进行升级,发明了一种利用水蒸气保湿、两个月不浇水植物也能正常生长的"气候花盆"。学校为杨成兴提供了办公场地和种植基地,杨成兴成立了自己的公司。但学业与创业有矛盾、家长不支持、资金紧张、人才流失、产品上市后遭遇质量问题。杨成兴形容这次创业"起起落落"。在杨成兴创业初期,其家长和学校老师是支持和鼓励的。但是随着创业实践的不断深入,创业风险驱使杨成兴做出了与学生角色不太契合的行为选择。创业行为与学业发展之间的矛盾使得其创新创业过程显得更加艰难。

然而,经过创新创业实践的杨成兴对于创业具备了更多的知识和经验,这也进一步坚定了其创业的决心和信心。为了全身心投入创业,杨成兴两次休学,涉足科技、餐饮、教育等领域。杨成兴说:"我的创业是'科研式创业',即使失败多次也不放弃。"他总结教训,失败源于合作意识不强。在创办垂钓社群的电商平台"野夫钓鱼"时,杨成兴尝试更多的合作。"我有技术方面的优势,合伙人有丰富的互联网创业经验,分享交流,既能互补短板,又可以撞出思想火花。"这样,资金流、专业人才方面有了保障,公司管理更为规范,"野夫钓鱼"微信服务号粉丝已达22万余人。如今的杨成兴,在重庆、成都、上海等地来回奔波,还拥有一个特殊身份——"创业导师",在各种场合鼓励小伙伴们坚持梦想:"创业创新是种别样的人生体验。"

(二)要点解析

2013年5月4日,习近平总书记在"实现中国梦、青春勇担当"五四主题团日活动座谈会上对广大青年提出五点希望:广大青年一定要坚定理想信念、广大青年一定要练就过硬本领、广大青年一定要勇于创新创造、广大青年一定要矢志艰苦奋斗、广大青年一定要锤炼高尚品格。习近平总书记对青年提出的五点希望注重强调青年大学生要培养良好的道德行为和高尚的道德品质。在练就本领、艰苦奋斗以及高尚品格培养过程中,创新创造是基础,只有勇于创新创造,才能在伟大的双创实践中练就过硬本领和形成良好素质品格。基于习近平总书记对青年的希望以及杨成兴具体案例来看,我们在开展双创实践时需要注重以下几点。

1. 勤于发问,始终保持疑问与探索精神

杨成兴案例告诉我们,保持疑问和探索精神是提升和增强创新创业兴趣和能力的重要基础。大学生在校期间的主要任务是学习专业知识和培养良好品质。学习专业知识过程中最重要的是保持疑问。只有保持疑问,才能真正主动去学习和掌握知识。保持疑问会促使我们进行探索。在汲取知识的过程中,我们也形成了自己的学习技巧和能力。这种学习技巧和能力与创新创业来说显得尤为重要。大学生在创新创业过程中,必须要始终保持疑问和探索精神,要将科技发明和创新创业作为一个问题来解决,要将这个问题中的各个内容作为一个项目来研究。

对于高校大学生来说,保持疑问和探索精神最重要的一个表现就是撰写和申报专利。专利是主体知识产权的表征,是对主体科技创新成果的一种认可和保护。专利不仅是知识,更是一种资源。大学生在校期间需要通过撰写和申报专利来培养自己的创新能力。撰写专利,即针对某一个痛点问题思考形成一个创新解决方案,并将这个方案通过文字和图表形式呈现;申报专利,即将创新思维的文字申报材料提交给专利申请机构进行审查立项。专利数量的多少一定程度上能够反映学生的创新能力。杨成兴的专利在其创新创业过程中发挥了重要的作用,其体现的创新创业精神正是我们大学生所应该学习和借鉴的。

2. 敢于尝试,保持不畏失败与挫折精神

杨成兴案例告诉我们,保持不畏失败与挫折精神是提升和增强创新创业兴趣和能力的重要条件。我们从小就学习了"失败是成功之母"的道理,我们也熟知爱迪生在经历成千上万次实验后才发明了电灯泡。不管是道理,还是名人案例,都在告诉我们一个真理:敢于尝试,要不畏失败和挫折。创新成果的获得都是经历艰难险阻之后方显价值。我们在认识和改造世界的过程中不可能一帆风顺,终究需要在失败与挫折中不断前行。当前,我们很多大学生"按部就班"地进行学习与实践,对于存在失败与挫折奉献的尝试,总是显得缩手缩脚而不敢涉足。我们正是在这彷徨与恐惧中失去了很多发现真理与实现创新的机会。尝试,也许会失败;不尝试,那永远不会有成功。

对于高校大学生来说,保持不畏失败与挫折精神最重要的方式就是调整心态,积极尝试各类实践与比赛。当前,"大众创业、万众创新"浪潮席卷全国。创新创业比赛已经成为高校大学生实践的重要舞台。各大创新创业大赛也非常注重参与学生的比例,这在一定程度上说明我们大学生参与创新创业大赛的比例还不是很高。在欧美一些国家,高校大学生参加创新创业比赛比例很高,创新创业比赛成为欧美大学生实现自我价值的一个重要方式。我们大学生要敢于参与创新创业比赛,结果并不是最重要的,过程体验才是真正的能力获取。在这个过程中绝大多数学生都会遭遇失败,但这是成长代价与学涯财富。因为比赛并不是终点,我们眼中应该是广阔的大海。

3. 勇于创业,坚持创新驱动创业路径

习近平总书记告诉我们,青年学生要勇于创新创造。青年大学生在创新创造实践中不仅能够成就事业,也能够实现道德品质的提升。杨成兴案例告诉我们,坚持创新驱动创业是实现青年大学生人生价值的重要路径。从案例来看,杨成兴的创业成就源于其创新创造过程。创新与创业之间是辩证统一关系,创新是创业的基础,创业是创新从技术走向生活和生产的平台。从目前创业比赛和创业实践的实际情况来看,创新已经成为创业比赛和实践中最核心的元素之一;创新更是各种科技创新比赛最核心的要素。没有创新,就没有生命力。基于创新元素的创业实践成功率更高。

对于高校大学生来说,勇于创业不是盲目的创业,要坚持创新引领创业,创业助推创新。2018年"创青春"全国大学生创业大赛官网推出文章"创新的主攻方向应该是技术积累而不是商业模式",这充分说明了在当前创新创业环境下创新技术积累的重要性。我们很多大学生为了创业而创业,认为创业就是撰写创业计划书并进行"合理"的想象。参加创新创业比赛,也许创业计划书能够给你带来一些荣誉;但想要获得比赛高层次认可或取得创新创业实践成功的话,那必须要有建立在技术核心基础上的产品或服务。大学生首先要创造自己的核心技术,或者取得别人专利技术的授权,在这种情况下开展创新创业比赛或实践的成功率将大大提升。

二、转变思维,在新时代新农村中成就自我

(一)案例概述①

如何让农产品更好更快地进入消费者手中,这是农民增收的问题,更是农村发展的问题。让农产品搭上"直通车",尽快从田间地头送到学校的餐桌上,这得益于"农产品直营"模式,而开创该模式的就是江苏省东台市三仓镇镇北居委会副书记、江苏省优秀大学生村官万俊波。2017年荣获"创响江苏"大学生创业大赛"十佳创业标兵"称号。

响应国家号召,去最需要的地方奋斗青春

2010年,万俊波从南京信息工程大学电子信息与技术专业毕业后,考取了江苏省大学生村官,来到东台市三仓镇镇北居委会任副书记。从城市读书到农村工作,这似乎违背了很多人心中大学毕业后的既定"模式"。万俊波响应国家号召,决定用自己的知识和能力在农村地区开辟属于自己的事业。到村后,他一头扎进村子,起早贪黑、走村串户,深入了解村情民意。在走访中万俊波发现:经常有成片的蔬菜烂在地里,村民们除了扼腕叹息别无他法。"谁能帮我们把菜卖出去,我感谢他一辈子。"万俊波心里明白,农民一方面是惋惜卖不掉的农产品,一方面也是表达了对于"菜鸟"自己的能力怀疑。如何让农副产品搭上"直通车",从田间地头直接连到市民餐桌,实现农民增产增收?他开始构想新的销售模式。

万俊波在校时就和老师保持着良好的沟通,毕业后还是会经常咨询老师问题。有一次,在和母校老师联系时,万俊波突然想到:能否和母校合作,将蔬菜直销给学校食

---

① 资料来源:姜嘉琪.寻找身边的大学生村官典型人物——江苏村官万俊波[EB/OL].(2017-07-21)[2018-10-23]. http://cunguan.youth.cn/ztzz2/tpgj/07/201707/t20170721_10347311.htm.

堂？为了最好地呈现蔬菜的品貌，万俊波当起了蔬菜"摄影师"。借来单反相机、脚蹬自行车，在田地里一待就是一天时间。在给西兰花拍照时，万俊波趴在地里，从不同角度拍了上千张照片，才从地里爬了起来，浑身已经是个"泥人"。凭着这股精神，万俊波终于打动了学校后勤部门，成功邀请学校领导到基地参观。一番实地考察后，南京信息工程大学与万俊波正式签约"农校对接"项目：村民种的蔬菜可直接销售到学校食堂。

销路有了，运输又出现了麻烦。由于学校食堂凌晨五六点就开始做饭，万俊波必须赶在前一天晚上将菜送到。第一次往学校送菜时，正值六月酷暑天，豇豆放了一夜后，颜色由翠绿渐渐泛黄，完全不符合食堂标准，几千斤蔬菜全部作废。万俊波没有气馁，他赶紧联系众采物流，和他们合作解决了蔬菜的保鲜问题。

目前，南京20家超市、2所高校和30多家企事业单位都与三仓镇菜农签订了合同，年销售蔬菜2万余吨，客户采购成本降低15%，三仓镇农民的亩种植收入年均提高1000元以上。

立足专业知识，建构互联网＋农业发展模式

"未来农业的发展，一定是向技术看齐。随着农村劳动力的减少，科学高效的种田才是大势所趋。"电子科学与技术专业毕业的万俊波一直在思索，如何让农业搭上技术快车。在他的一番努力下，"智慧农业"系统应运而生。

"若湿度过低，滴灌系统会自动打开；若光照过强，遮阳系统会即时调节……100亩大棚一部手机就可实现智慧种田。"万俊波边说边在手机上点了几下，程序模板上的"灌溉"和"天窗"指示灯立刻就亮了，远端大棚"雨从天落"，自动灌溉系统开始工作了。

"这一技术可是我们自主研发的。"为了提高种田效率，万俊波主动联系上海有关科研院所，在三仓镇推进农业物联网试点，自掏腰包十几万元进行物联网智能管控系统的研发和试点。目前，三仓现代农业产业园连栋大棚、兰家瓜果蔬菜专业合作社种植棚、龙舍村的鸡舍等三处基地都试用这套物联网智能管控系统。养鸡大户朱猛直夸这套设备好："有了这个，养鸡场内氨气含量的控制、室内温度的控制、饲料的添加再也不用人工操作了，生产效率大大提高。"将互联网思维运用到农业生产是国家倡导的新型发展模式。万俊波正是在不断的实践过程中体验和摸索新农业发展途径。随着科学技术的投入，农业生产由传统粗放型逐步转向集约型模式，不仅节省了农村劳动力的投入，更是提高了农产品产量和质量。

随着三仓镇新型农业的不断发展，农民增收了，农村环境也发生了很大的变化，农村生活水平逐步提高。崭新的农村面貌和新型的农业生产模式也吸引了很多城市消费者来此参观和体验。"下一步，我还将带领乡亲们发展农业旅游，将第一产业和第三产业结合起来，让村庄的未来更有活力。"万俊波信心满满地说。

(二)要点解析

2014年2月,习近平总书记给烟台市福山区福新街道垆上村大学生村官张广秀复信,对她病愈重返工作岗位表示慰问,对全国大学生村官提出殷切期望,希望他们热爱基层、扎根基层、增长见识、增长才干,促农村发展,让农民受益,让青春无悔。万俊波正是响应了国家号召,毕业后考取大学生村官,投身到新农村发展的伟大事业中。我们从万俊波的实际中可以看出,他不仅仅是到农村工作,他是把农村发展作为自己的一项事业来看待的。只有将农村工作作为自己的事业,他才能全身心投入到工作中,不断思考、不断摸索和不断发展。

1. 农村是大学生创新创业的新舞台

大学生就业问题是当前社会热点问题之一。政府和社会各界都想办法促进大学生就业。我国大学生就业存在一个问题就是很多大学生毕业后希望能够留在城市生活和工作。这种期待与自身能力、城市就业环境等因素之间往往容易产生矛盾,使得很多大学生毕业后处于彷徨与迷茫状态。在城市就业环境整体情况既定的情况下,我们需要引导大学生转变就业理念。根据社会发展需求,国家积极鼓励和倡导大学生毕业后到农村创新创业,开辟新的事业。农村是大学生创新创业的新舞台。农村发展相对落后的主要原因就是缺乏先进发展理念和科学发展技术。大学生可以利用自己的专业知识、先进理念以及创业热情服务于农业发展,将相对落后的农村发展与市场经济紧密结合。在农村创新创业,不仅能够实现自身价值,更能够促进三农事业的全面发展。这是大学生在农村创新创业的价值归宿。

2. 需求是大学生创新创业的出发点

创新创业的出发点是市场需求,只有紧紧抓住市场需求才有可能实现双创成功。大学生在创新创业过程中务必要重视市场需求,以市场需求为导向,有针对性地开展创新创业实践。在农村创新创业亦是如此。农村创新创业需要注重两个层面的需求:一是农民的需求,即农产品如何高效生产和销售;二是消费者对于绿色农产品以及其他农村产品的需求。这两类市场需求都非常大,抓住这个需求,就能够科学规划与发展。万俊波正是基于农产品销售需求和高校对于农产品品质需求而建立了"农产品直营"模式。能够准确抓住市场需求,需要大学生开展积极的调查和研究。市场需求不是凭空想象,需要大学生能够扎根最基层去调查和研究。掌握了准备的市场需求数据,方能科学指导决策。除了需要定位之外,大学生创新创业还要考虑自身的能力。当市场需求和自身能力都具备的情况下,创新创业实践活动成功几率将大大提升。

3. 创新是大学生创新创业的立足点

万俊波案例告诉我们,创新永远是事物发展最核心的要求和最关键的基础。万俊波的成功体现了两个层面的创新价值。首先是模式创新。当今市场经济发展,不单单是技术层面的创新需求大增,市场经济模式创新的价值和空间更为巨大。基于市场两个端口的需求,如何通过新模式进行端口的紧密结合,这就是模式创新。"农产品直营"模式虽然一直在研究和倡导,但万俊波真正去实践并取得了成功。这种模式同时满足了各个主体的需求,最大程度降低了消费过程中的成本,实现了多赢局面。除了模式创新外,就是传统的技术创新。万俊波深知传统农业生产已经适应不了市场经济的发展。只有将农业生产与互联网思维和技术相结合才能更好地激发农业发展的巨大潜力。自动灌溉系统的研发和使用大大促进了当地农业生产。在新型农业发展的基础上,万俊波又开始着手打造农村旅游项目,这又是基于实际的模式创新选择。创新,无处不在,它是大学生创新创业的立足点。

三、坚持不懈,在创新创业实践中积累经验

(一)案例概述①

沈逍江,博士,高级工程师,2000 年毕业于华北水利水电学院热能动力工程专业,同年被推荐保送到浙江大学工程热物理专业硕博连读。2002 年参加"挑战杯"全国大学生创业竞赛获金奖,2003 年作为浙江大学研究生代表团成员访问台湾,2006 年随环保部斯德哥尔摩履约办访问意大利。2009 年当选浙江舟山海洋经济领军人才,中国环境科学学会固体废物分会专家组成员。目前任其所创立的浙江亿可利环保科技有限公司总经理。

正视挫折,科学认识创新创业实践

在赢得创业的金奖之后,经过媒体的宣传,曾有一家公司想与沈逍江"挑战杯"的项目进行合作。但是因为投标的失败而没有继续合作。这一次的挫折不但没有成为沈逍江事业之路上的绊脚石,反而是他的垫脚石。究竟这样的一次挫折给沈逍江带来了怎样的影响呢?

当被问及他所遇到的最大挫折时,沈逍江说:"最大的挫折可能就是当时那种创业的冲动最后没有能够完成下去。但是回过头来讲也是好事情。"沈逍江坦言,那个时候的自己还没有积累足够的经验,虽然有技术有知识,但是缺乏实际接触市场的经历。所谓初生牛犊不怕虎,当时的他把创业想得过于简单,认为自己有技术就能去创业能接项目然后赚钱。如果当时的合作真的成功,或许并不能给投资商以他们期望之中的回报。虽然最后沈逍江没有沿着"挑战杯"的路进行创业,但是参加"挑战杯",确实给沈逍江上了不一样的一课。

---

① 资料来源:同济大学,团中央学校部. 共挑战·创未来[M].上海:同济大学出版社,2012:55.

"给了我一个启蒙。"沈逍江用这样一句话来概括"挑战杯"带给他影响。刚进入大学时沈逍江像许多大学生一样,在父母和老师从小的教导和应试教育的大环境下,来到大学只知道要学习专业知识,对未来的目标就是毕业后找一份安稳的工作,而从未曾想过要自己创业。"挑战杯"创业计划大赛就像一盏明灯,在沈逍江的眼前照亮了另一条人生的道路。"可以成为企业家,为别人提供工作岗位,为自己创造财富。"他找到一个更高的角度来看待自己的未来,不是跟别人抢就业机会,而是为别人创造就业机会。

"创业"对于沈逍江来说并不是一个简简单单的词汇,它需要十分充足的准备和长期的积累,"一般来讲新创业的公司,5年内100家里面90家会倒掉,剩下的10家里面再过5年还有9家会倒掉,基本上10年以后99%都会倒掉。这是一个非常重要的经济规律,如果没有准备好就去创业那是一定会失败的。"当有一个好想法,一个好项目想要去创业之前,要做好充分的准备,而在学校的学习就是准备的一部分。初次的创业或许意味着失败,但是认为失败并不可怕,"先是失败,只有不停地失败然后才会成功,我是这么认为的。"在他眼中,人们不需要为着初次的失败而过分失落,而是应该从中看到自己有哪些方面不足,并不断去学习。创业不能光要有知识,还要学习如何与人打交道,如何为人处事,如何面对创业过程中遇到的各种疑难问题。一次次的挫折反而让创业者的人生积淀得更加深厚,羽翼更加丰满。面对挫折,沈逍江将之视作创业路途中的一次积累,人生道路上的一次必修课,然后化为自己的财富继续前进。

谈起"挑战杯"创业大赛沈逍江感慨颇多,他说这是一个不错的赛事,给了大学生一个启蒙,让大家了解创业是怎么回事,创业的流程是怎样的。同时在这些赛事中参赛者还能知道以后自己哪些方面需要加强。参加一些赛事都是沈逍江经验的积累历程,他一直十分明确自己前进的方向,知道应该往哪个方向努力。"脑子里就是,创业大赛是给大家启蒙,然后不停地去积累,到了一定的时候就是水到渠成。"积累,一直都是沈逍江心中制胜的关键因素。

坚持不懈,有意识不断积累经验

多年的工作经历给了沈逍江十分丰富的经验。刚毕业的时候他并没有直接进入他所属专业的工作,而是从事了销售方面的工作。之后他曾从事策划、项目经理、现场设备调试等不同方面的工作,使得他对于企业的生产、运营、包装和宣传等各个方面都有所了解,不得不说这是他如今有所成就的一大因素。丰富的工作经验让沈逍江在面对问题时能处变不惊,面对挫折时能保持良好的心态、从中吸取教训、自我学习自我提升,也使得他在带领团队时能够领导团队正确定位目标,明确努力方向并相互高效地合作。

"我现在仍然在积累。"作为一个事业有成的人,沈逍江谈及自己的工作时仍然谦虚地说道,他一直没有放弃自己当年投标失败的项目,现在仍旧在关注,在和团队磨合,寻找适合的方向去发展。

创业从来就不是一件容易的事情,而对于大学生,沈道江认为要创业首先应转变思想。"我觉得要创业首先要转变思想,你不能把自己定位在一个雇员的角度去考虑,你应该从一个老板的角度去考虑,这是两个完全不同的概念。"国内的教育体制会让学生成长为一个好的雇员,但不一定是一个好的领导者。如果不能较好地转变观念,那么大学生应该先去体验,去积累工作经验,去了解一家公司是如何运作的。这些对于创业者来说都是必须要具备的知识,而这些都需要一点一滴去积累。

大学生创业一般都有自己的一些基础,有自己的想法,创业前应该要明确自己的长处在什么方面。在和赞助商合作时,或许自己本身在技术方面有优势,而宣传销售方面赞助商有优势。这时应该合理分工任务,而不能过于自我为中心。作为一个领导者,沈道江认为:"你不能光懂知识,你还得懂怎么跟人打交道,还得懂财务报表,你还得应付一些各种各样疑难的问题,你得稳定军心带领着大家往前冲。"而这些正是许多大学生所没有具备的素质。

(二)要点解析

2014年,习近平总书记在中国科学院第十七次院士大会、中国工程院第十二次院士大会上强调"要在全社会积极营造鼓励大胆创新、勇于创新、包容创新的良好氛围,既要重视成功,更要宽容失败"。创新创业实践已经成为国家发展的战略选择,更应该成为青年大学生的理想与抱负。2016年4月26日,习近平总书记在知识分子、劳动模范、青年代表座谈会上指出:心中有阳光,脚下有力量,为了理想能坚持、不懈怠,才能创造无愧于时代的人生。沈道江正是在不断创新过程中体悟和认知到双创的价值内涵以及科学认识,这对于其创新创业有着重要的指导价值,同样,对于青年大学生来说,也应该重视以下三个要点。

1. 创新创业需要持之以恒

创新创业教育的目的不是单纯的鼓励学生去创业,它是高等教育改革的内涵,是大学生素质教育的重要方式。创新创业教育是为了培养学生形成一种能力和品质。此外,创新创业教育还有个重要的价值目标在于大学生通过创新创业教育能够判断自身是否适合创新创业,从而对于自己未来规划做出合理选择。若是在创新创业教育过程中发现自己特别感兴趣且适合双创实践的话,那么坚持不懈将是你成功的关键要素。创新创业的过程是一个持续性研究和实践过程,不会一蹴而就。就创业实践而言,一个企业的生命力是有规律可循的。从市场调研、产品研发到生产销售,这个过程有可能需要很长一段时间来体现结果。沈道江在创新创业过程中始终保持着持之以恒的心态和准备。作为大学生来说,一旦确定创新创业实践,那么就要坚持不懈,不畏挫折,努力朝着自己设定的目标努力前行。

2. 创新创业要正视市场风险

和欧美等发达国家比,我们国家的创业成功率相对较低,创业失败是家常便饭。对于刚刚涉足创新创业的大学生来说,调整心态,正确看待创业失败和风险是其创新创业实践成功的重要心理条件。沈逍江在创业过程中深刻体会到创业风险和创业成功率低下的情况。大学生正视创业风险,一方面需要科学认识创业风险的内涵与特点,要充分了解所在行业的竞争情况与发展趋势;一方面要做好创业失败的准备,要学会通过市场机制来科学规避创业风险。只有对创业风险有着正确的认识和科学的措施,创新创业实践活动才能够更加合理实施。创业失败或创业风险并不可怕,它是市场经济发展的客观结果之一。大学生正视创业风险,既有利于做出科学双创选择,也有利于双创实践的科学发展。

3. 创新创业要重视经验积累

创新创业过程本质上是不断学习和积累的过程。沈逍江在创新创业实践过程中经历过挫折失败,也收获过成功喜悦,但最终的体悟是不断积累经验。大学生重视积累经验主要包括两个层面。首先,大学生要认真学习创新创业的知识,包括学校专业知识、创新创业培训知识。我们常说的创新创业知识包括创业基本概念、创业计划书撰写、市场调查以及路演展示等。学校传授的创新创业知识和技能是大学生开展创新创业实践的基础。其次,大学生要在创新创业实践过程中有意识地积累经验,包括创新创业实践成功和失败的经验。对于很多大学生来说,双创失败的经验也许更加宝贵。总结失败经验能够帮助我们避免踏入同一个失败"沟渠"。

四、不经历风雨 怎么见彩虹

(一)案例概述①

2009年年底,在由北航举办的第十一届"挑战杯"课外学术科技作品竞赛的赛场上,有这样一件作品在听觉上,深得别人的关注,以其清澈而富有节奏感的流水声以及极为震撼的超强视觉冲击力和过目不忘的展示效果让无数人驻足合影拍摄。评委们眼前为此一亮,在比赛中掀起一阵高潮。这是他们最初研发的产品,数字水墙,在此次竞赛中荣获全国一等奖。

殊不知,为人惊叹的荣誉背后借助的是全校一行三十余人的力量,整整300天的时间,每天起早贪黑,才产品搭建并包装起来。在人们欣赏美丽水幕的背后,又有多少心酸,多少汗水。由于产品本身机体的庞大和项目经费的匮乏,只能依靠最原始的

---

① 资料来源:同济大学,团中央学校部.共挑战·创未来[M].上海:同济大学出版社,2012:110.

人力，只为让产品能在人前华丽地展示。

成功背后的 300 天

  由于创业竞赛的限制，不能将如此庞大的产品直接带到比赛现场进行展示，便只能通过视频播放来展示产品，而一个良好的视频效果便成了首要解决的问题。以往的视频虽在电脑上能相对分辨出所显示的图案和文字，但是在清晰度上却很是欠缺，而再将视频投射到投影幕布上，效果则更是不甚明显。

  为了解决这一问题，团队首先要对数字水墙进行了改装。好让水柱变粗了，以确保水墙整体的透光性相对减弱，这样所显示出的文字及图案则相比以前要清晰。

  然而水墙的搭建是最困难的，数字水墙的水箱分为上水箱和下水箱，而上水箱由水管通过控制箱直接连接着电磁阀，要将上水箱等一系列重达近 500 斤的装置安装到高达 5 米的架子上，这在不借助任何机动力量的条件下是极为困难并且带有一定危险的。对此团队为解决问题制定了详细的方案，并且分配团队成员四处寻觅借到所需的脚手架、手动葫芦、绳子等必备用品。工具齐全了而创业团队 10 人中 7 女 3 男又着实造成了人力的严重不足。白天，团队成员们都要上课学习，因此只能利用黄昏以及黑夜进行搭建，顶着冬季的寒风，在晚上光线不足，只有一盏小型聚光灯的清冷照射中工作，女生们也毫不畏惧亲自爬高走低，每一个尺寸的计算，每一个绳结的系扎，都将牵涉到所有人的安全，队员集中精力，将每一个步骤缜密完成。

  当上水箱、控制箱、水阀一系列装置被系在手动葫芦上被挂起离地的一刻，所有人都不知道接下来会发生什么，生怕出现意外，每一个人都提心吊胆。这样沉重的装置要是出现什么意外，纵使没有人员伤害，装置也将会受到很严重的损伤，甚至不能在比赛上展示。当看到装置成功稳稳地落在水墙框架上的时候，队员们大声欢呼，一个艰巨的任务终于完成。

  克服了第一个难关，接下来要增大水流下落速度，数学模型需要更改，当务之急是更新以前的程序，团队要花上数十天重新改编并进行调试。由于水墙的高度达 5 米，没有合适的空场所可以容纳，只能将水墙放置在一个露天的环境中，环境的恶劣，水箱中的水质受到很大的影响，经常会引起水阀故障，队员只能借助于扶梯爬上爬下进行维护。

  一切调试正常，产品完工了，接下来就是拍摄。考虑到场景因素，若是在白天拍摄，阳光过于强烈，数字水墙展示效果相对较差，只能选择在黑夜进行摄像，而之前的小聚光灯，无法给整个水幕效果很好的修饰。因此，队员想尽办法最终找到学校电视台，学校也积极响应，借来最好的灯光。接着经过数天各种灯光各种视角的拍摄尝试对比，终于找到了灯光照射以及拍摄的最佳角度。当明亮的光束反射在晶莹的水柱上，当一副副美丽的图案从夜色中划过，大家激动得热泪盈眶。

全面展示最好

产品技术仅仅是创业计划中的一部分,创业中的精髓在于团队的经营以及对大赛的筹备。整整 6 个月的时间,从计划书的撰写到答辩展示课件的制作,从第一次计划书的评审到校内公开答辩,其中倾注了大量心血。队员们利用几乎全部课余时间准备比赛确保成绩。多少个夜晚,修改计划书到凌晨,不放过每一个错别字;多少次答辩,将老师提出的问题一一改进,字斟句酌;面对期末考试和省赛的双重压力,咬牙坚持。当筹备的艰辛成为一种习惯,当默契升华为共同的信念,成功也变得水到渠成。

功夫不负有心人,队员们一路过关斩将,最终获得省赛特等奖,并作为全省仅有的三支公开答辩队伍之一进行了公开展示,获得"最佳创意"单项奖。但是,"挑战杯"国赛的道路才刚刚开始。

每一次都是新的挑战

在这次"挑战杯"创业计划竞赛的筹备中给所有人印象最深刻的,是团队如何一步一步艰难地克服一个新赛制的挑战。在 6 月份省赛结束后,全国大赛组委会增设了"网络虚拟运营"环节,这是本届赛事的创新举措,对于队员而言是零的开始。面对新的挑战,团队在炎热的暑期进行了紧张的集训。每天在国赛官网训练平台上与来自全国的竞争对手对决,为期半个月的集训过去,只能达到小组第五名左右的成绩,这并不是队员们所满意的。

开学后,大家顶着课业压力,在完善计划书和答辩展示的同时,继续奋战在网络虚拟运营一线上。为了研究战略,继续每天在官方平台上练习,从清晨到傍晚;为了分析数据总结经验,又从傍晚熬夜到凌晨。一个多月时间,队员们在不知不觉中,由起初网络虚拟运营的门外汉,转变为在全国"挑战杯"舞台上小有名气的高手。正是这样的付出,让团队在国赛网络虚拟运营环节中收获小组第一名,这为最终的金奖奠定了坚实基础。

最初零的开始,源于自己的兴趣,从零走向成功的过程中,脚踏实地不断追求。当在不断的行进中,量变转为质变,猛然发现伴随着"挑战杯",当初对创新、创业、创优的渴望,在不断的能力提升中、精神锤炼中已经沉淀为自己人格的一部分。这也正是每一名成员最大的成长与收获。

遥想 2009 年 11 月 28 日团队的建立,到 9 月 28 日的辉煌,其中经历了无数坎坷。300 余天的锤炼,使来自 3 个学院的 10 名同学组成的创业团队具备了很强的执行力凝聚力,大家在一起建立了战友般的情谊。建队初期,产品本身机体庞大需要消耗大量的人力才能运作,四处找寻赞助商却屡遭拒绝,视频展示效果不尽人意,一系列的困难让团队几度困惑,而种种问题的克服,让他们在挑战之旅中收获成长。

(二)要点解析

有句歌词是这样写的:不经历风雨,怎么见彩虹,没有人能够随随便便成功。这句歌词蕴含着丰富的人生哲学与成功经验。当前,与国外发达国家大学生创业成功率相比,我们国家大学生创业成功率还很低。创业成功率低下既有客观原因,也有主观原因。客观原因是我国创业教育起步晚,虽然发展速度快,但还没有形成良好的社会支持系统下的创业环境;主观原因是我国大学生创业意识和思想准备不充分,没有正视创业的艰辛与风险。很多创业成功人士在各个场合都会语重心长地告诉青年大学生,不要以为创业是一件很容易的事情,它要求创业者能够吃苦耐劳,能够坚持不懈。对于青年创业大学生来说,这个案例告诉我们以下几点道理。

1. 创业要做好吃苦耐劳的准备

习近平总书记曾在2013年"实现中国梦 青春勇担当"五四主题团日座谈会上对广大青年提出五点希望:广大青年一定要坚定理想信念、广大青年一定要练就过硬本领、广大青年一定要勇于创新创造、广大青年一定要矢志艰苦奋斗、广大青年一定要锤炼高尚品格。勇于创新创造和矢志艰苦奋斗是广大青年在创新创业过程中必须要坚持和培养的能力和品质。创业是一个艰辛的旅程,创业成功需要创业青年付出艰辛的努力。当前,由于我国社会经济发展速度较快,人民生活水平进一步提高。在"温室"中成长的大学生普遍存在不能吃苦的特性。面对创业教育和创业比赛,很多大学生都认为这只是一个简单的实践过程。对于这种情况,我们一方面希望通过创新创业教育培养学生吃苦耐劳的精神,一方面也不得不重视这种"温室"效应对于创业大学生的负面影响。对于即将参加创新创业比赛或实践的青年大学生来说,首先要做好吃苦耐劳的准备。正如案例中所展示,团队正是由于能够吃苦耐劳才顺利完成了项目技术攻关。

2. 技术是创新创业的核心,但不是唯一

从当前创新创业各项主流赛事来看,都比较重视项目的技术含量。这是创新驱动发展的必然逻辑,核心技术已经成为世界竞争的重点。对于大学生创新创业来说,技术显得尤为重要。创新包括技术创新和模式创新,都是对传统技术或模式的改进和完善,最直接表现在产品和服务质量的不断提高上。我们现在很多大学生也意识到技术对于各类比赛和实践的重要性,也都能够通过自身努力来实现技术或模式创新,从而取得优势。但是,我们在高度重视技术创新的同时要注重商业模式、生产力转化等研究,因为技术不是创新创业比赛和实践的唯一。对于创新比赛来说,我们需要在技术创新过程中不断提高自己的心理素质和品质;对于创业比赛来说,我们需要在技术基础上选择合适的商业模式从而将产品和服务更好地推向消费者。我们鼓励大学生在技术创新的基础上进行商业计划安排和实践,努力实现技术落地,以更好地促进生产力提升和人民生活水平的提高。

3. 创业要充分重视团队的战斗力培养

传统管理学向现代管理学转变的最大标志是确立了人在企业中的核心地位。传统管理学认为机器才是企业最重要的财富；现代管理学则注重人的核心价值地位，认为人才是现代企业发展的核心竞争力。对于大学生创业来说，团队战斗力培养是创业项目发展的基础。著名天使投资人徐小平就曾给一个项目很差但项目成员很棒的团队进行了投资。在他看来，投资项目本质上是投资项目团队。

当时团队最艰难的一个时期莫过于刚刚参赛的时候，团队成员大部分对于创业比赛都是小白，无所适从的讨论让团队总是陷入僵局，一次次毫无头绪的讨论会议往往都会以无果为终，这样的讨论让成员们觉得毫无意义，随之而来的是对于团队无的放矢的埋怨和对前景的担忧，同时，这样的埋怨与担忧让每个队员心里都不好受。

创业团队战斗力体现在前文中所提的吃苦耐劳，也体现在团结合作以及敢于责任担当等方面。当一个团队同时具备了分工明确、吃苦耐劳、团结合作以及敢于风险担当等元素时，这个团队就是一个具有战斗力的团队。从案例中可以看出，正是因为团队战斗力强，团队才能克服各种困难最终问鼎冠军。当然，团队战斗力不是天然存在的，它需要团队有意识地进行培养，需要在志同道合的基础上不断实践，在实践中提升团队战斗力。

五、创业是一壶老酒，一个故事，值得我们慢慢品味

(一) 案例概述①

初期艰难

瑞赛克团队是团队的优化组合，队长的责任心、技术总监的专业学识、财务总监的一丝不苟、市场总监的任劳任怨……但不是一颗耀眼的星，没有什么特别的地方。但是最可贵的是每一个人都有自己的创新想法和思想。每当成员们聚拢在一起的时候，总会有针尖对麦芒的唇枪舌剑，结果总能带给团队新的活力，迸发新的灵感，令整个创业计划日臻完美。

披荆斩棘

不断的探索，8 月份喜讯传来，作品顺利晋级国赛。在省赛上拿到金奖代表着瑞赛克团队的国赛参赛资格，团队代表的不但是学校，站得越高，责任越重，更肩负的是省内无数学子的创业梦想。

第七届的"挑战杯"中国大学生创业计划竞赛与以前年度的比赛不同的是增加了"创

---

① 资料来源:同济大学,团中央学校部.共挑战·创未来[M].上海:同济大学出版社,2012:118.

业之星"电子模拟对抗,提高了比赛的竞争性和趣味性。为了给大家虚拟模拟练习和交流的平台,"挑战杯"QQ群随之建立。团队不断对计划书进行修改,根据比赛的内容以及团队成员的各人特长,进行了分工,以队长为首并在了解"创业之星"规则的基础上负责创业计划文本的优化和修改,以技术总监为首的负责软件的学习。软件模拟时成员们每天面对最多的不是彼此,而是电脑,每天要消耗10余小时,其中8个小时模拟运行,2个小时分析对手的产品策略广告投放以及每个季度的设备,在开始的第一个星期,每天晚上的公司运营业绩,瑞赛克团队总是不及人意,比对手落后一节。尽管如此,曾经的努力给大家筑起壁垒,越是有压力,队员们更是充满干劲,在彼此调侃打趣中释放压力、面对挑战。

队员们每天分析、推测对手到底采用了什么样的策略,可是没有团队间的交流,全凭自己的摸索是很难与对手竞争的,而这个交流还必须是和对手交流。队员们说,印象最深的是离比赛还有10天时,瑞赛克的软件模拟成绩还是很不理想,闷热的天气、焦躁的情绪让队员们差点失去了继续探索公司运营的技巧。

努力备战

决赛离队员越来越近,就在瑞赛克启程去长春的头一天,但并不是所有材料都做到完美,团队展示给校领导和指导老师的作品并不尽如人意。"也许原因很多",队长说,"但最主要的还是我们在后期没有很好地和指导老师沟通,没有充分听取老师的意见。"

那一天的午饭成员们匆匆忙忙地吃完了,回到实验室,又重新开始制作团队展示的视频和PPT。队员们意识到,老师之所以称作老师,是因为他们确实更加有经验有见地,在"挑战杯"的道路上,坚持是重要的一环,但还需要虚心的悦纳、有益的调补。听过老师建议、指导后,成员们感觉豁然开朗。

隆隆的火车载着队员们,也满载瑞赛克坚定的创业梦。因为团队的PPT和讲稿是刚刚确定的,所以队员们必须抓紧时间把十分钟的作品展示演练好。不顾他人好奇的目光,默念着讲词、演练着手势,不合适的地方再修改。最后,甚至作品的备份光盘都是在火车上刻好的。

永不言败

如果时间可以倒退,队长魏评如是说,"我愿意去回到这些画面,亲爱的队友们那一张张的笑脸,为了解决某个问题争得面红耳赤;在校赛中拿到第一名时,那一双双因噙着泪花却明亮的眼睛;为了完成任务而点灯熬夜时那困倦的面容;站在赛场上那认真严肃、充满自信的表情,这一切都定格在我的记忆中。我想一年来我们在一起奋斗在一起拼搏时所筑起的友情是我一生的财富。"

如此信念支撑着团队共同的拼搏与不断的进取。选择了"挑战杯",我们就要坚持下来！团队的指导老师黄志中、赵文清老师总是能鼓励队员"既然选择了做这件事，就要把它做好。"有笑有泪，有苦有甜，有争执也有称赞，更有无数团队成员任劳任怨默默付出的艰辛汗水，这就是瑞赛克团队的真实写照。有这一切，才有了团队在校赛中一举夺魁的辉煌一笔。

收获喜悦

如今，瑞赛克的创业计划部分已用于实际的运营，并且注册成立了马鞍山瑞赛克能源环保科有限公司，公司基于安徽工业大学可再生能源研究所承担的安徽省教育厅自然科学研究点项目成果低温烟气除湿系统的关键优化项目，余热驱动式空气除湿机组，其可高效用低品位钢铁企业低温烟气余热，对加热炉助燃空气和高炉鼓风进行脱湿实现能源梯级利用，正是队员们骄傲的产品成果。

至于它是否会像团队计划的那样完美运营下去，这也是我们所有人所期待的。但不管结果如何，瑞赛克都是一群对未来充满热情的年轻人，在尚未离开校园时，去孵化自己的公司，目前已经有安徽工业大学研究生创新基金的支持和中华环保基金会的小额资助。回想精心准备比赛的那半年，所有参加比赛的成员都会感慨万千，觉得这不只是一场比赛，更是一次成长。

（二）要点解析

很多创业比赛的评委都喜欢创业者能够用比较生动的语言来阐述他们的创业项目以及创业过程。原因有二：首先，评委不喜欢平铺直叙、乏味单调的路演，跟其他普通人一样，他们也喜欢内容丰富且接地气的语言表达；其次，创业是一项艰辛的旅程，创业过程一定程度上说就是一个精彩的故事，无论这个故事最后的结果是什么。大学生在创业过程中，要有把项目和团队当成自己生命一部分的情怀，要用实现项目价值以呈现个人价值的胸怀。创业的每一步或每一个阶段都是人生不可缺的一个经历。只有这样，我们才能真正用心去面对创业，用心去勇敢创业以及用心去体验创业。从这个案例来看，以下三点可以供创业大学生共勉。

1. 创业需要脚踏实地，一步一个脚印

创业不是一蹴而就的过程，创业是一个需要持之以恒并努力奋斗的过程。很多大学生只是看到了创业成功者眼前的光鲜亮人，却没有看到他们背后所付出的艰辛努力。一些创业初步成功者由于自身素质以及人生阅历的原因，在公众面前显示的是自己如何优秀以及如何获得财富的过程。这往往会造成创业大学生对于财富和荣誉的向往和追求。一定程度上说，对财富和荣誉的追求是创业的原动力之一，但创业大学生必须要认识到财富和荣誉的获得不是简单的事情，需要创业者脚踏实地，一步一个脚印地去努力。从案例中可以看到，这个团队从校赛、省赛、国赛以及最终落地，每一步都是在努力的基础上扎实推进的。这种发展过程是稳健且可持续的。稳健是因为团队能够踏实努力地去进行研发与生产;可持续是因为团队已经形成了一个吃苦耐劳、不断创新的团队战斗氛围。

2. 创业需要整合各路资源,分类汲取

创业的概念中就包含着创业者要有能够利用现有资源进行创新创业的意识和能力。我们一般在问大学生创业最缺什么。很多大学生都会说缺钱、缺人脉。这既是一种客观原因,但也是一种阿Q式的自我放弃的心理解读。缺钱或缺人脉确实会影响创业,但绝不会成为创业的绊脚石。创业就是要整合各类已有的资源来开展的经济活动。创业者需要整合各路资源,分类汲取,主要包括以下几个方面。首先,创业大学生要分析自己拥有什么资源,要充分把握市场需求以及自身能力两个维度,只有创业项目同时符合这两个条件,我们才能着手去计划和实践;其次,创业大学生要学会利用社会和政府提供的各项资源。我国正在形成良好的创业氛围和创业扶持政策,创业大学生要善于去学习和利用这些资源和政策;最后,创业大学生一定要和指导教师保持良好的沟通,既要善于听取指导教师的意见,也要善于从各类比赛评委老师意见中汲取适合项目的意见。

3. 要把创业当作一个故事进行演绎

故事一般分为两种,一种是基于现实情况的编撰,一种是基于自身体验的阐述。我们在电视上经常能够看到一些创业成功者的演讲,这本质上就是一种故事阐述。我们会发现,我们在凭空讲故事时好像没有什么吸引力,但这些创业成功者在演讲时往往能够通过关键信息以及富有传奇色彩的情节来吸引听众。为什么创业成功者的创业故事很吸引人,因为这是他们亲身经历的过程,刻骨铭心。创业大学生要把创业当成一个故事去演绎,包含两层意思:一,故事是必须要有曲折的情节和内容,正如创业过程一般,必然是风雨之后见彩虹;二,创业大学生要用心去体验创业过程,要学会凝练总结创业过程中的各种情况,用经验积累来呈现故事完美。作为一段人生经历,创业值得我们回味。

第二节 双创失败案例

一、创业需要理想,但不能理想化

(一)故事分享[①]

放弃安稳工作,选择创业梦想

主人公甲,2007年毕业生。毕业初,他与许多刚刚大学毕业生一样,试图寻找

---

① 资料来源:刘立春. 西安大学生满怀豪情办公司9天后宣告"破产"[EB/OL]. (2008-05-01)[2018-10-23]. https://www.admin5.com/article/20080501/82545.shtml.

一份安稳的工作。他跑过许多招聘会、投出多家简历、参与各种面试，都不尽如人意，最终在当地找到一份不错的工作。"我们希望自己孩子安安稳稳生活，不奢求他有一番大的事业，只想他早日成家。"甲的父亲对记者说。但他却不甘于这种安稳，始终因为专业不对口而认为这不是自己最初想要做的，于是他不顾家人反对放弃先前的工作，希望在自己的专业上有所发展。面对脱离束缚的新世界，甲信心满满，他在心底早已规划自己今后事业的蓝图，怀揣希望，踏上了自己的创业道路。

创业时信心十足

2008年初，甲相邀同学、朋友等8人并共同筹资7.8万元，开始创办自己的公司。刚开始这些怀揣梦想的青年们斗志昂扬，在几个月的规划讨论后，公司的雏形越来越清晰。"那段时间是我认为最值得留念的"，甲面对记者回忆道，"我们团队提出数十种公司发展方案，不断比较、筛选、修改、总结，最终达成一致，确定了公司的发展方向，以及预期收入。那一刻我们是无比兴奋与激动的。"在这些年轻人的不断努力后，这家主营域名注册、网站建设开发等项目的公司成立了。"把一件平凡的事做好就不平凡，把一件普通的事做好就不普通——这是我和我们公司的宗旨。"公司成立当天，甲信心十足。

9天后陷入困境

公司为了打开校园市场这个大门，先后招聘的20多名员工大多数都是在校大学生，他们代理的产品也在不断地拓宽市场。开始的一切似乎顺风顺水，但很快甲意识到经营公司和上学完全是两回事，短短几天时间甲就感到了压力，而且当初承诺办理公司注册手续的代理公司在拿了他1万元后杳无音讯，一时资金短缺成了绊脚石。种种问题瞬间铺天而来，将这个当初对创业充满希望的年轻人砸在现实的石板上。某日，甲一天没有吃饭，他拖着疲惫的身体跑学校、跑银行，但是没贷来款，"原因很简单，现在我没有房子、汽车做抵押，也没公司当担保"。面对这些打击，一个刚刚步入社会的毕业生，显然经验不足，他不知所措，也不知道凭借自己如何才能解决这些难题。

在这个困境中，刚刚面对社会残酷的甲没有跳出来，而是做出了一个疼痛决定，通知媒体，召开记者招待会宣布公司"破产"。

（二）要点解析

1. 过于理想化，眼高手低

大学生素质是足够的，也就是懂得的知识已经够了。如果大学生的基本素质，比如懂得如何待人接物、对行业有足够的了解这些方面具备了,资金也还可以,真正做起来,不会是特别特别难的。但是刚刚从学校毕业,一般都过于理想化了。从舒某某公司的情况来看,他们之前根本没有或没有认真做过市场调研,哪些客户会使用他们的产品,或许他们自己都不清楚,这样推销就少了目的性,变成等人来买。做一个企业,需要毅力,脚踏实地一步一步走下来。这样的公司,资金流动并不是很大,遇到一点资金困难就宣告破产,真的有点太夸张。舒某某的失败就是"不懂创业规律,缺少创业基础"的结果。舒某某是这么一类人的代表,他们大事做不来,小事不肯做。很多人到了四五十岁仍是这样,他不知道大事没做起来的原因是小事没做好。

2. 缺乏历练,不能正视困难

创业的心态需要塑造和培养,是需要历练的,舒某某现在完全不是这种心态。创业需要有激情,但一定要按照行业规则做。那些真正能够在自己的专业领域中有主动性的学生,也就是对行业发展规律动脑子的学生,不管是走出学校就创业,还是过一段时间创业,相对成功率要高得多。需要反对的是非理性地走出校门就去创业。怎么样去理性地创业?要真正做多少准备?这是很重要的。一个大学生,连普通的工作都做不好,还怎么能去创业。王强是一名已经小有所成的大学生创业者,也经历过创业的失败,开的第一个书店"大概两三个月就关门了,因为选址没选对"。后来他重新选址开了个只有十五六平方米的小书店,从小做起,"能节约的成本尽量节约,同时去各个学校摆地摊,网上也经营一些,开源节流各方面多省一些。遇到困难,找同学、朋友帮忙,用正常的心态创业,很多人都会帮忙的,比如进货没钱了,大家都会赊给你的。"

3. 大学生创业缺乏必要的条件

大学生创业需要注重两个基本条件,即客观情况和主观能力。我们在考察一个项目是否可以执行,通常会考虑这个项目是否有市场需求以及自己是否有能力去做。只有同时具备这两个基本条件,这个创业项目才具有一定的可行性。客观情况即创业项目客观上是否能具有市场需求,若是很清晰地呈现市场需求小的情况,那么该创业项目可以放弃;若是创业项目具有较大的市场需求,那么就要看大学生的主观能力能否匹配创业项目。大学生创业需要的主观条件包括:第一,创业意识,即创业动力以及敏锐抓住市场需求的信息和能力;第二,相关知识,对于具体行业有具体的了解,例如从事图书行业,那么需要大学生了解采购渠道、销售群体以及国家相关文化政策等;第三,善于研究,能够通过数据以及相关现象来透析问题本质;第四,心理素质,从事市场经济活动需要对于盈亏有心理准备,能够承担市场风险。

二、创业者不仅仅是经济能手,更应该是全能选手

(一)故事分享①

创新来自生活,市场前景不可估量

刚刚结束了美好大学生活的甲,决定留在当地,在一家知名互联网公司工作。由于公司与他租的房子之间有些许距离,加上他没有考上驾照,于是打车成为他上班的主要方式。在几年疲惫的奔波中,甲经历了高峰期打不到车、等车时间长等困难。忽然有一天甲萌生了做一个软件的想法,想通过软件来建立培养出大移动互联网时代下引领的用户现代化出行方式。改变传统打车市场格局,颠覆路边拦车概念,利用移动互联网特点,将线上与线下相融合,从打车初始阶段到下车使用线上支付车费,画出一个乘客与司机紧密相连的"O2O"完美闭环,最大限度优化乘客打车体验,改变传统出租司机等客方式,让司机师傅根据乘客目的地按意愿"接单",节约司机与乘客沟通成本,降低空驶率,最大化节省司乘双方资源与时间。

周围人的质疑让创新停滞,错失良机

当时,甲偶遇一个学计算机专业的高中同学,并将自己的想法与朋友分享,两个人很快有了创业的共识。为此,这个同学放弃了到北京工作的机会,甲正式辞职,两人在租来的一间两室一厅的老房子里开始了创业。甲写文案做设计图,他的同学写程序。

对于创业,两人没有任何的经验积累。为了学习一些创业的基础知识,甲抽空去旁听了一个创业培训班的课,并结识了一位做互联网创业的导师。他告诉老师,自己想做一个APP。老师看完甲的方案说,"出租车司机的文化程度良莠不齐,智能手机还没普及,建议你再想想"。后来,甲又去参加了一次投融资宣讲会,投资人的意见是,这个市场体量太小。两边的声音让甲犹豫了。

某日,甲从新闻上看到,杭州和北京出现招车软件,拿到千万美元的投资。这时甲才和同学才下定决心做自己的招车软件,可3个月的先机已经失去了。两人边学边做,一个bug一个bug地改。5月,他们做出了APP。

有一天,甲在坐出租车时跟司机聊天,才发现"狼已经来了"。那时,打车软件的推销方式是:推销APP的人员在汽车加油站手把手教出租车司机下载APP,还送50元手机话费充值卡和手机支架。甲算下来,这家公司每个月的地推成本就是300万元。当时,他正在接洽一个风投,他所能获得的整个营销投资不超过500万元。

---

① 资料来源:崔玉娟,于文月.创业,我为什么失败[N].中国青年报,2015-04-07(07).

在一次投融资现场,劳累过度的甲某突然晕倒,被送进医院。因心动过速,他在医院治疗了8天,被要求强制休息。第一次创业,就这样草草收场。

<h3 style="text-align:center">二次创业缺乏法律知识,遭受背叛再次落入谷底</h3>

甲身体逐渐恢复。他和技术伙伴决定开始新的项目。这个时候,这个团队又多了一个程序员。为了生存,他们开始做一些互联网的外包。甲骑着摩托车一家一家地去拜访客户,接到了不少订单,大多交易额在两万元左右。他们还招聘了正式的美术设计、营销人员。

2014年,甲团队承接了一家旅行社的订单。订单做完,旅行社负责人找到甲,希望能合作做在线旅游方面的项目。借此,甲团队正式开始了第二次创业。

"在这个过程中,我犯了一个很大的错误,就是因为年纪轻、经验不足,不注重法务和协议签署。"甲总结当年的失败原因,声音哽咽。八个月后,产品进行测试阶段,甲回安康老家不过一周的时间,公司就发生变动,所有人员工资翻倍,管理人员换人,合作伙伴也换了人。

按照先前的约定,甲与旅行社新成立的公司中,甲占70%的股份,对方占30%。就公司的变动甲质问合作伙伴,对方说,他们之间没有签署任何文件,甚至公司都因为各种借口迟迟没有成立。甲无奈离开。

被自己一手创立的公司开除,对于甲来说,事业一下跌到谷底。消沉了一段时间,甲又找到了志同道合的新伙伴,还是做互联网项目。4个创始人商定,在拿到第一笔投资前,不拿工资。他们的产品今年4月即将上线。这一次,甲更加用心地寻找投资人,"这次选择会比上次更聪明、谨慎"。

(二)要点解析

1. 易被外界干扰,措施市场良机

在人生的道路上面对选择是很正常的事,在十字路口上,你选择了其中一条,这就意味着你放弃了其他的选择。人们常说:"早知道这样,我就……"这是对自己的选择不尊重的表现。面对选择的路口,不能犹豫,不要计较眼前的得失,相信选择,善对选择。

每一天都镶刻在历史的里程碑上,无法涂改,这是不会改变的自然法则。能做的就走好每一步,让少有遗憾。无论对与否,都应将其沉淀与心。

2. 缺少法律意识,不懂得自我保护

在"大众创业、万众创新"的时代背景下,大学生创业率呈现迅速增长的趋势,但是大学生创业的成功率一直较低,其中重要的原因之一是大学生的创业法律意识不强。在法治社会、法治国家的构建中,大学生创业也应是依法创业,在维护自身合法权益的前提下,创造更大的社会价值。大学生自身素质、学校教育以及社会创业大环境对大学生创业法律意识的培养有着极其重要的影响。

3. 缺乏财务知识，无法保障商业可持续发展

创新创业是市场经济活动的一部分，因此，资金等财务状况将直接影响甚至决定项目发展的前景。案例中的主人公所缺乏的创业经验中很重要的一点就是财务知识。财务知识包括股份、项目前期投入、现金流以及项目收入等内容。股份是当前市场经济中非常重要的元素；前期投入以及项目收入等是盈利能力考察的重要内容；现金流是企业面对市场竞争保证项目稳定发展的基础。大学生在创业过程中要掌握必要的财务知识，需要能够看懂财务报表等基本资料，以保证创业项目能够实现可持续发展和盈利。

三、失败是成功之母

(一) 故事分享[①]

创新想法得到认可，初尝甘甜

在校期间 A 担任学生会主席，有丰富的人脉资源以及大家认可的能力。在初，当 A 提出自己的创新想法并且决心开始创业时，得到大家的认可与鼓励，于是乎 A 把学校里擅长摄影、平面设计等的同学聚到一起，准备建立了一个针对校园的文化传媒工作室。"刚建立起来的时候，得到了学校老师的支持，投了 10 万元，让买设备、租场地。"当拿到第一笔资金时，A 内心的喜悦无以言表，她带着团队来到场地观看设计，并且购买一些必要设备材料以及工作室的装饰与布置，几天的忙碌过后，自己的工作室正式成立。

人心不齐，遭遇打击

"因为当时还是学生，需要上课，对创业也不是很懂，所以项目整体的运作比较松散。"A 回忆，整个项目前期并没有收到很好的效益，磕磕绊绊运行了一年后，团队受到了一次致命性的打击，"我们团队里面基本上都是学医学的学生，到了大三之后学业压力非常重，再加上来自父母的压力——他们不想让自己的孩子去创业，更多的是希望好好学习，有一个稳定的工作。所以这个时候有些队员开始提出退出团队"。

随后，团队成员一个接一个的地退出，在这种破窗效应的影响下，团队成员所剩无几。"大家都是医学专业的学生，所以各方面人才的配备都不是很到位，对于公司化的运作没有经验。仅仅只是几个同学，有创业的兴趣，然后为了挣钱，就凑到一起，甚至连创业的决心也不坚定。"

---

① 资料来源：崔玉娟,于文月.创业,我为什么失败[N].中国青年报,2015-04-07(07).

通过第一次创业,让 A 明白创业决心、团队和商业化管理非常重要。这时,她也陷入迷茫的状态:"到底自己是适合创业还是就业?"后来,在找实习工作的过程中,面试官鼓励她去创业,这让她很受鼓舞。"在那之后我很认真地想了几天,然后下定了创业的决心。"

重整旗鼓,另辟蹊径

第二次创业,是与同学一起做避孕丁字裤的项目。"当时这个项目做出来,还登上了报纸头版,陆续还有许多网络媒体来采访我们。我们当时也参加了青年文化创意创业大赛,团市委觉得我们这个创意不错,给我们对接了一个投资方,并且给予我们 200 万元的投资。"

然而,令 A 意想不到的是,问题出在了投资方身上。"我们的投资方以往主要是投资在酒店、房地产这样的实业上,给我们投资没多久,就赶上整个房地产行业不景气。我们 200 万元的投资也就落空了。"A 另找投资方过程当中又遇到了问题。"投资方看我们大多是学医学专业的学生,没有什么管理经验,不敢投。再加上当时自己虽然有决心,但是其他的团队成员决心还是不够。有些人总想着创业、就业两头兼顾,项目暂时被搁置了。"

但 A 并没有放弃。在参加比赛的时候,A 发现,很多团队都是在做移动互联网项目,受他们的启发,A 将移动互联网项目与自己所学专业结合,目前也找到了志同道合的投资方。

(二)要点解析

1. 团队成员目标不统一,缺乏凝聚力

创业不是一个人在战斗,创业是一群人在协同作战,这时团队执行力就显得尤为重要。根据现实资料表明,大学生在创业过程中,执行力不足的问题显现得尤为突出。大学生从学校里走出来没有工作经历,对执行力的认识大多数还停留在理论层面,缺乏实际工作经验因而在创业工作中暴露出执行力不足的问题。大学生在学校期间,动脑时间要远远大于动手,而在创业过程中动手的时间要远远大于动脑,对于这个转换过程的适应,是大学生在创业过程中应当特别注意这一点,不要让"执行力不足"这一问题成为大学生创业的软肋!

2. 找到适合自己的创新方向

选择创新项目是大学生自主经营创业首先需要解决的问题,是根据自己的特长与爱好选择创新项目,还是根据市场的冷热程度选择项目,困惑着很多大学生;其实同样的问题不仅仅困惑着想创业的大学生,如果能够理性认识分析自己具备的实际条件、并结合市场需求与地区经济特色,是可以找到适合创业运作的项目。要适合自己。俗话说:"隔行如隔山"。因此应尽量选择与自己的专业、经验、兴趣、特长能挂得上钩的项目。要看准所选项目或产品市场前景。对于创业者来说要多考察当地市场。对所发展项目要有直观的利润。有些产品需求很大,但成本高、利润低,忙活一阵只赚个吃喝的大有人在。要从实际出发,不贪大求全。瞄准某个项目时最好适量介入,以较少的投资来了解认识市场,等到自认为有把握时,再大量投入,放手一搏。要尽量选择潜力较大的项目来发展。选择项目不要人云亦云,尽挑一些目前最流行最赚钱的行业,没有经过任何评估,就一头栽入。

四、努力培养风险意识和团队合作能力

(一)故事分享[①]

一拍即合 共同创业

A 毕业于企业管理系。一个偶然的机会,在与同学聊天时,他得知 B 家在江苏吴江,父母都做化纤面料生意。B 还说,吴江是中国化纤面料的重要生产基地,许多上海的客户都到那里进货。A 心里不由一动,"如果在上海做化纤面料的中介生意,一定能赚钱",两人谈得投机,便开始规划起创业的具体细节来,A 扎根上海,寻找客户,承接订单,B 长驻吴江,负责解决供货渠道问题。B 说,创业前期所需的资金可以请他的父母帮助解决。

他们的创业目的很明确,一来给将来打基础,二来赚点钱。A 说:"我希望能在 35 岁前积累足够的资本,然后做自己最想做的事业——影视制片人。光靠有限的工资收入,一辈子恐怕无法圆这个梦。"

春节,A 回家跟父母提到创业的事,家里坚决反对。父亲以前做电器生意吃过亏,劝他打消这个念头,"生意场远非你想的那么简单"。"那个年过得特别不开心。我觉得,年轻的时候应该大胆去干。"初五,他就离家直奔上海。

适逢世贸商城有个一年一度的面料展示会,两人都觉得机不可失,花 4000 元租了块 4 平方米左右的展区,开始搭建展台,从收集布料到展览布置,他们都自己动手,刚布置完,再看人家的展台,产品种类多达百种,B 立即赶回吴江,又收集了几十种布料,凑足 100 种,两人心里才踏实起来。

"三天展览会:真是热闹,每天都有上百个客商来展台咨询。"其中有海外的订货商,也有本地的中间商,A 和 B 忙得不亦乐乎,两人都很兴奋,仿佛才打开窗户,就有

[①] 资料来源:张成. 大学生创业——失败之后才明白[EB/OL]. (2011-02-06)[2018-10-24]. http://www.959.cn/school/2011/0206/37639.shtml.

阳光射进来,照出光明的前景。

经验欠缺起步艰难

3月6日,展览会一结束,他们就正式搬进了世贸商城开始创业生涯。A每天的工作都很忙碌,他把展览会上收集到的名片输入电脑,做成数据库。借展会的后续效应,每天都有十几个客户打电话或上门找他们谈业务,他又忙着接收样布,记录样布的规格、密度、材质等详细数据,用最快的速度把资料邮寄到吴江,等B提供价格信息。

与城内竞争对手的产品相比,A自认为他们提供的产品质量有保证、价格合理,应该很具有竞争力。但是,匆匆忙忙地过了一个多月,A察觉到有些不对劲。每天都有客户来咨询,要求提供样品或报价,但他们拿了我们的资料和报价后就绝少再有回音。眼看着客户们没个落地签订单的,A着急起来,得知此事,B的父母帮他们分析了原因:化纤面料这个行业情况很复杂,发展到现在,国内外厂商和供应商之间的关系相对稳定。因此,产品质量好,价格低未必能争取到客户。我们是小公司,人家没跟我们长时间打过交道,对我们监控产品质量或大规模供货的实力不够信任。A细想后,也看出了某些原委。许多客户向他们咨询,并非真有订货意向。拿他们的报价资料,如果比原来的供货商价格低,就有理由要求降价,如果低不了很多,一般不会轻易改变合作关系。

盲目信任赤壁受骗

两个多月一晃就过去了,公司颗粒无收,A心急如焚。五一节前夕,事情突然有了转机。一天,他接到湖北赤壁某外贸公司的传真,说需要一种布料,如符合要求,可以签下高达150多万的订货合同,几次的传真和电话联系后,对方约A节前去趟赤壁。A欣喜若狂,如果能做成这笔生意,起码能挣30多万。

一路颠簸到了赤壁,与他电话联系的副总到车站接他,这位副总50岁上下,看上去态度温和。A有点奇怪——那位副总不是开着公司的车,而是打车把他送到了宾馆。根据"行规",签合同前要有所表示,A提出晚上请客,这顿饭花掉了他2000多元。吃饭的间隙,那个副总还把他偷偷叫出去,希望他再意思意思,头点烟做礼物。A爽快地答应了,买了800元左右的香烟送给他们,第二天,A到那家外贸公司签合同。那家公司的办公场所看起来比较简陋,好在公司的手续、执照还齐全。他没多想,签好合同盖完章,约好五一过完便付30%的订金。

买不到直接回上海的车票,A只好先去了浙江金华。路上,A睡得很沉。凌晨4点多,火车快到金华站,A才发现装在西装口袋里的钱包不翼而飞,1000多元的现金和全部有效证件被偷。虽然出差一趟花了7000多元,又丢了1000多元,但想想这笔生意的利润，A心里还是喜滋滋的。

5月8日，节后上班的第一天，A给赤壁打电话，那头说"订金今天就打过来。"等到快下班时，银行里还没见钱进来，他再打电话，打到公司没人接，打那副总的手机，却说那号码已停机。A当时有一种不祥的感觉。第二天上个和下午连着打电话，都没人接，感觉可能上当了，但还不死心，第三天再打电话，还是没有人接，才不得不接受现实。碰上了骗了！出发前，B的父母曾经告诫过，这可能是个骗局，但他们当时都没在意，事后好几天，A都没缓过神来。

合伙失败黯然收兵

赤壁受骗后，B家里对他们的支持热情越来越低了。

A改变了工作策略，不再有求必应，而是先跟客户充分沟通，有所选择地提供报价。6月初，A总算吃到了创业后的第一只螃蟹——上海一家服装贸易公司从他们那进了一批"尼丝纷"布料合同金额1万多元，利润100元出头，紧接着，又陆续签了几笔业务，都是小单子，赚了两千元。7月中旬，有个台湾老板来跟A接洽。这个台湾人每个月需要两到三个集装箱的布料，40万米左右。每米能赚5分到1毛，利润低但量大，如果谈成，每个月有2至3万元的收入，A很看重这笔单子，心想着，再熬段时间就会走出低谷。

没想到，8月中旬，B从吴江打来电话，说家里不支持他们创业了。那一刻：A感觉自己就像好不容易滑翔上天的风筝，突然迎头直跌下来。他很希望能够再拖一拖，等手头几个正在谈的单子敲定，但考虑到粮草已断，再坚持也是枉费精力。决定不做之后，台湾老板还打电话过来，表示想去吴江看看货。B直言相告，他们已经不做了，那老板颇觉可惜。A很后悔当初没跟B父母签订正式的合约。如果他能在同类的外贸公司做两三年，积累一定的经验和客户资源，工作起来绝不至于那么被动。现在，A正积极地找工作，他想给自己五年的左右的时间，在一个相对规范的公司里踏实工作，积累经验，然后找机会东山再起。

(二) 要点解析

1. 过于盲目，经验缺乏

大学生勇于创业，应该鼓励和支持。但是大学生创业大多都是盲目性较强，考虑不够成熟，以致最终容易走向失败。大学生创业既没有足够的资金支持，也没有良好的客户资源，加上从业经验缺乏，这些都为创业埋下了失败的种子。创业者对于复杂情况知之甚少，对生意的潜规则不懂，单凭离货源近这有利条件来判断商机，犯了片面性错误。如果认真进行市场调研，了解生意客户一般的订货规律，做好经营准备，就不会用上述失败的方式运作这种贸易生意。作为新起步者，先做有实力的生产厂商的代理,应是更好的入行方式。等建立信任关系和积累客户资源之后再独立开展贸易运作,成功的把握会更大。

2. 急于求成,缺乏意识

在逆境和交困时也不应急于求成。对于突如其来的"大"订单,未做调查和分析,也不按正常的订货程序了解订货的详情,就轻易出差,甚至出手大方地招待对方,结果是遇上了骗子,最终是鸡飞蛋打,钱没赚到,亏了大笔的资金。凭意气用事,没有文字协议约束,很难保证合伙人之间的关系,更谈不上后续资金的支持。在企业发展不顺利时,撤人和抽走资金或者停止资金的提供,是企业的大忌。如果小飞的合伙人小梁的父母继续提供资金支持,小飞的生意很可能起死回生。因此,创业初期,保障后续资金往往也是成功的关键之一。

五、自我定位和项目选择是创业的两个关键要素

(一)故事分享[①]

毕业生甲曾参加了市政府举行的全市落实创业政策恳谈会。会上,他一道出自己想建立一个大学生求职网站的想法就得到了市长的赞赏和支持。在市长的鼓励下,这个充满了创业激情的小伙子迅速完善了先前酝酿许久的创业计划书、架构起未来网站的基本框架。但一个绕不开的问题是,由于自己并不会写电脑程序,网站的建立必须由专业的技术人员来完成,这名技术核心人物在哪里?苦苦找寻数月无果,甲只好暂时收起创业梦想,先找份工作,给别人打工。

大学最后一学期,迎接甲的是一场接一场的招聘会、一次又一次的失望而归。"我们不停地奔波于各种招聘会,在海量的招聘信息里想要找到一个适合自己的企业却很难。"在与企业的接触中,甲了解到企业也存在类似的烦恼。因为缺乏对学生的了解,企业仅通过一次招聘会或一次简单的面试签订用人协议,事后却发现招聘来的员工并不适合这份工作,为此浪费了大量人力物力。于是,他萌发出这样一个想法——办一个不同寻常的求职网站。

甲介绍说,在网站中,他将为企业和大学生搭建起一个长期稳定的接触平台,只要大学生和企业登录注册,双方就可以通过这个平台相互了解,企业甚至可以跟踪大学生在校期间的各方面表现,决定毕业时是否录用。

接下来的几个月,甲开始了广泛的市场调研。他登门20多家企业,与人力资源管理部门负责人沟通,网站的特色服务内容得到了70%的人的肯定。"我会用两到三

[①] 资料来源:在校大学生,创业:适合年轻人创业项目[EB/OL].(2018-08-26)[2018-10-24]. http://www.chinaks.net/yezhu/193524.html.

年的时间向外界推广网站,吸纳大学生和企业登录,并向企业收取一部分会员费。三年后,点击量有了一定提升,广告将成为网站盈利的又一渠道。未来,在继续完善网站服务内容的基础上,推出一系列连带产品,我相信这会有更大的发展前景。"

尽管制定了自己的创业计划、确立了盈利模式、进行了市场调研,也得到了父母兄长的资金支持,但甲却忽视了创业最为关键的因素之一——组建得力的团队。"刚开始我以为这不是问题,懂程序的人多,肯定能吸引到这样的人。"直到制定创业计划的后期,甲才向身边好友发布信息,结果只找到一个做网站的高中好友。"人太少了,编好这个网站的程序至少要两年。"甲说,目前高校内具备这方面技术的人太少,而有丰富经验和能力的人却不愿意放弃工作跟他一起创业,好比没有左膀右臂,甲孤军奋战的结果只能是退下阵来。

"合理的创业方案、资金和团队是创业的三大要素,缺一不可,之前我却没有认识到这一点。"甲感到有些后悔。他说,如果当初有人能给他指导和提醒,或许就不会出现这样的错误,"学校应该开设创业指导选修课,给有创业想法的大学生一定的指引。"

目前,甲暂时放下了自己的创业计划,开始忙于找工作。"等有了几年工作经验,我还会继续完成创业梦想。这几年,我会构建自己的生活圈,寻找创业的最佳团队。"

(二)要点解析

1. 创业者需要有正确的自我定位

几千年前古希腊哲学家苏格拉底在神殿中写下这样一句话:自知其无知。苏格拉底认为人的最大品质是自知其无知,即自己知道自己是无知的,因而奋发努力地进行学习,不断提高自己。在中国传统文化中,我们也强调主体要能够有自知之明,即每个人都要有正确的自我定位,明确自己具备什么能力和缺少什么能力等。案例中的主人翁虽然有着创业的一腔热血,但是缺少正确的自我认识。创业大学生首先要通过职业生涯规划、专业学习以及在与人相处过程中进行自我定位。正确的自我定位能够帮助创业者进行正确的决策和选择。

2. 创业者要有能够正确选择创业项目的能力

在市场经济环境中,基于消费需求的多样性,创业项目也是成千上万。创业大学生如何能够在众多的市场潜在需求中寻找和确定创业项目,这是一种能力。我们在案例中可以看出,主人翁在寻找创业项目时确实是根据市场需求和社会痛点来进行的,但是依然失败。为什么?因为创业项目不能仅仅依靠市场需求,即有市场需求的项目不一定就适合你去做。那如何去选择创业项目?我们认为一个好的创业项目必须要同时满足两个基本条件,即市场需求和自身能力。只有既有市场需求,且自身也有能力去做的项目才具有成功的可能性。案例中主人翁缺少的就是正确的自我定位,没有明确自己的能力。

参考文献

北京正保育才教育科技股份有限公司等,2016.创业实训(学员版)[M].北京:清华大学出版社.
陈奎庆,丁恒龙,2014.大学生创新创业教程[M].北京:科学出版社.
陈涛,曹广喜,2012.大学生创业教育教程[M].北京:高等教育出版社.
陈滔,2016.企业风险管理——理论与方法[M].北京:科学出版社.
陈永秀,2011.大学生创业指导[M].北京:北京理工大学出版社.
初宇平,刘万兆,李学东,2015.大学生创业管理[M].北京:北京邮电大学出版社.
高晓杰,曹胜利,2007.创新创业教育—培养新时代事业的开创者——中国高等教育学会创新创业研讨会综述[J].中国高教研究(7).
顾静,2013.伴你同行——大学生职业发展与就业指导教程[M].北京:高等教育出版社.
顾雪英,2010.当代职业生涯规划[M].北京:高等教育出版社.
郭建鸾,2008.创业企业与创业投资[M].上海:上海财经大学出版社.
郭先根,2013.大学生就业与创业指导[M].厦门:厦门大学出版社.
郭占元,2016.创业学理论与应用[M].北京:清华大学出版社.
韩明辉,2014.创业基础[M].北京:科学出版社.
李学东,潘玉香,2008.大学生创业实务教程[M].北京:经济科学出版社,中国铁道出版社.
李永峥,2014.就业指导与创业教育[M],北京:清华大学出版社.
刘宁红,王素珍,2016.创新创业通论[M].北京:高等教育出版社.
刘平,2009.大学生创业教程——理论与实践[M],北京:清华大学出版社.
刘彤,王雪梅,2017.大学生创新与创业[M].成都:西南交通大学出版社.
刘小戈,2006.大学生创业制约性情感因素分析[J].北华大学学报(社会科学版),(3).
罗公利,2011.大学生择业与创业指导[M].北京:科学出版社.
彭钢,1999.创业教育学[M].南京:江苏教育出版社.
王卫东,吕莎,赵玉娇,2013.大学生创业基础[M].北京:中国水利水电出版社.
夏志芳,2008.高校大学生创业研究[D].上海:华东师范大学.
徐俊祥,徐焕然,2017.创未来——大学生创业基础知能训练教程[M].北京:现代教育出版社.
杨毅,2010.大学生创业基础与实践[M].成都:西南交通大学出版社.
张天桥,侯全生,李明晖,2008.大学生创业第一步[M].北京:清华大学出版社.
张耀辉,朱峰,2013.创业基础[M].广州:暨南大学出版社.
张志宏,崔爱惠,刘轶群,2017.大学生创新与创业训练教程[M].北京:现代教育出版社.
张竹筠,等,2004.创业风险[M].北京:科学出版社.

赵志军,任凤春,2010. 创业·就业指导教程[M]. 北京:高等教育出版社.

Hart B A, Gilner F H, Handal P J, et al, 1998. The relationship between perfectionism and self-efficacy[J]. Personality and Individual Differences, 24:109-113.